The Scarecrow Author Bibliographies

1. *A New Steinbeck Bibliography, 1929-1971*, by Tetsumaro Hayashi. 1973.

2. *A Bibliography of Joseph Conrad*, by Theodore G. Ehrsam. 1969.

3. *Arthur Miller Criticism (1930-1967)*, by Tetsumaro Hayashi. 1969.

4. *A Bibliography of the Works of Katherine Anne Porter and of the Criticism of the Works* . . . by Louise Waldrip and Shirley Anne Bauer. 1969.

5. *Freneau's Published Prose: A Bibliography*, by Philip M. Marsh. 1970.

6. *Robert Greene Criticism. A Comprehensive Bibliography*, by Tetsumaro Hayashi. 1971.

7. *Benjamin Disraeli*, by R. W. Stewart. 1972.

8. *John Berryman: A Checklist*, by Richard W. Kelly. 1972.

9. *William Dean Howells: A Bibliography*, by Vito J. Brenni. 1973.

10. *Jean Anouilh: An Annotated Bibliography*, by Kathleen White Kelly. 1973.

11. *E. M. Forster: An Annotated Bibliography of Secondary Materials*, by Alfred Borrello. 1973.

12. *The Marquis de Sade: A Bibliography*, by E. Pierre Chanover. 1973.

13. *Alain Robbe-Grillet: An Annotated Bibliography of Critical Studies, 1953-1972*, by Dale Watson Fraizer. 1973.

14. *Northrop Frye: An Enumerative Bibliography*, by Robert D. Denham. 1974.

15. *The World of Federico García Lorca: A General Bibliographic Survey*, by Joseph L. Laurenti and Joseph Siracusa. 1974.

16. *Ben Jonson: A Quadricentennial Bibliography, 1947-1972*, by D. Heyward Brock and James M. Welsh. 1974.

Ars longa, vita brevis
(1898-1936)

J. Ferran.
1973

FEDERICO GARCIA LORCA Y SU MUNDO:
Ensayo de una Bibliografía General

THE WORLD OF
FEDERICO GARCIA LORCA:
A General Bibliographic Survey

by
Joseph L. Laurenti
and
Joseph Siracusa

With a preface by
Alberto Porqueras Mayo

The Scarecrow Author Bibliographies, No. 15

The Scarecrow Press, Inc.
Metuchen, N. J.   1974

Library of Congress Cataloging in Publication Data

Laurenti, Joseph L
    Federico García Lorca y su mundo (ensayo de una
bibliografía general) The world of Federico García
Lorca (a general bibliographic survey)

    (The Scarecrow author bibliographies, no. 15)
    Introd. and chronology in Spanish and English.
    1. García Lorca, Federico, 1898-1936--Bibliography.
I. Siracusa, Joseph, joint author. II. Title.
III. Title: The world of Federico García Lorca.
Z8323.6.L35   016.868'6'209   74-2252
ISBN 0-8108-0713-0

INDICE GENERAL

TABLE OF CONTENTS

PROLOGO

He aquí una honda investigación bibliográfica que aparece en un momento oportuno. Es ya inmensa la obra crítica que ha ido surgiendo en torno a García Lorca en estos últimos años y hacía mucha falta recoger estos datos ahora, aun a riesgo de lógicas omisiones, siempre normales en cualquier investigación bibliográfica.

Tenemos con este libro la más amplia y completa recogida de materiales sobre García Lorca, y en futuras ediciones será fácil añadir lo que se vaya publicando. Me parece muy oportuna la publicación aquí de una cronología de García Lorca que ayudará muchísimo a estudiar la obra del poeta granadino en su perspectiva histórica.

Es una feliz coincidencia que esta bibliografía se publique en los Estados Unidos, que tanto representaron en la obra de García Lorca, autor de Poeta en Nueva York. Angel del Río, por suerte, nos ha contado con detalles las experiencias neoyorquinas de Federico. Acaso se animen otros amigos de García Lorca a recoger por escrito sus recuerdos también.

Los dos autores pertenecen al hispanismo norteamericano, al que tanto debe la crítica lorquiana, por cierto. En ambos se dan dos curiosas coincidencias que explican humanamente el ambiente de comunicación necesaria para una obra al alimón. Ambos son de origen italiano y ambos están vinculados a la Universidad de Illinois. El Profesor Siracusa recibió su doctorado aquí y el Profesor Laurenti, su licenciatura. Ambos han colaborado ya junto en Relaciones literarias entre España e Italia (Boston: G. K. Hall). Conozco mucho más al Profesor Laurenti que se doctoró brillantemente en la Universidad de Missouri, cuando yo enseñaba allí. Después he mantenido contacto con el autor de tantos trabajos, algunas veces en colaboración conmigo. El hecho de que el Profesor Laurenti enseñe en la vecina Illinois State University ha posibilitado que viese de cerca los frutos de esta nueva importante contribución. Estoy

v

seguro de que investigadores y estudiantes de muchos campos, no solo del hispanismo, quedarán muy agradecidos a esta importante contribución bibliográfica a la obra de un escritor como García Lorca que, cual Lope de Vega o Calderón, interesaría también a las generaciones venideras como uno de los valores más universales de la literatura española.

Alberto Porqueras Mayo
University of Illinois
Urbana, Illinois
Verano de 1973

vi

PREFACE

This is a serious bibliographical study appearing at an opportune time. Criticism of García Lorca's work published in the last few years is already enormous and the bringing together of these data was much needed now, even at the risk of logical omissions, never to be ruled out in works of this nature.

This book represents the most ample and complete collection of materials dealing with García Lorca, and in future editions it will be an easy task to include new publications. The publication here of a chronology of García Lorca seems to me to be very convenient and useful for studying the work of the poet from Granada in its historical perspective.

It is a happy coincidence that this bibliography is being published in the United States, a country that meant so much in the work of García Lorca, the author of <u>Poeta en Nueva York</u>. Angel del Río, fortunately, has recounted for us in detail the experiences of Federico in New York. Perhaps other friends of García Lorca will also be encouraged to recollect in writing their remembrances.

The authors of this work are representatives of North American Hispanism, to which criticism on García Lorca certainly owes so much. In both are to be found two curious coincidences that explain in human terms the communication milieu needed for a work of collaboration: both are of Italian origin and both have been associated with the University of Illinois. Professor Siracusa obtained his doctorate here and Professor Laurenti his master's degree. Both have already collaborated on a book, <u>Literary Relations between Spain and Italy</u> (Boston: G. K. Hall). I am much better acquainted with Professor Laurenti, who did brilliant work for his doctor's degree at the University of Missouri when I was teaching there. Since then, I have kept in touch with this author of so many works, some of which were in collaboration with me.

The fact that Professor Laurenti happens to teach nearby at Illinois State University has made it possible for me to observe at close hand the fruits of this new and important contribution. I am certain that researchers and students of many fields, not just of Hispanism, will be very grateful for this important bibliographical contribution to the work of a writer like García Lorca who, not unlike Lope de Vega or Calderón, will continue to be regarded by future generations as one of the most universal representatives of Spanish literature.

Alberto Porqueras Mayo
University of Illinois
Urbana, Illinois
Summer of '73

FEDERICO GARCIA LORCA: CRONOLOGIA

1898

5 de junio: Nace en Fuente Vaqueros, provincia de Granada, España. Sus padres: Federico García Rodríguez, hacendado, y Vicenta Lorca Romero, maestra.

1909

Septiembre: Su familia se traslada a Granada, donde él comienza sus estudios de bachillerato en el Colegio del Sagrado Corazón. Primeros estudios de música con el profesor don Antonio Segura, compositor fracasado y autor de óperas, quien había sido discípulo de Giuseppe Verdi.

1914

Estudia Filosofía y Letras y Derecho en la Universidad de Granada.

1915

Se inscribe en el Centro Artístico de Granada, donde ofrece algunos conciertos. Amistad con su profesor de Derecho, don Fernando de los Ríos y varios artistas.

1916-17

Invierno: Compone sus primeras poesías.

1917

Febrero: Publica su primer trabajo--"Fantasía simbólica"--en el Boletín del Centro Artístico de Granada.

Primavera- Verano:	Viaje de estudios por Castilla y Andalucía; encuentro con don Antonio Machado en Baeza; amistad con don Manuel de Falla.

1918

Publica su primer libro, <u>Impresiones y paisajes</u> (Granada).

1919

Primavera:	Estudiante en la Residencia de Estudiantes, Madrid; pasa los meses de curso desde 1919 a 1928 en la capital; amistad con Salvador Dalí, Alberto Jiménez, Pepín Bello, Luis Buñuel, Eduardo Marquina, Juan Ramón Jiménez, Gregorio Martínez Sierra etc.

1920

22 de marzo:	Estreno de su primer drama, <u>El maleficio de la mariposa</u> (Madrid).

1921

Junio:	Publica su primer libro de versos, <u>Libro de poemas</u> (Madrid).
30 de julio:	Adolfo Salazar escribe un artículo sobre los versos de García Lorca: "Un poeta nuevo, " en <u>El Sol</u>, de Madrid.

1922

13-14 de junio:	"Fiesta del Cante Jondo" en Granada, organizada por F. G. L. y Manuel de Falla.

1923

5 de enero:	"Fiesta para los niños" en Granada, preparada por F. G. L. y Manuel de Falla.
Febrero:	Se licencia en Derecho por la Universidad de Granada. Dibuja y pinta.

1924

7 de abril:	Amistad con el pintor Gregorio Prieto.
Octobre:	Amistad con Rafael Alberti.

1925

Primavera:	Estancia en Cadaqués, en casa de Salvador Dalí; amistad con Ana María Dalí.
Verano:	Correspondencia con Jorge Guillén.

1926

Abril:	Publica su "Oda a Salvador Dalí," en la Revista de Occidente.
Agosto:	En Lanjarón (Granada), trabajando en el Romancero gitano.

1927

Enero y Abril:	Correspondencia con Guillermo de Torre. Publica Canciones, una colección de poemas escritos en 1921-24 (Málaga).
Mayo:	En Cadaqués, con Salvador Dalí.
24 de junio:	Estreno de Mariana Pineda (Barcelona).
25 de junio-2 de julio:	Expone con bastante éxito sus dibujos en una Galería de Barcelona; amistad con el artista catalán Sebastiá Gasch.
12 de octubre:	Estreno de Mariana Pineda (Madrid). Amistad con Vicente Aleixandre.
Diciembre:	Viaja a Sevilla con otros poetas de su generación; lectura de poemas en el "Ateneo" de Sevilla; amistad con Luis Cernuda. Participa en las celebraciones del Tricentenario de la muerte de Góngora.

1928

Febrero: Fundación de la revista Gallo, en Granada, por F. G. L., Francisco Ayala y otros artistas; publica el primer número de "Historia de este Gallo." Publica el Primer romancero gitano, una colección de poemas escritos en 1924-27 (Madrid).

Mayo-Diciembre: Atraviesa una gran crisis sentimental.

1929

Marzo: Amistad con Carlos Morla.

Mayo: Marcha a los Estados Unidos, pasando por París, Londres, Oxford y Southampton.

Junio: Llega a Nueva York y se instala en un cuarto de estudiante de la Columbia University; amistad con Angel del Río, Federico de Onís, León Felipe etc.

Agosto: En Eden Mills (Vermont) con unos amigos y luego, en una granja de las montañas Catskills.

Septiembre: En Newburgh, en casa de Federico de Onís; regresa a Nueva York. Amistad con Herschel Bricknell, Mildred Adams, Olin Downes etc.

Diciembre: Participa en una fiesta en honor de Antonia Mercé ("La Argentina") en el Instituto de las Españas de Nueva York y lee algunas poesías del Poema del cante jondo.

1930

Invierno: Continúa la estancia en Nueva York; reanuda su amistad con José Antonio Rubio y Dámaso Alonso; traba amistad con Andrés Segovia y otros artistas. Pronuncia conferencias en Columbia University y Vassar College. Encuentro con

su viejo amigo Ignacio Sánchez Mejías,
famoso torero.

Primavera: Marcha a Cuba, invitado por la Institu-
                    ción Hispanocubana de Cultura; pronuncia
                    cuatro conferencias en La Habana.

24 de diciembre: Estreno de La zapatera prodigiosa
                    (Madrid).

1931

Marzo: Conferencia y lectura de poemas de
                    Poeta en Nueva York, en la Residencia
                    de Estudiantes.

23 de mayo: Publica Poema del cante jondo (Madrid).
                    Trabaja en Retablillo de Don Cristóbal,
                    Amor de Don Perlimplín, Así que pasen
                    cinco años y el Diván del Tamarit.

1932

Marzo-mayo: Tournée de conferencias en varias ciu-
                    dades de España, invitado por el Comité
                    de Cooperación Intelectual. Funda y
                    dirige, con Eduardo Ugarte, "La Bar-
                    faca," teatro universitario, cuyo pro-
                    pósito era llevar lo mejor del teatro
                    clásico al pueblo.

8 de marzo: Estreno de Bodas de sangre (Madrid).

Abril: Fundación, con Pura Ucelay, de los
                    Clubs Teatrales de Cultura.

5 de abril: Estreno de Amor de don Perlimplín con
                    Belisa en su jardín (Madrid).

Mayo: Colabora en las representaciones de El
                    amor brujo, de Manuel de Falla, en la
                    Residencia de Estudiantes.

Verano: Trabaja en Yerma; dirige "La Barraca"
                    en la Universidad Internacional de San-
                    tander.

6   Federico García Lorca

Septiembre: Acepta una invitación de la Sociedad
                   Amigos del Arte, de Buenos Aires, para
                   dar una serie de conferencias. Marcha
                   a Buenos Aires.

                              1933-1934

13 de octubre de   Estancia triunfal en Buenos Aires; da
1933-27 de marzo   conferencias y dirige la representación
de 1934:   de su Bodas de sangre, Mariana Pineda
                      y la Zapatera prodigiosa; dirige su
                      adaptación de La dama boba, de Lope de
                      Vega; amistad con Victoria Ocampo,
                      Amorím, Molinari, etc.

                                1934

Fines de enero-   Da conferencias en Montevideo, Uruguay.
febrero:

Mediados de   Vuelve a Buenos Aires.
febrero:

25 de marzo: Estreno de Retablillo de Don Cristóbal
                      (Buenos Aires).

27 de marzo: Vuelve a España, haciendo escala en
                      Río de Janeiro.

11 de agosto: Muere su gran amigo Ignacio Sánchez
                      Mejías, en la Plaza de Manzanares,
                      España.

Septiembre: Escribe Llanto por Ignacio Sánchez
                      Mejías.

29 de diciembre: Estreno de su drama Yerma (Madrid).

                                1935

12 de marzo: Lee el Llanto por Ignacio Sánchez Mejías,
                      en el Teatro Español, de Madrid.

18 de marzo: Estreno de versión ampliada de La
                      zapatera prodigiosa (Madrid).

11 de mayo: Representaciones del Retablillo de Don
                      Cristóbal por F. G. L.

Junio:	Termina Doña Rosita la soltera o el lenguaje de las flores. Estreno de Bitter Oleander (Bodas de sangre), en Nueva York.
14 de junio:	Homenaje a Neruda de F. G. L., Jorge Guillén, M. Hernández, etc.
17 de septiembre:	Estreno de Yerma (Barcelona).
13 de diciembre:	Se estrena Doña Rosita la soltera (Barcelona).

1936

21 de enero:	Publica Bodas de sangre.
Febrero y Abril:	Participa en varios banquetes y homenajes en honor de Rafael Alberti, Valle-Inclán, Luis Cernuda, etc.
Abril:	Publica Primeras Canciones.
Mayo:	Proyecta nuevo viaje a Nueva York y Méjico para pronunciar conferencis y presenciar la representación de sus obras.
Junio:	Lee La casa de Bernarda Alba a un grupo de amigos en Madrid.
Junio-Julio:	Ensayos de Así que pasen cinco años por el Club Anfistora, de Madrid, dirigido por Pura Ucelay.
16 de julio:	Sale de Madrid para Granada.
18 de julio:	Estalla la Guerra Civil.
Agosto:	Es detenido en Granada.
19 de agosto:	Es fusilado en la madrugada en las afueras del pueblo de Viznar (Granada); su cuerpo es enterrado en una fosa común.

1937

Publicación póstuma de Los títeres de
Cachiporra, tragicomedia de Don Cristóbal y la seña Rosita (Madrid).

1938

Guillermo de Torre inicia la publicación
de las Obras Completas de F. G. L.
para la Edit. Losada de Buenos Aires,
1938-42: 8 vols.

1940

Publicación póstuma del Diván del Tama-
rit por el Instituto de las Españas, de
Nueva York.
Publicación póstuma de Poeta en Nueva
York (Méjico).

1945

Estreno póstumo de La casa de Bernarda
Alba (Buenos Aires). Publicación póstuma de la misma obra.

1954

La Edit. Aguilar de Madrid publica la
primera y única edición, en un solo tomo,
de las Obras Completas de F. G. L.,
recopiladas y anotadas por Arturo del
Hoyo.

FEDERICO GARCIA LORCA: A CHRONOLOGY

1898

June 5:   Born in Fuente Vaqueros, in the province of Granada, Spain. His parents: Federico García Rodríguez, a landowner, and Vicenta Lorca Romero, a schoolteacher.

1909

September: His family moves to Granada, where he begins his secondary education at the "Colegio del Sagrado Corazón"; takes music lessons from don Antonio Segura, a not too successful author and composer of operas, who had been a pupil of Giuseppe Verdi.

1914

Studies Philosophy and Letters, and Law at the University of Granada.

1915

Joins the "Centro Artístico" of Granada, where he gives some concerts. Friendship with his Law professor, don Fernando de los Ríos, and several artists.

1916-17

Winter: First written verses.

1917

February: His first published article--"Fantasía simbólica"--appears in the Boletín del Centro Artístico of Granada.

Spring- Summer:	Study-trip to Castille and Andalusia; meets Antonio Machado in Baeza; friendship with don Manuel de Falla.

1918

Publication of his first book, Impresiones
y paisajes (Granada).

1919

Spring: Student at the Residencia de Estudiantes in
Madrid; spends academic years 1919-1928
in the Spanish capital; friendship with Salvador Dalí, Alberto Jiménez, Pepín Bello,
Luis Buñuel, Eduardo Marquina, Juan
Ramón Jiménez, Gregorio Martínez Sierra
etc.

1920

March 22: Première of his first play, El maleficio
de la mariposa (Madrid).

1921

June: Publication of his first book of poetry,
Libro de poemas (Madrid).

July 30: Adolfo Salazar writes the first article
dealing with Lorca's poetry: "A New
Poet." Published in El Sol, Madrid.

1922

June 13-14: Collaborates with Manuel de Falla in or-
ganizing in Granada a "Festival of Cante
Jondo."

1923

January 5: A "Children's Festival" is organized in
Granada by F. G. L. and Manuel de Falla.

February: Law degree from the University of Granada.
Draws and paints.

1924

April 7:   Friendship with the painter Gregorio
                    Prieto.

October: Friendship with Rafael Alberti.

1925

Spring: Guest of Salvador Dalí at Cadaqués;
                    friendship with Ana María Dalí.

Summer: Corresponds with Jorge Guillén.

1926

April: Publication of his "Oda a Salvador Dalí"
                    in the Revista de Occidente.

August: Works at Lanjarón (Granada) on the
                    Romancero gitano.

1927

January and   Corresponds with Guillermo de Torre.
April: Publication of Canciones, a collection of
                    poems written in 1921-24 (Málaga).

May: Guest of Salvador Dalí in Cadaqués.

June 24:   Première of Mariana Pineda (Barcelona).

June 25-   Successful showing of his drawing in a
July 2:   Barcelona Gallery; friendship with the
                    Catalan artist Sebastiá Gasch.

October 12:   Première of Mariana Pineda (Madrid).
                    Friendship with Vicente Aleixandre.

December: Travels to Seville with other poets of his
                    generation; reads some of his poems at
                    the "Ateneo" of Seville; friendship with
                    Luis Cernuda. Participates in the Góngora
                    Tricentennial Anniversary Celebrations.

1928

February: The literary review <u>Gallo</u> is founded by
                 F. G. L., Francisco Ayala, and other
                 artists; writes "Historia de este <u>Gallo</u>" in
                 the first issue. Publication of <u>Primer</u>
                 <u>romancero gitano</u>, a collection of poems
                 written in 1924-27 (Madrid).

May-December: Undergoes a grave sentimental crisis.

1929

March: Friendship with Carlos Morla.

May: Travels to the United States via Paris,
                 London, Oxford, and Southampton.

June: Arrives in New York and takes up resi-
                 dence in a student dormitory at Columbia
                 University; friendship with Angel del Río,
                 Federico de Onís, León Felipe, etc.

August: Guest of friends in Eden Mills, Vermont,
                 and, later, at the Catskill Mountains.

September: Guest of Federico de Onís at Newburgh;
                 returns to New York. Friendship with
                 Herschel Brickell, Mildred Adams, Olin
                 Downes, etc.

December: Participates in a celebration held at the
                 Spanish Institute of New York honoring
                 Antonio Mercé ("La Argentina") and reads
                 some poems from <u>Poema del cante jondo.</u>

1930

Winter: Still in New York; renews his friendship
                 with José Antonio Rubio and Dámaso
                 Alonso; friendship with Andrés Segovia
                 and other artists.   Lectures at Columbia
                 University and Vassar College.   Meets
                 his old friend Ignacio Sánchez Mejías, a
                 famous bullfighter.

Spring: Trip to Cuba sponsored by the <u>Institución</u>

Hispanocubana de Cultura; gives four lectures in Havana.

December: Première of La zapatera prodigiosa (Madrid).

1931

March: Lectures and reads some poems from Poeta en Nueva York at the Residencia de Estudiantes.

May 23:   Publication of Poema del Cante Jondo (Madrid). Works on Retablillo de Don Cristóbal, Amor de Don Perlimplín con Belisa en su jardín, Así que pasen cinco años, and Divan del Tamarit.

1932

March-May: Lecture-tour through various Spanish cities under the sponsorship of the Comité de Cooperación Intelectual. Founds and directs, with Eduardo Ugarte, La Barraca, a university theater whose aim was to bring the best of the classical theater to the common people of Spain.

1933

March 8:   Première of Bodas de sangre (Madrid).

April: Clubs Teatrales de Cultura founded by F. G. L. and Pura Ucelay.

April 5:   Première of Amor de don Perlimplín con Belisa en su jardín (Madrid).

May: Collaborates in the productions of Manuel de Falla's El amor brujo, at the Residencia de Estudiantes.

Summer: Works on Yerma; directs "La Barraca" at the International University of Santander.

September: Accepts an invitation by the Sociedad de Amigos del Arte of Buenos Aires to give

a series of lectures.   Leaves for Buenos
Aires.

1933-1934

October 13, 1933   Triumphal stay in Buenos Aires; lectures
-March 27, 1934:   and directs the production of his <u>Bodas de
sangre</u>, <u>Mariana Pineda,</u> and <u>La zapatera
prodigiosa.</u>

1934

End of January-   Lectures in Montevideo, Uruguay.
February:

Middle of Febru-   Returns to Buenos Aires.
ary:

March 25:   Première of <u>Retablillo de Don Cristóbal</u>
                   (Buenos Aires).

March 27:   Returns to Spain with a stopover in Río
                   de Janeiro.

August 11:   Death of his friend Ignacio Sánchez Mejías
                   in a bullfight at Manzanares, Spain.

September: Writes <u>Llanto por Ignacio Sánchez Mejías.</u>

December 29:   Première of <u>Yerma</u> (Madrid).

1935

March 12:   Reads <u>Llanto por Ignacio Sánchez Mejías</u>
                   in theater Español of Madrid.

March 18:   Première of the expanded version of <u>La
                   zapatera prodigiosa</u> (Madrid).

May 11:   The <u>Retablillo de Don Cristóbal</u> is pro-
                   duced by F. G. L.   (Madrid).

June: <u>Doña Rosita la soltera o el lenguaje de
                   las flores</u> is completed.   Première of
                   <u>Bitter Oleander</u> (<u>Bodas de sangre</u>) in New
                   York.

June 14:	Testimonial in honor of Neruda given by F. G. L., Jorge Guillén, M. Hernández, etc.
September 17:	Première of Yerma (Barcelona).
December 13:	Première of Doña Rosita la soltera (Barcelona).

1936

January 31:	Publication of Bodas de sangre.
February and April:	Participates in several testimonials and tributes honoring Rafael Alberti, Valle-Inclán, Luis Cernuda, etc.
April:	Publication of Primeras Canciones.
May:	Plans a new trip to New York and México to lecture and observe the production of his plays.
June:	Reads La casa de Bernarda Alba to a group of friends in Madrid.
June–July:	Rehearsals of Así que pasen cinco años by the Club Teatral Anfistora under the direction of Pura Ucelay.
July 16:	Leaves Madrid for Granada.
July 18:	The Civil War breaks out.
August:	Arrested in Granada.
August 19:	Executed at dawn in the outskirts of the village of Viznar (Granada); his body thrown into an unmarked grave.

1937

Posthumous première of Los títeres de Cachiporra, tragicomedia de Don Cristobál y la seña Rosita (Madrid).

1938

Guillermo de Torre begins the publication
of F. G. L.'s Obras Completas, Edit.
Losada, Buenos Aires, 1938-42:   8 vols.

1940

Posthumous publication of Diván del
Tamarit by the Spanish Institute of New
York.
Posthumous publication of Poeta en Nueva
York (Mexico).

1945

Posthumous première of La casa de
Bernarda Alba (Buenos Aires).

1954

The Publishing House Aguilar of Madrid
publishes the first and only edition, in
one volume, of F. G. L.'s Obras Completas,
compiled and annotated by Arturo del
Hoyo.

ABREVIATURAS Y SIGLAS

ABBREVIATIONS

a.	año, anno, année.
AA	El Auto Argentino. Buenos Aires.
Aachenen	Aachenen Volkszeitung. Aachen.
ABC	ABC. Madrid.
Accent	Accent. Urbana, Illinois.
AdF	Anuario de Filología. Maracaibo.
AEsp	América Española. Cartagena, Colombia.
AFUZ	Anuario de Filología. Universidad del Zulia. Maracaibo.
Ahora	Ahora. Madrid.
AI	American Imago. A Psychological Journal for Culture, Science and the Arts. New York.
A. I. A. P. E.	A. I. A. P. E. Montevideo.
Akzente	Akzente. München.
AL	Alma Latina. San Juan, Puerto Rico.
Alcalá	Alcalá. Madrid.
ALCIL	Archivos de la Literatura Contemporánea -Indice Literario. Madrid.
Alcor	Alcor. Asunción, Paraguay.
ALet	Armas y Letras. Revista de la Universidad de Nuevo León. Monterey, México.
Alfar	Alfar. Montevideo.
Alföld	Alföld. Budapest.
Alhambra	Alhambra. Granada.
ALib	Argentina Libre. Buenos Aires.
ALM	Anuario de Letras. México.
Alne	Alne. Madrid.
América	América. Quito, Ecuador.
AméricaM	América. México.
Américas	Américas. Pan American Union. Washington, D. C.
Anales	Anales. Organo de la Universidad Central del Ecuador. Quito.
APCIH	Pierce, Frank, and Cyril A. Jones, eds. Actas del Primer Congreso Internacional de Hispanistas. Celebrado en Oxford

17

18 Federico García Lorca

	del 6 al 11 de Septiembre de 1962. Oxford: Dolphin Book Co. Ltd. for the International Association of Hispanists, 1964. 594pp.
ApL	L'Approdo Letterario. Rivista Trimestrale di Lettere e Arti. Roma.
ARAEA	América. Revista de la Asociación de Escritores y Artistas Americanos. La Habana, Cuba.
Arbor	Arbor. Revista General de Investigación y Cultura. Madrid.
Archivum.	Archivum. Revista de la Facultad de Filosofía y Letras. Oviedo.
ArI	Arte Ibague. Departamento del Tolima, Colombia.
Arvore	Arvore. Lisboa.
ASCIH	Actas del Segundo Congreso Internacional de Hispanistas. Nijmegen, Netherlands, 1967.
ASJT	L'Avant-Scène. Journal du Théâtre. Paris.
Atenea	Atenea. Revista Trimestral de Ciencias, Letras y Artes. Concepción, Chile.
Ateneo	Ateneo. Madrid.
Atlantic	Atlantic Monthly. Boston, Mass.
AUB	Analele Universitatii Bucharesti Filologie. Bucharesti.
AUR	The Aberdeen University Review. Aberdeen, Scotland.
Avanti	Avanti. Milano, Roma.
BA	Books Abroad. Norman, Oklahoma.
Bandarra	Bandarra, Artes e Letras Ibéricas. Porto.
BB	Bulletin of Bibliography. Boston, Mass.
BCB	Boletín Cultural y Bibliográfico. Bogotá.
Belfagor	Belfagor. Rassegna di Varia Umanità. Firenze.
BET	Boston Evening Transcript. Boston, Mass.
BFUC	Boletín de Filología de la Universidad de Chile. Santiago de Chile.
BGL	Boletín del Centro Artístico y Literario de Granada. Granada.
BH	Bulletin Hispanique. Bordeaux.
Biblioteca	La Biblioteca. Firenze.
BIE	Boletín del Instituto Español. London.
BIURSS	Boletín de Información. URSS. Moscú.
BLM	Bonniers Litterara Magasin. Bonnier.

Bohemia	Bohemia. La Habana.
Bookman	The Bookman. London.
Borghese	Il Borghese. Roma.
BRP	Beiträge zur Romanischen Philologie. Berlin.
Brújula	Brújula. San Juan, Puerto Rico.
BSS	Bulletin of Spanish Studies. Liverpool.
ByN	Blanco y Negro. Madrid.
c.	circa, fecha aproximada
CA	Cuadernos Americanos. México.
Caffe	Il Caffe. Roma.
CAme	Centro América. El Salvador
Cantábrico	Cantábrico. Santander.
Capítulo	Capítulo. Buenos Aires.
Caravelle	Caravelle. Cahiers du Monde Hispanique et Luso-Brésilien. Toulouse.
Carmen	Carmen. Santander.
Carteles	Carteles. La Habana.
CAT	Corriere Adda e Ticino. Lodi.
CCC	Cuadernos de la Casa de Cultura. Valencia.
CCLC	Cuadernos del Congreso para la Libertad de la Cultura. París.
CdG	Correo de Galicia. Buenos Aires.
CdO	Courrier Dramatique de l'Ouest. Rennes.
CdS	Cahiers du Sur. Marseilles.
Cenit	Cenit. Toulouse.
Cenobio	Cenobio. Rivista Bimestrale di Cultura. Lugano.
Cervantes	Cervantes. La Habana, Cuba.
CHA	Cuadernos Hispanoamericanos. Madrid.
Ciclón	Ciclón. Revista Literaria. La Habana, Cuba.
Čin	Čin. Brno.
Ciutat	Ciutat. Manresa.
Čk	Červený kvét. Ostrava.
CL	Comparative Literature. Eugene, Oregon.
CLA	Cuadernos de Literatura y Arte. La Plata, Argentina.
ClareQ	Claremont Quarterly. Claremont, California.
Claridad	Claridad. Buenos Aires.
Clarín	El Clarín. Lima, Peru.
Clavileño	Clavileño. Revista de la Asociación Internacional de Hispanismo. Madrid.
Claxón	Claxón. La Habana, Cuba.

CLS	Comparative Literature Studies. Urbana, Illinois.
Columna	Columna. Buenos Aires.
Commonweal	Commonweal. New York.
Conducta	Conducta. Buenos Aires.
Conferencias	Conferencias. Buenos Aires.
Confronto	Confronto. Coimbra.
Contemporáneo	Contemporáneo. Revista Cultural de México. México.
ContempR	Il Contemporaneo. Roma.
Convivium	Convivium. Rivista Bimestrale di Filología, Letteratura e Storia. Bologna.
Corrente	Corrente. Milano.
COS	Cleveland Open Shelf. Cleveland.
CPP	Cántico, Poesías y Poetas. Tucúman, Argentina.
CriBA	Criterio. Buenos Aires.
Crisol	Crisol. Madrid.
Crítica	Crítica. Buenos Aires.
Critique	Critique. Paris.
Critone	Il Critone. Lecce.
CroBA	Crónica. Buenos Aires.
Crónica	Crónica. Madrid.
CronicaA	Crónica. Ambato, Ecuador.
CroU	Crónica Universitaria. Popayán.
Crucial	Crucial. México.
Čs. ar	Čs. armáda. Praga.
CSur	Cuadernos del Sur. Bahía Blanca, Argentina.
CU	Cultura Universitaria. Caracas.
CUA	Cuadernos de la Universidad de Aire. La Habana, Cuba.
Cuadernos	Cuadernos. Revista Mensual de America Latina. Paris.
CuaG	Cuadernos de Guayas. Guayaquil.
Cultura	Cultura. San Salvador.
CV	Los cuatro vientos. Madrid.
CVP	Caballo Verde para Poesía. Madrid.
CyC	Cursos y Conferencias. Buenos Aires.
CyR	Cruz y Raya. Madrid.
DA	Dissertation Abstracts. A Guide to Dissertations and Monographs Available in Microform. Ann Arbor, Michigan: University of Michigan.
DABC	Los Domingos de ABC. Madrid.
DdC	Dirección de Cultura FEU. La Habana, Cuba.

DdH	El Diario de Hoy. San Salvador, El Salvador.
DdM	Diario de Madrid. Madrid.
Debate	El Debate. Madrid.
DG	Defensor de Granada. Granada.
D. Gr	El Día Gráfico. Barcelona.
DHR	Duquesne Hispanic Review. Pittsburgh, Pa.
Día	El Día. México.
Divadlo	Divadlo/Theatre. Praga.
DMag	The Dublin Magazine. Dublin.
DN	Divadelní Noviny. Praga.
Dokumente	Dokumente. Offenburg.
DPer	De Periscoop. Amsterdam.
Dramma	Il Dramma. Torino.
DramS	Drama Survey. A Review of Dramatic Literature and Theatrical Arts. St. Paul, Minn.
DRdsch	Deutsche Rundschau. Berlin.
DWB	Dietsche Warande en Belfort. Antwerp.
EA	Estudios Americanos. Sevilla.
EcosM	Ecos Mundiales. México.
EdP	Entregas de Poesía. Barcelona.
Ej	Ejemplar.
EL	La Estafeta Literaria. Madrid.
ELib	España Libre. New York.
Elite	Elite. Managua, Nicaragua.
EM	Ecos Mundiales. México.
Encontro	Encontro, Antología de Autores Modernos. Matosinhos.
Ensayos	Ensayos. Montevideo.
Entregas	Entregas de la Licorne. Montevideo.
EP	España Peregrina. México.
Epoca	La Epoca. Madrid.
ER	Evergreen Review. New York.
ERB	Etudes Romanes de Brno. Brno.
ERCH	Estudios. Revista de Cultura Hispánica. Duquesne University, Pittsburgh, Pa.
Ercilla	Ercilla. Santiago de Chile.
ERep	España Republicana. La Plata, Argentina.
Escena	Escena. Madrid.
España	España. Tánger.
EspañaM	España. Madrid.
Español	El Español. Madrid.
Espiga	Espiga. Buenos Aires.
Espiral	Espiral. Lisboa.

ESPSL	O Estado de São Paulo. Suplemento Literario. São Paulo.
Estaciones	Estaciones. Revista Literaria de México. México.
Estilo	Estilo. Revista de Cultura. San Luis Potosí, México.
Estudios	Estudios. Santa Marta, Colombia.
Etudes	Etudes. Paris.
Eurindia	Eurindia. México.
Europe	Europe. Paris.
Excelsior	Excelsior. Suplemento dominical. México.
Explicator	Explicator. Columbia, South Carolina.
Fábula	Fábula. La Plata, Argentina.
Fantasy	Fantasy. London.
Fenarete	Fenarete. Milano.
FF	Frente a Frente. México.
Fierro	Martín Fierro. Buenos Aires.
Fifties	The Fifties. Minneapolis, Minn.
Figaro	Le Figaro. Paris.
Filología	Filología. Buenos Aires.
FITL	France Illustration. Théâtrale et Littéraire. Paris.
FL	La Fiera Letteraria. Roma.
FLit	Le Figaro Littéraire. Paris.
FN	Filologičeskie Nauki. Riga.
FO	France Observateur. Paris.
FPV	Floresta de Prosa y Verso. Fac. de Filosofía y Letras, Madrid.
Gaceta	La Gaceta. México.
Galería	Galería. Santiago de Cuba, Cuba.
Gallo	Gallo. Granada.
GdI	Giornale d'Italia. Roma.
GdM	Giornale del Mattino. Firenze.
GdP	La Gazzetta di Parma. Parma.
GH	Gaceta Hispana. São Paulo, Brasil.
Gids	De Gids. Amsterdam.
Ginesta	Ginesta. Barcelona.
GL	La Gaceta Literaria. Madrid.
GMezz	Gazzetta del Mezzogiorno.
GPop	Gazzetta del Popolo. Torino.
Grafos	Grafos. La Habana, Cuba.
Gringoire	Gringoire. Paris.
GS	Gaceta del Sur. Granada.
Guipuzcoa	La Voz de Guipuzcoa. Guipuzcoa.

HC	Hoy en la Cultura. Buenos Aires.
Hdd	Host do domu. Praga.
HdE	Hora de España. Valencia.
Heraldo	El Heraldo. Caracas.
Héroe	Héroe. Madrid.
Hiperión	Hiperión. Montevideo.
Hispania	Hispania. A Journal Devoted to the Interest of the Teaching of Spanish and Portuguese. Appleton, Wisconsin.
Hispano	Hispanófila. Madrid.
HL	Hoja Literaria. Barcelona, Madrid.
HM	Heraldo de Madrid. Madrid.
HP	El Hijo Pródigo. México.
Ho	Hlas osvobozených. Praga.
Hogar	El Hogar. Buenos Aires.
HondurasR	Honduras Rotaria. Tegucigalpa.
Horisont	Horisont. Bonnier, Suecia.
Horizon	Horizon. New York.
Hoy	Hoy. Santiago de Chile.
HR	Hispanic Review. Philadelphia, Pa.
HRev	Hopkins Review. Baltimore, Md.
Humanitas	Humanitas. Nuevo León, México.
Humanitat	La Humanitat. Barcelona.
HyD	Hechos y Dichos. Zaragoza.
HyV	Historia y Vida. Barcelona.
IAL	Indice de Artes y Letras. Madrid.
Ibéria	Bulletin Ibéria. Bordeaux.
ICE	Indice Cultural Español. Madrid.
Idea	Idea. Settimanale di Cultura. Roma.
II	Illustrazione Italiana. Milano.
ILit	Indice Literario. Madrid.
Imparcial	Imparcial. Madrid.
Index	Index. Praga.
Indice	Indice. Madrid.
IndiceG	Indice. Guadalajara, México.
IndoA	Indo-América. Mérida, Venezuela.
Inquietud	Inquietud. Lima.
Insula	Insula. Madrid.
InsulaBA	Insula. Buenos Aires.
Iô	Iô. Paris.
Ipna	Ipna. Lima.
Irodalomtörteneti	Irodalomtörteneti Kozlemények. Budapest.
IRom	Ibero-Romania. Zeitschrift für Spanische, Portugiesische und Katalanische Sprache und Literatur. München.
IRT	Inventario. Rivista Trimestrale. Milano.
Isla	Isla. San Juan, Puerto Rico.

IslaH	Isla. La Habana, Cuba.
Islas	Islas. Santa Clara, Cuba.
Itinerario	Itinerario. Mozambique.
JA	The New York Journal American. New York.
JdG	Journal de Genève. Genève
Jiskra	Jiskra. Nakladatelstvi Politicke Literatury. Praga.
Jp	Jihčeská pravda, České Budějovice. Praga.
KR	The Kenyon Review. Gambier, Ohio.
Ks	Krovavaia svad'ba. Moscú-Leningrado.
Kt	Kulturní tvorba. Tydenik pro Politiku a Katuru. Praga.
Kultura	Kultura. Praga.
Kž	Kulturný život. Praga.
LA	L'amic de les Arts. Sitges, Barcelona.
La Crónica	La Crónica. Lima.
LAg	Living Age. Boston.
LaL	Life and Letters Today. London.
LaP	Literature and Psychology. New York.
Latitud	Latitud. Buenos Aires.
Lavoro	Lavoro. Torino.
La Voz	La Voz. New York.
LdE	Letras del Ecuador. Quito.
LDem	Lidova Demokracie. Praga.
LdI	L'Avvenire d'Italia. Bologna.
Leitura	Leitura. Río de Janeiro.
Letra	Letra. Madrid.
Letteratura	Letteratura. Firenze
Lettura	La Lettura. Milano.
Letture	Letture. Rassegna Critica di Edizioni Italiane. Milano.
LEW	Literature East and West. New Paltz, New York.
LFP	Les Lettres Français. Paris.
LI	La Literatura Internacional. Moscú.
Liberal	El Liberal. Sevilla, Madrid.
LiberalM	El Liberal. Murcia.
Libertad	La Libertad. Madrid.
Lima	Lima. Peru.
L'Instant	L'Instant. Barcelona.
Litoral	El Litoral. Buenos Aires.
LMex	Letras de México. México, D. F.
LMod	Letterature Moderne. Firenze.

LNL	Les Langues Néo-Latines. Paris.
Lnov	Literární noviny. Praga.
Logos	Logos. Buenos Aires.
LPost	Litterair Pospoort. Amsterdam.
LPre	La Prensa. New York.
LT	La Torre. San Juan, Puerto Rico.
Luchador	El Luchador. Alicante
Lundagard	Lundagard. Lund, Suecia.
Luz	Luz. Madrid.
Lyceum	Lyceum. La Habana, Cuba.
Malvarrosa	Malvarrosa. Granada.
Mañana	Mañana. México, D. F.
MB	Miscellanea Barcinonensia. Barcelona.
MD	Modern Drama. Lawrence, Kansas.
MdP	Molino de Papel. Pliegos de Poesía. Cuenca, Spain.
MdS	Magasin du Spectacle. Paris.
Medicamenta	Medicamenta. Suplemento Informativo. Madrid.
Mediodía	Mediodía. La Habana, Cuba.
MEF	Mid East Forum. Beirut, Lebanon.
Mentor	Mentor. Concepción Chile.
MentorM	Mentor. Montevideo.
Mercurio	Mercurio. Santiago de Chile.
Merkur	Merkur. Stuttgart, Baden-Baden.
MF	Mercure de France. Paris.
Mfro	Mladá fronta. Ostrava.
M. Gr	Mundo Gráfico. Madrid.
MGua	The Manchester Guardian. Manchester, England.
Minerva	Minerva. Milano.
Mirador	Mirador. Barcelona.
ML	Modern Languages. London.
MLJ	Modern Language Journal. Menasha, Wisconsin.
MLN	Modern Language Notes. Baltimore, Md.
MLQ	Modern Language Quarterly. Seattle, Wash.
MLR	Modern Language Review. Liverpool.
MNu	Mundo Nuevo. Paris.
Monat	Der Monat. München.
MR	Massachusetts Review. Amherst, Mass.
MRev	Mi Revista. Barcelona.
Mundo	El Mundo. Nueva York.
MUrug	Mundo Uruguayo. Montevideo.
Musicalia	Musicalia. La Habana, Cuba.
MW	Mass und Wort. Zürich.

Nación	La Nación. Buenos Aires.
Nacional	El Nacional. México, D. F.
NacionalC	El Nacional. Caracas.
NaciónS	La Nación. Santiago de Chile.
Nagyvilág	Nagyvilág. Budapest.
Nazione	La Nazione. Firenze.
NCor	Il Nuovo Corriere. Firenze.
ND	New Directions. Norfolk, Conn.
NdC	Norte de Castilla. Valladolid.
NDem	Nueva Democracia. New York.
NDig	Negro Digest. New York.
NE	Nueva Etapa. Madrid.
NeaH	Nea Hestia. Athens.
NegroD	Negro Digest. Chicago, Ill.
Neophilologus	Neophilologus. Amsterdam.
NEsp	Nuestra España. La Habana, Cuba.
NG	Noticiero Granadino. Granada.
NI	La Nazione Italiana. Roma.
Nivel	Nivel. Gaceta de Cultura. México, D. F.
NL	Les Nouvelles Littéraires. Paris.
NMQ	New México Quarterly. Albuquerque, New Mexico.
No	Národní obroda. Brno.
Noche	La Noche. Barcelona.
Noroeste	Noroeste. Zaragoza.
Norte	Norte. Buenos Aires.
Nosotros	Nosotros. Buenos Aires.
Nosv	Národní osvobození. Praga.
Not. Gr.	Noticias Gráficas. Buenos Aires.
Novedades	Novedades. México, D. F.
NR	The New Republic. New York.
NRC	La Nouvelle Revue Critique. Paris.
NRDE	New Road. Directions in European Art and Letter. London. Edited by Fred Marnau.
NRF	La Nouvelle Revue Française. Paris.
NRFH	Nueva Revista de Filología Hispánica. México.
NS	El Noticiario Sevillano. Sevilla.
NSB	Negro sobre Blanco. Buenos Aires.
NSer	La Nazione Sera. Firenze.
Nslo	Naše slovo. Sumperk, Checoslovaquia.
NSN	New Statesman and Nation. London.
NSta	The New Statesman. London.
Nsvo	Nová svoboda. Praga.
Número	Número. Montevideo.
NumeroF	Numero. Firenze.

Nuove	Vie Nuove. Roma.
NYDN	New York Daily News. New York.
NYEP	New York Evening Post. New York.
NYHT	The New York Herald Tribune. New York.
NYor	The New Yorker. New York.
NYP	New York Post. New York.
NYS	The New York Sun. New York.
NYT	The New York Times. New York.
Observer	The Observer. London.
Okz	Ostravský kulturní zapavodaj. Ostrava, Checoslovaquia.
Optique	Optique. Port-au-Prince.
Orfeo	Orfeo. Ponce, Puerto Rico.
Orientación	Orientación. Buenos Aires.
Orto	Orto. Manzanilla, Cuba.
Osservatore	Osservatore. Rivista di Letteratura, Storia e Filosofia. Palermo.
PA	Primer Acto. Madrid.
Palabra	Palabra. Lima.
Palcoscenico	Palcoscenico. Milano.
Pan	Pan. Buenos Aires.
Panorama	Panorama. México.
Parisienne	Parisienne. Paris.
PBrno	Program. Brno.
PE	Poesía Española. Madrid.
PL	La Posta Letteraria. Lodi.
Plid	Právo lidu. Praga.
Pluma	Pluma. Montevideo.
PMLA	Publications of the Modern Language Association. Menasha, Wisconsin.
PN	El Pensamiento Navarro. Pamplona.
Poesia	Poesia. Quaderni Internazionali. Roma.
Poetry	Poetry. Chicago, Illinois.
Politecnico	Il Politecnico. Milano.
Popolo	Il Popolo. Roma.
PR	Partisan Review. Roma.
Práce	Práce. Praga.
Prensa	La Prensa. Buenos Aires.
PreNY	La Prensa. New York.
Presse	Die Presse. Wien.
Preuves	Preuves. Paris.
Prisma	Prisma. Revista de Cultura. Guadalajara, México.
Prometeus	Prometeus. México, D. F.
Prospetti	Prospetti. Firenze.

Prospettive	Prospettive. Roma.
Provincia	Provincia. Huelva.
PSA	Papeles de Son Armadans. Palma de Mallorca.
Publicitat	Publicitat. Barcelona.
Pueblo	El Pueblo. Madrid.
PV	El Pueblo Vasco. San Sebastián.
QIA	Quaderni Ibero-Americani. Torino.
QIAB	Quaderni Italiani di Buenos Aires. Buenos Aires.
QP	Quaderns de poesía. Barcelona.
QQ	Queen's Quarterly. Kingston, Ontario, Canada.
RA	Revista de Avance. La Habana, Cuba.
RABA	Revista Americana de Buenos Aires. Buenos Aires.
Raíz	Raíz. Madrid.
RAme	Revista Americana. New York.
RAPA	Revista del Ateneo Paraguayo. Asunción.
RAPE	Revista de la Asociación Patriótica Española. Buenos Aires.
RCam	El Reproductor Campechano. Campeche, México.
RCor	Radio Corriere. Roma.
RCub	Revista Cubana. La Habana, Cuba.
RdA	Revista de América. Bogotá.
RdB	Revista do Brasil. Río de Janeiro.
RdC	La Rambla de Catalunya. Barcelona.
RdE	Revista de España. Madrid.
RdF	Revista de Filología. Buenos Aires.
RdG	Revista de Guatemala. Guatemala.
RdI	Rassegna d'Italia. Milano.
RdL	Revista de Libros. Madrid.
Ref	Refundido
REH	Revista de Estudios Hispánicos. Drawer, Albama.
REHis	Revista de Estudios Hispánicos. New York.
Rendiconti	Rendiconti. Bologna.
Rep. A	Repertorio Americano. San José, Costa Rica.
Reporter	Reporter. The Magazine of Facts and Ideas. New York.
Res	Reseña(s)
Residencia	Residencia. Centro de Estudios Históricos. Madrid.

Rev 1616	Revista "1616." London.
RevEH	Revista de Estudios Hispánicos. New York.
RF	Romanische Forschungen. Köln.
RFEV	Revista de la Federación de Estudiantes de Venezuela. Caracas.
RFH	Revista de Filología Hispánica. Buenos Aires.
RFRG	Revista de Filologie Romanica si Germanica. Bucarest.
RG	Romanica Gaudensia. Gand, Belgica.
RGC	Revista de la Generalidad de Cataluña. Barcelona.
RHM	Revista Hispánica Moderna. New York.
RHT	Revue d'Histoire du Théâtre. Paris.
RI	Revista de las Indias. Bogotá.
RIA	Revista Iberoamericana. Pittsburgh, Pa.
Ridotto	Ridotto. Rassegna Mensile di Teatro. Venezia.
RIE	Revista de Ideas Estéticas. Madrid.
RLC	Revue de Littérature Comparée. Paris.
RLit	Revista de Literatura. Madrid.
RLMC	Rivista di Letterature Moderne e Comparate. Firenze.
RLSP	Revista de Letras. Assis, São Paulo.
RM	Revista Moderna. Sante Fe. Univ. Nacional del Litoral. Argentina.
RMM	Revista Musical Mexicana. México, D. F.
RNaz	Rassegna Nazionale. Firenze.
RNC	Revista Nacional de Cultura. Caracas.
RNot	Romance Notes. Chapel Hill, North Carolina.
RO	Revista de Occidente. Madrid.
ROEDHP	Romanica et Occidentalia. Etudes Dediées a la Memoire de Hiram Peri. Editées par Moshé Lazar. Jerusalem: Magnes Press, Université Hebraïque, 1963. 368pp.
Romance	Romance. Revista Popular Hispanoamericana. México, D. F.
Rovnost	Rovnost. List Sociálních Demokrátuceských. Brno.
Rozvoj	Rozvoj. Praga.
Rp	Rudé právo. Praga.
RPost	Rheinische Post. Düsseldorf.
RQ	Revista Quincenal. Vitoria, Brasil.
RRev	The Romanic Review. New York.

RSdV	Revista Signos de Valparaiso. Chile.
RUBA	Revista de la Universidad de Buenos Aires. Buenos Aires.
RUM	Revista de la Univ. de Madrid. Madrid.
RUP	Revista de la Univ. de Puebla. Mex.
RUSP	Revista de la Facultad de Humanidades. San Luis Potosí, México.
RyF	Razón y Fe. Revista Hispano Americana de Cultura. Madrid.
s. a.	Sin año.
Saber	Saber Vivir. Buenos Aires.
Saitabi	Saitabi. Valencia.
SBib	Suma Bibliográfica. México.
SČ	Svobodné Československo. Praga.
Scenario	Scenario. Roma.
SchM	Schweizer Monatshefte. Zürich.
SECH	SECH. Revista de la Sociedad de Escritores. Santiago de Chile.
Sei	Sei. Valencia.
SFea	Salted Feathers. Portland, Oregon.
SHSMW	Studies in Honor of Samuel Montefiore Waxman. Boston, 1969.
s. i.	Sin imprenta.
Silarus	Silarus. Battipaglia.
Simoun	Simoun. Revue Littéraire Bimestrielle. Oran, Algeria.
Sintesis	Sintesis. Buenos Aires.
Sipario	Sipario. Milano.
SJ	Silliman Journal. A Quarterly of Investigation and Discussion in the Humanities and in the Sciences. Dumaguete, Philippines.
SKDA	Sven M. Kristensen, ed. Fremmende Digtere i det 20 arhundrede, vol. II. Copenhagen: G. E. C. Gad. , 1969, pp. 585-603.
s. l.	Sin lugar de imprenta.
Slidu	Stráž lidu. Olomouc, Checoslovaquia.
Sn	Slovo národa. Brno.
SNom	Sin Nombre. San Juan, Puerto Rico.
Snov	Svobodné noviny. Praga.
SO	Solidariedad Obrera. Barcelona.
SOF	Samtid och Framtid. Stockholm.
Sol	El Sol. Madrid.
SolN	Sol Nascente. Porto
Spectaculum	Spectaculum. Moderne Theaterstuecke. Frankfurt am Main.

Spra	Sprawozdania. Warsaw.
SR	The Southern Review. Baton Rouge, La.
SRev	The Saturday Review of Literature. New York.
Ss	Svobodné slovo. Karlovy Vary, Checoslovaquia.
Ssev	Stráž severu. Liberec, Checoslovaquia.
S. Times	The Sun Times. Chicago, Illinois.
STod	Spain Today. The Review of the Present. Madrid.
Stylo	Stylo. Temuco, Chile.
SuF	Sinn und Form. Potsdam.
Sur	Revista Sur. Buenos Aires.
SurC	El Sur. Concepción, Chile.
Sustancia	Sustancia. Revista de Cultura Superior. Tucumán, Argentina.
Symposium	Symposium. A Quarterly Journal in Modern Literatures. Syracuse, New York.
TA	Theatre Annual. New York.
Taller	Taller. Poesía y Crítica. Revista Mensual. México, D. F.
TAM	Theater Arts Monthly. New York.
Tarde	La Tarde. Barranquilla, Colombia.
TdF	Théâtre de France. Paris.
TDR	Tulene Drama Review. New Orleans, La.
Teatr	Teatr. Moscú.
Tegucigalpa	Tegucigalpa. Honduras.
Temas	Temas. New York.
TF	Tierra Firme. Madrid.
ThA	Theatre Arts. New York.
The Nation	The Nation. New York.
ThP	Théâtre Populaire. Paris.
Tiempo	El Tiempo. Bogotá.
Time	Time. New York.
Times	Times. London.
Tirreno	Il Tirreno. Livorno.
TLS	Times Literary Supplement. London.
TN	Tierra Nueva. México, D. F.
Todo	Todo. México, D. F.
TP	El Tiempo Presente. Madrid.
TQ	Texas Quarterly. Univ. of Texas. Austin, Texas.
TR	La Table Ronde. Paris.
Trad	Traductor (es).
Tres	Tres. Lima.

Tribuna	Tribuna. Roma.
TSL	Tennessee Studies in Literature. Knoxville, Tenn.
TVGM	TV. Guide Magazine. Radnor, Pa.
TVUB	Tijdschrift van de Vrije Universiteit van Brussel. Brussel.
TyL	Toma y Lee. Santiago de Chile.
UdA	Universidad de Antioquia. Medellín.
UdH	Universidad de La Habana. Cuba.
UdP	Universidad de Panamá. Panamá.
ULit	Universidad Nacional del Litoral. Santa Fe, Argentina.
Ultra	Ultra. La Habana, Cuba.
UniversalC	El Universal. Caracas.
UniversalM	El Universal. México.
Universidad	Universidad. Revista de la Universidad de México. Mexico, D. F.
Urogallo	El Urogallo. Madrid.
USF	Universidad. Sante Fe, Argentina.
Vanguardia	La Vanguardia. Barcelona.
VE	La Vanguardia Española. Barcelona.
Večerník	Večerník. Bratislava.
VeP	Vita e Pensiero. Milano.
Verbum	Verbum. La Habana, Cuba.
Verdad	La Verdad. Murcia.
Verdades	Verdades. San Juan, Puerto Rico.
Vertical	Vertical. Santiago del Estero, Argentina.
VLG	De Vlaamse Gids. Amsterdam.
Volkszeitung	Volkszeitung. Praga.
Voz	La Voz. Madrid.
Vp	Vecerní Praha. Praga.
VQR	Virginia Quarterly Review. Charlottesville, Va.
VR	Vox Romanica. Zürich.
VU	Vida Universitaria. Monterrey, México.
VUniv	Vida Universitaria. La Habana, Cuba.
VyP	Verso y Prosa. Madrid.
Works	A Quarterly of Writing. New York
WuW	Welt und Wort. Literarische Monatsschrift. Tübingen.
WWt	Wort und Wahrheit. Wien.
Ya	Ya. Madrid.
YR	The Yale Review. New Haven, Conn.

Zambrano	Zambrano. Tegucigalpa, Honduras.
Zero	Zero. Anthology of Literature and Art. New York, Paris.
Zn	Zemědělské noviny. Praga.

I. BIBLIOGRAFIAS / BIBLIOGRAPHIES

1. ROSENBAUM, Sidonia C. y GUERRERO RUIZ, J. "Federico García Lorca. Bibliografía," RHM, I (1935), pp. 186-187.

2. CROW, J. A. "Bibliografía Hispano-Americana de Federico García Lorca," RIA, I (1939), pp. 307-319.

3. ROSENBAUM, Sidonia C. "Federico García Lorca. Bibliografía," RHM, VI (1940), nos. 3-4, pp. 263-279.

4. MORBY, E. S. "García Lorca in Sweden," HR, XIV (1946), pp. 38-46.

5. RYCE, Carolyn. A Lorca Bibliography. Publications by and About the Author in the Americas. Brownwood, Texas, 1948.
   Tesis inédita del Howard Payne College, de Texas.

6. PANE, Remigio U. "Bibliography of Lorca's Works in English Translation," BB (September-December 1950), pp. 71-75.

7. Vid. Federico García Lorca. Obras completas. Recopilación y notas de Arturo del Hoyo. Prólogo de Jorge Guillén. Epílogo de Vicente Aleixandre. Madrid: Aguilar, 1954. "Bibliografía," pp. 1577-1609.

8. BARDI, Ubaldo. "Matériaux pour une bibliographie italienne de Federico García Lorca," BH, LXIII (1961), pp. 88-97.

9. BLAESER, R. Federico García Lorca. Leben und Werk. Ein Bucherverzeichnis. Dortmund: Stadt Volksbucherein, 1961. 41pp.

10. COMINCIOLI, Jacques. "En torno a García Lorca.
     Sugerencias. Documentos. Bibliografía, " CHA
     (1961), no. 139, pp. 37-76.

11. LIMA, Robert. "Federico García Lorca--A Bibliogra-
     phy of his Theatre, " La Voz (October-March, 1961-
     1962).

12. _____. The Theatre of García Lorca. New York:
     Las Américas Publishing Co., 1963, pp. 303-331.

12a. HALA, Arnold. "La obra de Federico García Lorca
     en Bohemia y Moravia, " ERB, V (1971), pp. 125-
     136.

II. EDICIONES / EDITIONS

A) Obras completas de Federico García Lorca/
Complete Works of Federico García Lorca

13. FEDERICO García Lorca: Obras completas, recopiladas
por Guillermo de Torre... Buenos Aires: Edit.
Losada, 1938. 7 vols.
Contiene: v. 1. Bodas de sangre, Amor de Don
Perlimplín con Belisa en su jardín, Retablillo de
Don Cristóbal; v. 2. Libro de poemas, Primeras
canciones, Canciones, Seis poemas gallegos;
v. 3. Yerma, La zapatera prodigiosa; v. 4. Romancero gitano. Poema del cante jondo. Llanto
por Ignacio Sánchez Mejías; v. 5. Doña Rosita la
soltera. Mariana Pineda; v. 6. Así que pasen
cinco años, Poemas póstumos; v. 7. Poeta en
Nueva York, Conferencias, Prosas póstumas.
2a. ed. 1940; 3a. ed. 1942-1946; 4a. ed. 1944;
5a. ed. 1944-1949; 6a. ed. 1952, 8 vols. ; 7a. ed.
1958; 8a. ed. 1961, 8 vols.

14. FEDERICO García Lorca: Obras completas. Recopila-
ción y notas de Arturo del Hoyo. Prólogo de Jorge
Guillén, epílogo de Vicente Aleixandre. Madrid:
Aguilar, 1954. 1653pp. Ilustraciones, ports.
18cm. (Colección Obras Eternas)
Contiene: PROSA: Impresiones; Narraciones;
Conferencias. POESIA: Libro de poemas; Poema
del cante jondo; Poeta en Nueva York; Llanto por
Ignacio Sánchez Mejías; Seis poemas gallegos; Divan
del Tamarit; Poemas sueltos; Cantares populares.
TEATRO: El maleficio de la mariposa; Los títeres
de Cachiporra (Tragicomedia de don Cristóbal y la
seña Rosita); Mariana Pineda; Teatro breve (El
paseo de Buster Keaton; La doncella, el marinero
y el estudiante; Quimera); La zapatera prodigiosa;
Amor de don Perlimplín con Belisa en su jardín;
Retablillo de don Cristobal; Así que pasen cinco
años; El público; Bodas de sangre; Yerma; Doña
Rosita la soltera, o El lenguaje de las flores; La

37

casa de Bernarda Alba. OTRAS PAGINAS: Impresiones y paisajes (selección); VARIA. APENDICE: Dibujos; Música de las canciones. NOTAS: Bibliografía; Cronología de la vida y la obra de F.G.L.; Notas al texto
2a. ed. aumentada, 1955; 3a. ed. 1957; 4a. ed. 1960; 5a. ed. 1963; 6a. ed. 1963; 7a. ed. 1964; 8a. ed. 1965; 9a. ed. 1965; 10a. ed. 1965; 11a. ed. 1966; 12a. ed. 1966; 13a. ed. 1967; 14a. ed. 1968; 15a. ed. 1969; 16a. ed. 1970; 17a. ed. 1971.

B) Antologías y selecciones de Federico García Lorca / Anthologies and Selections

15. ANTOLOGIA de Garcia Lorca. Ed. de J. M. Ruiz Esparza. Supplemento de Letras, México (oct. 1934), pp. 37-49.

16. BREVE antología. Poemas seleccionados y presentados por Juan Marinello. México: Antigua Librería Robredo de J. Porrúa, 1936. 44pp. 24cm. (Ediciones de la LEAR)

17. ANTOLOGIA. Selección y prólogo de María Zambrano. Santiago de Chile: Edit. Panorama, 1936. 81pp. 19cm. 2a. ed. Santiago de Chile, Edit. Panorama, 1937. 81pp.
Contiene también poemas de Rafael Alberti, Antonio Machado y Pablo Neruda.

18. ANTOLOGIA selecta de Federico García Lorca. Homenaje en el primer aniversario de su muerte. Buenos Aires: Edit. Teatro del Pueblo, 1937. 1 vol.
Contiene también poemas de Alfonso Reyes, Pablo Suero, E. Navas, Rafael Alberti, Antonio Machado, J. Gómez Bas, H. R. Klappenbach, Carlos Luis Sáez y Pablo Neruda.

19. SELECCION de obras de Federico García Lorca. Homenaje al poeta... Valencia: Edics. españolas, 1937. 200pp.
Contiene selecciones de sus obras por Emilio Prados. (Poesía, prosa, teatro, música, dibujos...); "El poeta Federico García Lorca," por Angel del Río, pp. 171-198. Contiene además el Romance del maniqui y una escena de Así que pasen cinco años.

20. PROSA y poesía de F. G. L. RI, I (1937), no. 5,
     pp. 59-81.

21. ANTOLOGIA poética. Selección, prólogo y notas de
     Norberto Pinilla. Santiago de Chile: Zig-Zag, 1937.
     218pp. 21cm.

22. JANES I OLIVE, J. Lírics castellans: García Lorca.
     Barcelona, 1938. 96pp. (Col. Oreig de la Rosa dels
     Vents, 6)
        Antología. Selección y notas biográficas.

23. ANTOLOGIA poética (1918-1936) seleccionada por Rafael
     Alberti y Guillermo de Torre. Buenos Aires: Edit.
     Pleamar, 1943. 269pp. 21cm. (Colección Mirto)
        2a. ed. Buenos Aires: Edit. Pleamar, 1947.
     269pp.

24. ANTOLOGIA poética... Prólogo por Ismael Edwards
     Matte. México: Costa-Amic, 1944. 209pp. 21cm.
     (Col. "El Ciervo y la Rama")

25. ANTOLOGIA lírica, presentada por Giovanni Maria
     Bertini. Asti: Arethusa, 1948. 162pp. (Collezione
     Testi e Letteratura)

25a. ANTOLOGIA poética, prosa, teatro. Selección de V. A.
     México: Costa-Amic, [195?]. 111pp. (Col. "Pano-
     ramas," 3)
        Sobretiro de la revista Panoramas.

26. ANTOLOGIA poética, seguida de la "Casa de Bernarda
     de Alba." Selección y prólogo de Alberto Monterde.
     México: La Escuela de Verano, 1956. 105pp.
     28cm.

27. ANTOLOGIA poética (1918-1936) seleccionada por Rafael
     Alberti y Guillermo de Torre. Buenos Aires: Edit.
     Losada, 1957. 245pp. 18cm. (Biblioteca contempo-
     ránea)
        2a. ed. Buenos Aires: Edit. Losada, 1960.
     254pp. 3a. ed. Buenos Aires: Edit. Losada, 1965.
     254pp. 4a. ed. Buenos Aires: Edit. Losada, 1969.
     254pp. 5a. ed. Buenos Aires: Edit. Losada, 1969.
     254pp.

28. OBRAS escogidas. Introd. and notes by Eugenio Florit.

Florit. New York: Dell Pub. Co., 1965. 208pp.
17cm. (The Laurel Language Library)
Contiene: Libro de poemas, Poema del cante
jondo, Canciones, Romancero gitano, Poeta en Nueva
York, Llanto por Ignacio Sánchez Mejías, Diván del
Tamarit, Doña Rosita la soltera, Impresiones y
paisajes. Bibliografía, pp. 206-208.

29. FOLEY GAMBETTA, E. Antología. La canción de
cuna. Lima: Tall. gráf. del Puericultorio Pérez
Aranibar, 1965. 1 vol.

30. SIETE poetas españoles. Antonio Machado, Juan Ramón
Jiménez, Pedro Salinas, Jorge Guillén, Vicente
Aleixandre, Federico García Lorca, Rafael Alberti.
Recopilación por Carlos Sahagún. 3a. ed. Madrid:
Taurus, 1966. 220pp. 19cm. (Ser y Tiempo.
Temas de España, 8)

31. ANTOLOGIA lírica. Equipo rector: Aurelio Labajo,
Carlos Urdiales, Trini González. Madrid: Conculsa,
1967. 48pp. (Col. Primera Biblioteca. Literatura
Española)

31a. TEATRO selecto... Mariana Pineda, La zapatera prodigiosa, Bodas de sangre, Yerma, La casa de
Bernarda Alba, El retablillo de don Cristóbal. Prólogo de A. Gallego Morell. Madrid: Escelicer,
1969. 442pp. con láms.

32. ANTOLOGIA teatral por García Lorca. Madrid:
Conculsa, 1968. 47pp. 16cm. (Colección Primera
Biblioteca. Literatura Española, 71)

33. ANTOLOGIA poética. Introducción y selección de Julio
García Morejón. Sao Paulo, Universidade de Sao
Paulo: Instituto de Cultura Hispánica, 1969. XLI +
91pp. 21cm.

34. ANTOLOGIA poética. Selección de Arturo del Hoyo.
Madrid: Aguilar, 1971. 287pp. port. 14cm.
(Colección Crison, 67)

34a. ANTOLOGIA poética de A. Machado, J. R. Jiménez y
F. García Lorca. Selección de Aitana y Rafael
Alberti. Prólogos de Rafael Alberti. Barcelona:
Ediciones Nauta, 1970. 569pp.

C) Versos de Federico García Lorca/
    Verse of Federico García Lorca

35. LIBRO de poemas. Madrid: Gabriel García Maroto,
     1921. 298pp. 18 x 12.
         También en sus Obras completas. V. nos. 13,
     14.

36. EL JARDIN de las morenas (Fragmentos): Pórtico,
     Acacia, Encuentro, Limonar, Indice (1921), no. 2.

37. SUITE de los espejos: Simbolo, El gran espejo, Refle-
     jo, Rayos, Réplica, Tierra, Capricho, Sinto, Los
     ojos, Initium, Berceuse al espejo dormido, Aire,
     Confusión, Remanso, Indice (1921), no. 3.

38. NOCHE (Suite para piano y voz emocionada): Rasgos,
     Preludio, Rincón del cielo, Total, Un lucero, Franja,
     Una, Madre, Recuerdo, Hospicio, Cometa, Venus,
     Abajo, La gran tristeza, Indice (1921), no. 4
         Reimp. por Jacques Comincioli, en su artículo
     "Poemas olvidados de Federico García Lorca," Insu-
     la (15 de octubre 1959), no. 155.

38a. BALADA de la placeta, con el título "Balada de la
     placeta (para Pilar y Adelina en su Colegio de
     Londres"), en DG (1925), p. 1.

39. ODA a Salvador Dali, RO, XII (1926), pp. 52-58.
         Reimp. en Homenaje al poeta García Lorca,
     Valencia-Barcelona, 1937, pp. 109-114.

40. REYERTA. En Verso y prosa, Boletín de la nueva
     literatura. Suplemento literario de La Verdad, di-
     rigido por Juan Guerrero Ruiz, Murcia (oct. 1926).
         Reimp. en el Romancero gitano.

41. VIÑETAS flamencas (Adivinanza de la guitarra, Candil,
     Malagueña, Memento, Crótalo, Baile, Cazador, El
     niño mudo, Murió al amanecer, Canción de noviembre
     a abril.) Remansos: Diferencias, Variación, Sigue,
     Remansillo, Canción oscura, Media luna. En Verso
     y prosa, Boletín de la nueva literatura. Suplemento
     literario de La Verdad, dirigido por Juan Guerrero
     Ruiz, Murcia (abril 1927)
         Dedicadas a Antonio Luna.

Reimp. en el <u>Poema del cante jondo</u> y en <u>Prime-</u>
<u>ras canciones.</u>

42. <u>LA SIRENA y el carabinero,</u> GL (marzo 1927), no. 5.

43. <u>A JOSE de Ciria y Escalante.</u> En <u>Verso y prosa,</u>
<u>Boletín de la nueva literatura.</u> <u>Suplemento literario</u>
<u>de La Verdad...,</u> Murcia (1927).

44. <u>ROMANCE de la luna de los gitanos.</u> En <u>Verso y</u>
<u>prosa, Boletín de la nueva literatura.</u> <u>Suplemento</u>
<u>literario de La Verdad...,</u> Murcia (julio 1927).

45. <u>TRES historietas del viento. Estampas del cielo.</u> En
<u>Verso y prosa, Boletín de la nueva literatura...</u>
<u>Murcia (agosto 1927).</u>

46. <u>ESCUELA.</u> En <u>Verso y prosa, Boletín de la nueva</u>
<u>literatura...</u> Murcia (septiembre 1927).

47. <u>CANCIONES (1921-1924).</u> Málaga: Litoral, Primer
Suplemento, 17 de mayo 1927, 145pp.

48. <u>CANCIONES (1921-1924) 2a. ed.</u> Madrid: Revista de
Occidente 1929. 150pp. 20cm
    Reimp.: Buenos Aires: Sur, 1933;
            Madrid: Espasa-Calpe, 1935;
            Santiago de Chile: Edit. Moderna, 1937.
            En sus <u>Obras completas,</u> nos. 13, 14.
    Dedicadas a Pedro Salinas, Jorge Guillén y
Melchorito Fernández Almagro.

49. <u>SOLEDAD.</u> En la revista <u>Carmen</u> (1928), Santander;
en <u>Cuadernos</u> (septiembre de 1956).
Luego incorporada en sus <u>Obras completas.</u>

50. <u>ODA al Santísimo Sacramento del Altar</u> (Fragmento),
RO, VI (1928), pp. 184-186.

51. <u>PRIMER romancero gitano (1924-1927).</u> Madrid: Revista de Occidente, 1928. 149pp. 16cm.

52. <u>PRIMER romancero gitano (1924-1927).</u> 2a. ed. Madrid:
Revista de Occidente, 1929. 149pp. 20cm.

53. <u>ROMANCERO gitano (1924-1927).</u> Buenos Aires: Sur,
1933. 8o. Retrato.

54. ROMANCERO gitano (1924-1927).   5a. ed. Madrid:
    Espasa-Calpe, 1935.   149pp.   port. 20cm.

55. ROMANCERO gitano (1924-1927).   7a. ed. Madrid:
    Espasa-Calpe, 1936.   149pp.   port. 20cm.

56. ROMANCERO gitano (1924-1927).   8a. ed. Madrid,
    Buenos Aires: Espasa-Calpe, S.A., 1937.   149pp.
    front. port. 20cm.

57. ROMANCERO gitano (1924-1927).   9a. ed. Madrid:
    Espasa-Calpe, 1937.   149pp.   port. 21cm.

58. ROMANCERO gitano (1924-1927).   7a. ed.   Santiago de
    Chile: Editorial Moderna, 1937.   149pp.   18cm.

59. ROMANCERO gitano (1924-1927).   9a. ed.   Santiago de
    Chile: Editorial Moderna [193?].   149pp.   18cm.

60. PRIMER romancero gitano (1924-1927).   Buenos Aires:
    Edit. Argentores, 1937.   1 vol.
    Con Mariana Pineda.

61. PRIMER romancero gitano.   Prólogo de Antonio Arranz.
    Caracas: Edit. Elite, 1937.   48pp.

62. ROMANCERO gitano.   Barcelona: Editorial Nuestro
    Pueblo, 1937.   79pp.   ilustr.
    Prólogo de Rafael Alberti.   Edición de Homenaje
    popular.

63. ROMANCERO gitano.   Barcelona: Editorial Nuestro
    Pueblo, 1938.   79pp.   8o.

64. ROMANCERO gitano.   Poema del cante jondo.   Llanto
    por Ignacio Sánchez Mejías.   Buenos Aires: Edit.
    Losada, 1938.   167pp.   21cm.
    Vol. 4 de sus Obras completas, vid. no. 13.
    2a. ed. Buenos Aires: Edit. Losada, 1940.   170pp.
    3a. ed. Buenos Aires: Edit. Losada, 1942.   168pp.
    4a. ed. Buenos Aires: Edit. Losada, 1944.   168pp.
    5a. ed. Buenos Aires: Edit. Losada, 1945.   168pp.
    6a. ed. Buenos Aires: Edit. Losada, 1947.   168pp.
    7a. ed. Buenos Aires: Edit. Losada, 1950.   168pp.
    8a. ed. Buenos Aires: Edit. Losada, 1952.   168pp.

65. ROMANCERO gitano.   Poema del cante jondo.   Llanto

por Ignacio Sánchez Mejías.   México: Edit. Pax-
México, 1940. 160pp. 21cm.
Otras ediciones: México: Edit. Pax-México,
1942, 160pp.
México: Edit. Pax-México,
1943, 160pp.
México: Edit. Pax-México,
1944, 160pp.

66. ROMANCERO gitano. Prólogo de Rafael Alberti.   Buenos Aires: Schapire, 1942. 1 vol. (Colección
"Rama de Oro")

67. ROMANCERO gitano. Edición de Jaime Torner y Luis
Ponce de León. En La Gaceta de los gitanos.
Granada (Jueves Santo, 1943).

68. ROMANCERO gitano (1924-1927). Buenos Aires: Edit.
Losada, 1943. 121pp. 21cm.

69. ROMANCERO gitano (1924-1927). Buenos Aires: Edit.
Losada, 1948, 119pp. 19cm. (Biblioteca contempo-
ránea)
Otras ediciones de la misma colección "Biblioteca
contemporánea": Buenos Aires: Losada, 1953, 117pp.
Buenos Aires: Losada, 1959, 119pp.
Buenos Aires: Losada, 1962, 117pp.
Buenos Aires: Losada, 1964, 117pp.
Buenos Aires: Losada, 1967, 117pp.
Buenos Aires: Losada, 1968, 117pp.

70. ROMANCERO gitano. Poema del cante jondo. México:
Edit. Diana, 1957. 160pp. 20cm.

71. ROMANCERO gitano. Habana: Ediciones La Tertulia,
1961. 81pp. 18cm. (Colección Caracol)

72. ROMANCERO gitano. Poema del cante jondo. Llanto
por Ignacio Sánchez Mejías. Diván del Tamarit.
Poemas póstumos. Buenos Aires: Edit. Losada,
1961. 241pp. 20cm.
Vol. 4 de sus Obras completas.

73. ROMANCERO gitano. Poema del cante jondo. Llanto
por Ignacio Sánchez Mejías. México [19??], 156pp.
19cm. (Colección los poetas universales)

73a. ROMANCERO gitano. Yerma. Barcelona: Salvat.
      Madrid: Alianza Editorial, 1971. 141pp.

73b. "POESIA de Federico García Lorca: Romance sonámbu-
      lo," RHM, I (1934-1935), pp. 236-237.

74.' SON de negros, Musicalia (abril-mayo 1930), no. 11.
      Incorporada luego en: Emilio Ballagas, Antologia
      de la poesía negra. Madrid: Aguilar, 1935; Federi-
      co García Lorca (1899-1936): Vida y obra... New
      York: Hispanic Institute, 1941; Poeta en Nueva
      York... México: Edit. Séneca, 1940.

75.   BALADA de los tres ríos, Gráfico de la Petenera, Plano
      de la Soleá, Pueblo de la Soleá, Calle, La Soleá,
      Adivinanza de la guitarra, Candil, Crótalo, Madruga-
      da. En Antonia Mercé, la Argentina. New York:
      Instituto de las Españas, 1930. X + 49pp. 20cm.
      Incorporados luego en sus Obras completas.

76.   POEMA del cante jondo. Madrid: Ca. Iberoamericana
      de Publicaciones, 1931. 171pp. 19cm.

77.   POEMA del cante jondo. Madrid: Ediciones Ulises,
      1937. 147pp. 19cm.
           Contiene un estudio de Pablo Neruda y A. M.
      Ferreiro.

78.   POEMA del cante jondo. Santiago de Chile: Edit. Ve-
      loz, 1937. 151pp.

79.   POEMA del cante jondo. Llanto por Ignacio Sánchez
      Mejías. Buenos Aires: Edit. Losada, 1948. 127pp.
      18cm. (Biblioteca contemporánea, 125)

80.   POEMA del cante jondo. Llanto por Ignacio Sánchez
      Mejías. 3a. ed. Buenos Aires: Edit. Losada,
      1953. 127pp. 18cm. (Biblioteca contemporánea,
      125)

81.   POEMA del cante jondo. Llanto por Ignacio Sánchez
      Mejías. 4a. ed. Buenos Aires: Edit. Losada,
      1957. 127pp. 18cm.

82.   POEMA del cante jondo. Llanto por Ignacio Sánchez
      Mejías. Buenos Aires: Edit. Losada, 1964. 127pp.

18cm. (Biblioteca contemporánea, 125)
Vid., además, nos. 29, 64, 65, 70, 72, 73.

83. MUERTE, Ruina, Vaca, Nueva York, Oficina y Denuncia,
     RO, XXXI (1931), no. 91.

84. RUINA. Niña ahogada en el pozo. Ciudad sin sueño.
     En Poesía española contemporánea. Antología 1915-
     1931. Selección de Gerardo Diego. Madrid: Signo,
     1932. 469pp.
     Reimp.: Madrid: Taurus, 1959.

85. CASIDA del sueño al aire libre. Gacela del mercado
     matutino, Héroe (1932), nos. 5 y 6.
     Incorporadas luego en El diván del Tamarit.

86. ODA al rey de Harlem, CV (1933), no. 1, pp. 5-10.
     Reimp.: Obras completas. Buenos Aires, Edit.
            Losada, 1938, vol. VI, pp. 153-157;
            Poeta en Nueva York. México: Edit.
            Séneca, 1940, pp. 45-49.

87. ODA a Walt Whitman. México: Alcancía, 1933.
     Reimp.: Obras completas. Buenos Aires: Edit.
            Losada, 1938, vol. VI, pp. 143-147;
            Poeta en Nueva York. México: Edit.
            Séneca, 1940, pp. 127-132.

88. CANTO nocturno de los marineros andaluces. Sueño
     al aire libre, Nación (24 diciembre 1933), Artes-
     Letras, p. 1.

89. EL LLANTO ("Casida de llanto"). Canción de la muerte
     pequeña. En Poesía española. Contemporáneos.
     Antología. Selección... de Gerardo Diego. Madrid:
     Signo, 1934, pp. 443-444.

90. PEQUEÑO vals vienés, en Revista 1616 (1934), no. 1.

90a. PEQUEÑO vals vienés. La suite del agua. Cuatro
     baladas amarillas. La selva de los relojes. Herba-
     rios, Taller, I (1 de diciembre de 1938), no. I,
     pp. 33-50.

91. TIERRA y luna, TP (marzo de 1935).

92. GACELA del mercado matutino. Gacela del amor con

cien años. Casida de la mujer tendida boca arriba [titulada después: Casida de la mujer tendida] y Casida de la muerte clara [después titulada: Gacela de la huida]. En Almanaque literario ... por Guillermo de Torre, Miguel Pérez Ferrero y E. Salazar y Chapela. Madrid: Edit. Plutarco, 1935. 301pp. 22cm.

93. NOCTURNO del hueco, CVP (octubre de 1935).

94. MADRIGAL à cibdá de Santiago, QP, I (noviembre de 1935), no. 4, p. 30.

95. GACELA de la terrible presencia, QP, I (octubre de 1935), no. 3, p. 16.

96. PAISAJE de la multitud que vomita (Anochecer de Coney Island), Noroeste (1935), no. 12.

97. CASIDA de la rosa, Noroeste (1935), no. 12.

98. EPITAFIO a Isaac Albéniz, Noche (14 de diciembre de 1935), p. 2.
      Reimp.: José Subirá, Historia de la música española. Barcelona: Edit. Salvat, 1953;
      Correo Literario. Madrid-Barcelona-Buenos Aires, a. V, 2a. época (septiembre de 1954)

99. LLANTO por Ignacio Sánchez Mejías. Madrid: Ediciones del Árbol, 1935. 22pp. 28cm.
    Dibujos de José Caballero.

100. LLANTO por Ignacio Sánchez Mejías. 2a. ed. Lima: Edit. Latina, 1937. 108pp. 19cm.
    Ed. corregida por José López Garmendia.
    Contiene Yerma.

101. LLANTO por Ignacio Sánchez Mejías. Dodenklacht voor Ignacio Sánchez Mejías. Geautoriseerde vertaling uit het Spaans. Brussel: Albe, 1959. 37pp. 21cm.
    Doble texto español-holandés.

102. LLANTO por Ignacio. Verona: F. Riva, 1963. 23pp. 36cm. (I poeti illustrati)

Reimp.: <u>Obras completas,</u> Buenos Aires: Losada,
1938, vol. IV, pp. 151-164.
Vid., además, nos. 14, 64-65, 72-73, 79-82.

103. <u>SEIS poemas gallegos.</u> Santiago de Compostela: Edit.
Nos, 1935. 17 hojas.

104. <u>SEIS poemas gallegos.</u> Santiago de Compostela: Edit.
Nos, 1936. 17 hojas.

105. <u>POEMAS gallegos.</u> Traducción castellana de Alberto
Muzzio. Buenos Aires: Inter Nos, 1941. 35pp.
17cm.
Reimp.: <u>Obras completas,</u> Buenos Aires: Edit.
Losada, 1938, vol. II, pp. 217-231.
Vid. también no. 14.

106. <u>GACELA de la muerte oscura</u> [titulada: <u>Casida de la</u>
<u>huida</u>], FPV (febrero de 1936), no. 2.

107. <u>PRIMERA canciones.</u> Madrid: Ediciones Héroe, 1936.
31pp. 19cm.

108. <u>PRIMERAS canciones.</u> <u>Canciones. Seis poemas galle-</u>
<u>gos.</u> Buenos Aires: Edit. Losada, 1945. 130pp.
18cm. (Biblioteca contemporánea, 151)

109. <u>PRIMERAS canciones.</u> <u>Canciones. Seis poemas galle-</u>
<u>gos.</u> 3a. ed. Buenos Aires: Losada, 1957. 130pp.
19cm. (Biblioteca contemporánea, 151)

110. <u>PRIMERAS canciones.</u> <u>Canciones. Seis poemas galle-</u>
<u>gos.</u> 4a. ed. Buenos Aires: Edit. Losada, 1965.
128pp. 18cm.

111. <u>ODA a Sesostris.</u> (Fragmento) 1928. En "Epistolario
de García Lorca (Cartas al poeta Jorge Zalamea),"
RI, I (1937), no. 5.

112. <u>POEMAS póstumos.</u> En <u>Sur,</u> VII (1937), no. 34, pp.
29-32.
Contiene: <u>Ribera de 1910</u> y <u>Aire de Amor.</u>
Vid. también sus <u>Obras completas,</u> Buenos Aires:
Edit. Losada, 1938, vol. IV, pp. 142-212.

113.   POEMAS póstumos. Canciones musicales. Divǎn del
       Tamarit. México: Ediciones Mexicanas, 1945.
       104pp. 21cm.

114.   LIBRO de poemas. Primeras canciones. Canciones.
       Seis poemas gallegos. Buenos Aires: Edit. Losada,
       1938. 231pp. 21cm. (Obras completas, vol. 2)
          2a. ed. Buenos Aires: Edit. Losada, 1940. 225pp.
          3a. ed. Buenos Aires: Edit. Losada, 1942. 225pp.
          4a. ed. Buenos Aires: Edit. Losada, 1944. 231pp.
          5a. ed. Buenos Aires: Edit. Losada, 1947. 231pp.
          6a. ed. Buenos Aires: Edit. Losada, 1951. 231pp.
          7a. ed. Buenos Aires: Edit. Losada, 1954. 231pp.
          8a. ed. Buenos Aires: Edit. Losada, 1961. 232pp.

115.   LIBRO de poemas. Buenos Aires: Edit. Losada, 1945.
       139pp. 18cm. (Biblioteca contemporánea, 149)

116.   LIBRO de poemas. 3a. ed. Buenos Aires: Edit. Lo-
       sada, 1957. 136pp. 18cm. (Biblioteca contempo-
       ránea, 149)

117.   LIBRO de poemas. 4a. ed. Buenos Aires: Edit.
       Losada, 1964. 141pp. (Biblioteca contemporánea,
       149)

117a. LIBRO de poemas (1921). Madrid: Espasa-Calpe,
       1971. 221pp. Vic. también no. 35.

118.   POEMAS escogidos. La Habana: "La Verónica," Imp.
       de M. Altolaguirre, 1939. 59pp. 15cm. (Colección
       "El Ciervo Herido")
          Con una Introducción por Manuel Altolaguirre.

119.   EL DIVAN del Tamarit, RHM, VI (1940), nos. 3-4.
          Contiene: Quimera, Norma, Canción de cuna para
       Mercedes muerta, A Mercedes en su vuelo, El poeta
       pide a su amor que le escriba.

119a. DIVAN del Tamarit. Prólogo de Néstor Luján. Ilustra-
       ciones de Isabel Pons. Barcelona: Edit. A.D.L.,
       1948. 101pp.

120.   DIVAN del Tamarit. La Habana: Dirección de Cultura,
       Ministerio de Educación, 1961. 32pp. 22cm. (Poe-
       sía del mundo, 2)

Vid. también Federico García Lorca. Obras
completas, vol. VI. Buenos Aires: Edit. Losada,
1940, pp. 141-146.
Vid. también no. 335.

121. POETA en Nueva York. Con cuatro dibujos originales.
Poema de Antonio Machado. Prólogo de José Berga-
mín. México: Edit. Séneca, 1940. 187pp. 25cm.
(Colección Arbol)

122. POETA en Nueva York. Conferencias, Prosas póstumas. Buenos Aires: Edit. Losada, 1942. 234pp.
20cm. (Obras completas, vol. VII)

123. POETA en Nueva York (selección) ... Madrid, 1945.
29pp. 21cm. (Antología de la literatura contemporánea, 1)
        Prólogo de Joaquín de Entrambasaguas.
        Suplemento primero de Cuadernos de literatura
contemporánea del C.S.I.C.

124. POETA en Nueva York. Conferencias. Prosas
varias. 3a. ed. Buenos Aires: Edit. Losada,
1946. 202pp. 21cm. (Obras completas, vol. VII)

125. POETA en Nueva York. Conferencias. Prosas varias.
4a. ed. Buenos Aires: Edit. Losada, 1949. 222pp.
21cm. (Obras completas, vol. VII)

126. POETA en Nueva York. Conferencias. Prosas varias.
5a. Buenos Aires: Edit. Losada, 1952. 180pp.
21cm. (Obras completas, vol. VII)

127. POETA en Nueva York. Odas. Canciones musicales.
Conferencias. Impresiones y paisajes. Buenos
Aires: Edit. Losada, 1962. 229pp. 21cm. (Obras
completas, vol. VII)

128. POETA en Nueva York. Fotografías: Maspons y
Ubiña. Barcelona: Edit. Lumen, 1967. 1 vol.
(sin paginar) 23cm. (Palabra e imagen)

128a. POETA en Nueva York. Llanto por Ignacio Sánchez
Mejías. Diván del Tamarit. Madrid, 1972. 202pp.

129. PRESENCIA de García Lorca. Prólogo y selección de

Agusti Bartra. Oda a Federico García Lorca, por
Pablo Neruda. México: Edics. Darro, 1943.
108pp. port. 18cm.

130. ESTE es el prólogo, EL (15 de noviembre de 1944).
Poema inédito de F.G.L., escrito el 7 de septiembre de 1918 al frente de un libro de Antonio Machado
y publicado por Antonio Gallego Morell en La Estafe-
ta Literaria.

131. POESIAS, prologadas por Luciano de Taxonera. Madrid:
Edit. Alhambra, 1944. 211pp. 19cm.

132. SIETE poemas y dos dibujos inéditos; los publica Luis
Rosales. Madrid: Edic. de Cultura Hispánica,
1949. 21pp. 25cm.

133. CRUCIFIXION. Notas de Miguel Benítez. Las Palmas:
Imprenta Ortega, 1950. 30pp. (Colección Planas de
Poesía, IX)

134. PEQUEÑO poema infinito. En Cartas a sus amigos.
Prólogo de Sebastián Gasch. Barcelona: Cobalto,
1950. 98pp.

135. AMANTES asesinados por una perdiz. En Homenaje a
Maupassant. Las Palmas: Imprenta Ortega, 1950.
(Colección Planas de Poesía, XI)
Poema inédito, escrito en 1926.

136. A MERCEDES en mi vuelo. New York, 1921. 2 hojas.
21 cm.
"...presented to members and friends of the
Poetry Center ... through the courtesy of the poet's
brother, Francisco, as a souvenir of the Lorca
Memorial program. Participants: MMe Katina
Paxinou ... February 1, 1951 in Kaufmann Auditori-
um of the YM-YWHA ... New York City." Ej.:
Columbia University, New York.

137. POEMAS. Prólogo y selección de Raúl Leiva. Guate-
mala: Ministerio de Educación Pública, 1952. 115pp.
18cm. (Biblioteca de cultura popular, v. 24).

138. SIENTO ... Con la frente en el suelo y pensamiento
arriba, Arvore, II (1953), fasc. 1o, no. 4.
Poemas inéditos publicado por Eugenio de Andrade.

139. Vid. LA amplia cocina la lumbre... "Un poema
     inédito de Federico García Lorca," en Eugenio de
     Andrade, Encontro, Antología de Autores Modernos.
     Matosinhos, 1955.
     Vid. no. 2165.

140. SELECTED Poems, ed. Francisco García Lorca and
     Donald M. Allen. Norfolk, Conn.: New Directions,
     1955. XII + 180pp. 18cm. (The New Classics
     Series, 36)
          2a. ed. Norfolk, Conn.: New Directions, 1964.
     XII + 180pp. (New Directions Paperbook, 114)

141. LOS MEJORES versos de Federico García Lorca.
     Buenos Aires, 1955. 40pp. 18cm. (Cuadernillo
     de poesia, 11)

142. SURTIDORES. Algunas poesías inéditas. Presentación
     de Paul Rogers. México: Edit. Patria, 1957. 58pp.
     30cm.

143. CARTAS postales, poemas y dibujos. Edic., introd.,
     y notas por Antonio Gallego Morell. Madrid: Edit.
     Moneda y Crédito, 1968. 175pp. 22cm. (Colección
     Letras Amigas)
          Contiene algunos versos de Federico García Lorca.

144. POEMAS. Medellín: Edit. Horizonte [s. f.] 40pp.
     21cm.
     (El Arco y la Lira, 15)

144a. LA GUITARRA, y otras. Madrid: Edit. Fidias,
      1968.
      (Colección Versos y Coplas)

144b. DEUX poèmes par Federico García Lorca et Langston
      Hughes... [s.l.] Nancy Cunard et Pablo Neruda
      ¿1937? Sin número de páginas. 28cm. (Les poétes
      du monde défendent le peuple espagnol, 3)
           Contiene: Soneto a Carmela Cóndon por Federico
      García Lorca; A Song of Spain by Langston Hughes.

D) Prosa de Federico García Lorca/
    Prose of Federico García Lorca

      1. Narraciones y artículos/Prose Fiction and Arti-
          cles

145. FANTASIA simbólica (Homenaje a Zorilla, 1817-1917),
BLG (febrero 1917), p. 50.
Primer trabajo publicado por F.G.L.

146. IMPRESIONES y paisajes. Granada: Impr. de Paulino
Ventura, 1918. 264pp.
Libro inspirado en gran parte por las excursiones
arqueológicas de 1916.
Vid. DG (19 de abril 1918), p. 1.

147. NOTAS de arte: Sainz de la Maza, GS (27 mayo 1920).
Reimp.: Marie Laffranque en "Textes en prose
tirés de l'oubli," BH, LV (1953), pp. 300-303.

148. FIGURAS de Granada. F.G.L., DG (28 enero 1925),
p. 1.
Artículo publicado junto con la Balada de la placeta (para Pilar y Adelina en su colegio de Londres).

149. SANTA Lucia y San Lázaro, RO, XVIII (1927), pp. 145-
155.

150. HISTORIA de este gallo, Gallo (1928), no. 1.
Reimp.: E. Gómez Arboleya, Clavileño (1950),
no. 2, pp. 63-67.

151. ALTERNATIVA de Manuel López Banús y Enrique
Gómez Arboleya, Gallo (febrero 1928), no. 1.
Reimp.: Marie Laffranque, en "Textes en prose
tirés de l'oubli," BH, LV (1953), nos. 3-4, pp. 338-
339.

152. NADADORA sumergida. Suicidio en Alejandria, LA
(31 septiembre 1928), no. 28.
Poesía en prosa. Suicidio en Alejandria se publi-
có también en la revista Carteles, La Habana (10
abril 1938).

152a. PAVO, en Gallo (marzo 1928)

153. IMAGINACION, inspiración, evasión, DF (12 octubre
1928).
Reimp.: Marie Laffranque, en "Textes en prose
tirés de l'oubli," BH, LV (1953), nos. 3-4, pp. 332-
336. Sol (19 febrero 1929).

154. SKETCH de la pintura moderna, DG (28 octubre 1928).
     Reimp.: Marie Laffranque, en "Textes en prose
     tirés de l'oubli," BH, LV (1953), nos. 3-4, pp. 340-
     341.

155. LA DEGOLLACION de los Inocentes, GL (enero 1929).
     Poema en prosa.

156. "MARIANA Pineda" en Granada, DG (7 mayo 1929).
     Reimp.: Marie Laffranque, en "Textes en prose
     tirés de l'oubli," BH, LV (1953), nos. 3-4, pp. 345-7.

157. DEGOLLACION del Bautista, RA (1930), no. 45.
     Narración dedicada a Luis Montanyà.

158. POETICA, en Poesia española. Antología 1915-1932.
     Selección de Gerardo Diego. Madrid: Signo, 1932.
     469pp.

159. LA GALLINA. (Cuento para niños tontos), RQ (mayo
     1934), no. 5.

160. DE MAR a mar, en Homenaje al poeta Feliciano Rolán.
     Madrid, 1935.

160a. SEMANA Santa en Granada. Prosa leída por F.G.L.
     ante el microfono de Unión Radio, Madrid, abril de
     1936.
     Reimp.: Obras completas. Buenos Aires: Edit.
     Losada, 1938.

161. GRANADA (Paraiso cerrado para muchos), en Homenaje
     al poeta García Lorca. Valencia-Barcelona: Edics.
     Españolas, 1937.
     Vid. no. 2178.

162. AMANTES asesinados por una perdiz, en Hommage a
     Guy de Maupassant. Las Palmas, 1950. (Colección
     Planas de poesía XI)

163. PRESENTACION de Pablo Neruda, en Obras completas.
     Buenos Aires: Edit. Losada, 1951.

164. LAFFRANQUE, Marie. "Federico García Lorca.
     Textes en prose tirés de l'oubli," BH, LV (1953),
     nos. 3-4, pp. 296-348.

165. _____ . "Nouveaux textes en prose tirés de l'oubli,"
      BH, LVI (1954), no. 3, pp. 260-301.

166. _____ . "Déclarations et interviews rétrouvés," BH,
      LVIII (1956), no. 3, pp. 301-343.

167. _____ . "Encore trois textes oubliés," BH, LIX
      (1957), pp. 62-71.

168. _____ . "Conférences, déclarations et interviews
      oubliées," BH, LX (1958), no. 4, pp. 508-545.

169. PENSAMIENTOS. Selección y notas de Antonio C.
      Gavaldá. Barcelona: Sintes, 1958. 65pp. 18cm.
      (Colección literatos y pensadores)

170. PROSA. Madrid: Alianza Editorial, 1969. 201pp.
      18cm. (El libro del bolsillo, 219. Sección: Lite-
      ratura)

171. GRANADA, paraíso cerrado, y otras páginas granadina.
      Edición, introducción y notas de Enrique Martinez
      López. Granada: Miguel Sánchez, 1971. 336pp. 19cm.
      (Biblioteca de escritores y temas granadinos)

      2. Cartas / Letters

172. "EPISTOLARIO de García Lorca [Cartas a Jorge
      Zalamea]," RI, I (1937), no. 5, pp. 23-25.

173. CARTA a José Bergamín, en Federico García Lorca.
      Poeta en Nueva York. México: Edit. Séneca, 1940.

174. CARTAS a Melchor Fernández Almagro. Carta a Angel
      del Río. Carta a Federico de Onís, en Federico
      García Lorca (1899-1936). New York: Hispanic In-
      stitute, 1941.

175. CARTAS a Sebastián Gasch, en Díaz-Plaja, Guillermo.
      Federico García Lorca. Buenos Aires: Kraft, 1948.
      Vid. no. 1943.

176. CARTAS a Ana María Dalí, en Dalí, Ana María.
      Salvador Dalí visto por su hermana. Barcelona:
      Edit. Juventud, 1949.

177. CARTA a Gregorio Prieto, CHA (1949), no. 10.

178. CARTAS a sus amigos, Sebastián Gasch, Guillermo de
      Torre, Ana María Dalí, Angel Ferrant y Juan Guerre-
      ro, con un prólogo de Sebastián Gasch, y treinta re-
      producciones de fotografías, autógrafos y dibujos del
      poeta. Barcelona: Edics. Cobalto, 1950. 98pp.
      23cm.
          Contiene 10 cartas de F. G. L. a Guillermo de
      Torre.

179. CARTAS a Miguel Benítez Inglott y Aurina, en Cruci-
      fixión. Las Palmas: Imprenta Ortega, 1950. (Co-
      lección Planas de Poesías, IX)
          Vid. no. 133.

180. CARTAS a Jorge Guillén, IRT, III (1950), no. 1.
      Idem en QIA (1956), no. 19-20, p. 242; CCLC (1956),
      no. 20. Recopiladas todas en la obra de Jorge Guillén:
      Federico en persona. Buenos Aires: Emecé, 1959.
          Vid. nos. 1946-1949.

181. CARTA a Joaquín Romero Murube, en Insula (15 de
      octubre de 1953), no. 94.

182. CARTA a Miguel Hernández, BH, LX (1958), no. 3,
      pp. 382-384.

183. CARTAS a Carlos Morla Lynch, en Morla Lynch, C.
      En España con Federico García Lorca. Madrid:
      Aguilar, 1958.
          Vid. no. 1901.

184. CARTAS a José Bello, Insula (diciembre de 1959), no.
      157, pp. 12-13.

185. CARTAS de Federico García Lorca, en F. G. L. Obras
      completas.   Recopilación y notas de Arturo del
      Hoyo. 10a ed. Madrid: Aguilar, 1965, pp. 1595-
      1684.

185a. CARTAS, postales, poemas y dibujos. Introducción
      y notas de Antonio Gallego Morell, 1968. 175pp.
      Ilustraciones. (Letras Amigas)

3.   Conferencias y ensayos/Lectures and Essays

186.   EL CANTE Jondo (primitivo canto andaluz), NG (febre-
       ro 1922).
          Reimp.: Marie Laffranque, en "Textes en prose
       tirés de l'oubli," BH, LV (1953), nos. 3-4, pp. 303-
       320.

187.   HOMENAJE al poeta Soto de Rojas.   El Ateneo inaugu-
       ra su curso y el sr. García Lorca lee una interesante
       conferencia, DG (19 octubre 1926).
          Reimp.: Marie Laffranque, en "Textes en prose
       tirés de l'oubli," BH, LV (1953), nos. 3-4, pp. 326-
       336.

188.   LA IMAGEN poética en don Luis de Góngora, DG (13
       febrero 1926). Conferencia inaugural del Ateneo
       Científico, Artístico y Literario.
          Reimp.: Residencia, IV (1932), pp. 94-100; en
       Curso y Conferencia, X (1936), pp. 785-813.

189.   ARQUITECTURA del cante jondo. [Conferencia. Hay
       resumenes en Guipúzcoa (7 diciembre 1930); ABC
       (Sevilla) (31 marzo 1932); Liberal (31 marzo
       1932); DG (2 abril 1932); NS (31 marzo 1932).]
          Reimp.: Marie Laffranque, en "Textes en prose
       tirés de l'oublie," BH, LV (1953), nos. 3-4, pp.
       320-326.

190.   EL POETA en Nueva York, Sol (17 marzo 1932).
          Reimp.: Marie Laffranque, en "F.G.L. Nouveaux
       textes en prose," BH, LVI (1954), no. 3, pp. 260-
       301.

191.   COMO canta una ciudad de noviembre a noviembre,
       Noche (21 diciembre 1935).
          Reimp.: Marie Laffranque, en "Conférences,
       déclarations et interviews oubliées," BH, LX (1958),
       no. 4, pp. 508-546.

192.   EN EL Ateneo. El poeta G. L. y su "Romancero
       gitano," PV (8 marzo 1936).
          Reimp.: Marie Laffranque, en "Conférences,
       déclarations et interviews oubliées," BH, LX (1958),
       no. 4, pp. 508-546.

193.   LAS NANAS infantiles, en Guillermo de Torre: Obras

completas de F. G. L., vol. VII. Buenos Aires:
Edit. Losada, 1942; en Obras completas de F. G. L.
10a. ed. Madrid: Aguilar, 1965, pp. 91-108.

194. TEORIA y juego del duende, en Guillermo de Torre:
      Obras completas de F. G. L., vol. VII. Buenos
      Aires: Edit. Losada, 1942; en Jorge Guillén: Obras
      completas de F. G. L. 10a. ed. Madrid: Aguilar,
      1965, pp. 109-121.

195. CONFERENCIAS y charlas. La Habana: Consejo Na-
      cional de Cultura, Ministerio de Educación, 1961.
      79pp.   24cm.
             Vid. también nos. 145-171.

      4. Alocuciones y declaraciones/Speeches and State-
          ments

196. LA CONVERSION de Falla, Carmen (diciembre 1927),
      no. 1.

197. AUTOCRITICA de "Mariana Pineda," A B C (12 de
      octubre 1927)
             Reimp.: Jacques Comincioli, en CHA (1960),
      no. 130, pp. 25-36.

198. EN EL banquete de "gallo," DG (9 marzo 1928).
             Reimp.: Marie Laffranque, en "Textes en prose
      tirés de l'oubli," BH, LV (1953), nos. 3-4, pp. 338-
      340.

199. EN FUENTE Vaqueros, DG (21 mayo 1929).
             Reimp.: Marie Laffranque, en "Textes en prose
      tirés de l'oubli," BH, LV (1953), nos. 3-4, pp. 347-
      348.

200. "LA ZAPATERA prodigiosa," Nación (30 noviembre
      1933).
             Reimp.: Marie Laffranque, en "Déclarations et
      interviews retrouvés," BH, LVIII (1956), no. 3,
      pp. 324-326.

201. AL PUBLICO de Buenos Aires. Con motivo de la
      presentación de "Bodas de Sangre," Nación (26
      octubre 1933).

Reimp.: Marie Laffranque, en "Déclarations et interviews retrouvés," BH, LVIII (1956), no. 3, pp. 323-324.

202. SALUTACION a los marinos del "Juan Sebastián Alcano," Not. Gr. (27 diciembre 1933)
Reimp.: Jacques Comincioli, en "Federico García Lorca y el folklore," CHA (julio 1961), pp. 47-58.

203. RESPUESTA a Homenaje del público del Teatro Avenida, de Buenos Aires. Con motivo de la presentación de "Mariana Pineda," Not. Gr. (13 enero 1934).
Reimp.: Jacques Comincioli, en "Federico García Lorca y el folklore," CHA (julio 1961), pp. 47-58.

204. UNA extraordinaria creación. En el Avenida se tributó un homenaje al poeta granadino Federico García Lorca, Crítica (2 marzo 1934).
Discurso al despedirse de Buenos Aires.
Reimp.: Jacques Comincioli, en "Federico García Lorca y el folklore," CHA (julio 1961), pp. 47-58.

205. EN HOMENAJE a Lola Membrives, Crítica (16 marzo 1934).
Reimp.: Jacques Comincioli, en "Un texto olvidado y cuatro documentos," CHA (octubre 1960), no. 130, pp. 25-36.

206. DIALOGO del poeta y Don Cristóbal, Crítica (26 marzo 1934).
Reimp.: Jacques Comincioli, en Federico García Lorca. Un texto olvidado y cuatro documentos," CHA (octubre 1960), no. 130, pp. 25-36.

207. EN LA Universidad Internacional de Santander, Cantábrico (14 agosto 1934).
Reimp.: Marie Laffranque, en "Conférences, déclarations et interviews oubliées," BH, LX (1958), no. 4, pp. 516-517.

208. CHARLA Federico García Lorca-Pablo Neruda. Un documento: Federico García Lorca y Pablo Neruda y su discurso al alimón sobre Rubén Darío, Sol (30 diciembre 1934).
Reimp.: Marie Laffranque, en "Nouveaux textes en prose," BH, LVI (1954), no. 3, pp. 287-289.

209. HOMENAJE a Luis Cernuda, Sol (21 abril 1935).
     Homenaje celebrado en un restaurante de la calle
     de las Botoneras, de Madrid.

210. UN EXIT de l'Ateneu Enciclopèdic, RdC (7 de octubre
     1935).
        Reimp.: Marie Laffranque, en "Conférences,
     déclarations et interviews oubliées," BH, LX (1958),
     no. 4, pp. 521-523.

211. "Doña Rosita la Soltera," Publicitat (25 diciembre
     1935).
        Reimp.: Marie Laffranque, en "Conférences,
     déclarations et interviews oubliées," [con el titulo:
     "García Lorca i les floristes de La Rambla"] BH,
     LX (1958), no. 4, pp. 532-533.

212. DECLARACIONES de García Lorca sobre el teatro,
     HM (8 abril 1936).

213. CONVERSACIONES literarias. Al habla con F.G.L.,
     Voz (7 abril 1936).
        Reimp.: Marie Laffranque, en "Conférences,
     déclarations et interviews oubliées," BH, LX (1958),
     no. 4, pp. 536-540.

214. ENTRE un gran catalán y un gran gitano, Sol (abril
     1936).
        Reimp.: En Verdades (enero 1937), pp. 31-32.
     [Número dedicado a Federico García Lorca]

215. DIALOGO con un caricaturista salvaje, Sol (10 junio
     1936)
        Reimp.: Marie Laffranque, en "Nouveaux textes
     en prose," BH, LVI (1954), no. 3, pp. 294-300.

216. CHARLA sobre teatro, en Obras completas de Federico
     García Lorca... Buenos Aires: Edit. Losada,
     1938, vol. VII, pp. 33-36.
        Reimp.: QIA (1946), no. 2, pp. 34-36. Charla
     inédita del 2 de febrero de 1935.

217. NOTA autobiográfica, en John A. Crow: F.G.L., Los
     Angeles: University of California, 1945. 116pp.

218. En HOMENAJE a Alejandro Casona, en Jorge Guillén:

Ediciones

61

Obras completas de F.G.L. 10a. ed. Madrid: Aguilar, 1965, pp. 1826.

5. Entrevistas/Interviews

219. Un DRAMA de F.G.L.: "Mariana Pineda," GL (1 junio 1927).
Reimp.: Marie Laffranque, en "Déclarations et interviews retrouvés," BH, LVIII (1956), no. 3, pp. 304.

220. ITINERARIOS jóvenes de España: Federico García Lorca, GL (15 diciembre 1928).
Reimp.: Marie Laffranque, en "Déclarations et interviews retrouvés," BH, LVIII (1956), no. 3, pp. 305-307.

221. FEDERICO García Lorca en el Lyceum, Sol (19 febrero 1929). Conferencia sobre Imaginación, inspiración, evasión. Vid. no. 153.

222. ESTAMPA de Federico Garcia Lorca, GL (15 enero 1931).
Reimp.: Marie Laffranque, en "Nouveaux textes en prose," BH, LVI (1954), no. 3, pp. 263-266.

223. The THEATRE in the Spanish Republic, TAM (marzo 1932).
Reimp.: Marie Laffranque, en "Conférences, déclarations et interviews oubliées," BH, LX (1958), no. 4, pp. 511-515.

224. EN LA Universidad. La Barraca, Libertad (1 noviembre 1932).
Reimp.: Marie Laffranque, en "Conférences, déclarations et interviews oubliées," BH, LX (1958), no. 4, pp. 515.

225. EL CARRO de la Farándula, Vanguardia (1 diciembre 1932).

226. DE ARTE. El teatro universitario "La Barraca," Luchador (3 enero 1933).
Reimp.: Marie Laffranque, en "Conférences, déclarations et interviews oubliées," BH, LX (1958), no. 4, pp. 515-516.

227. "IRE a Santiago," ByN (5 marzo 1933), no. 2.177.
Reimp.: Marie Laffranque, en "Nouveaux textes
en prose," BH, LVI (1954), no. 3, pp. 269-273.

228. UNA interesante iniciativa. El poeta Federico García
Lorca habla de los Club teatrales, Sol (5 abril 1933).
Reimp.: Marie Laffranque, en "Nouveaux textes
en prose," BH, LVI (1954), no. 3, pp. 274-277.

229. EL POETA García Lorca y su tragedia "Bodas de
Sangre," Crítica (9 abril 1933).
Reimp.: Marie Laffranque, en "Déclarations et
interviews retrouvés," BH, LVIII (1956), no. 3,
pp. 312-313.

230. CHARLA amable con Federico García Lorca, HM (11
julio 1933).
Reimp.: Jacques Comincioli, en "Federico García
Lorca. Un texto olvidado y cuatro documentos,"
CHA (octubre 1960), no. 130.

231. UN REPORTAJE. El poeta que ha estilizado los romances de plazuela (1 octubre 1933).
Reimp.: Marie Laffranque, en "Déclarations et
interviews retrouvés," BH, LVIII (1956), no. 3,
pp. 313-316.

232. UN RATO de charla con Federico García Lorca, CdG
(22 octubre 1933).
Reimp.: Marie Laffranque, en "Declarations et
interviews retrouvés," BH, LVIII (1956), no. 3,
pp. 320-323.

233. LLEGO anoche Federico García Lorca, Nación (14
octubre 1933).
Reimp.: Marie Laffranque, en "Déclarations et
interviews retrouvés," BH, LVIII (1956), no. 3,
pp. 317-320.

234. GARCIA Lorca presenta hoy tres canciones populares
escenificadas, Crítica (15 octubre 1933).
Reimp.: Jacques Comincioli, en "En torno a
García Lorca. Sugerencias. Documentos," CHA
(1961), no. 139, pp. 37-76.

235. LA NUEVA obra de García Lorca: el 10 de enero

subirá a la escena "Mariana Pineda," Nación (29 diciembre 1933).
Reimp.: Marie Laffranque, en Déclarations et interviews retrouvés," BH, LVIII (1956), no. 3, pp. 328-329.

236. LOS ESPECTACULOS del Avenida, (12 diciembre 1933).
Reimp.: Marie Laffranque, en "Déclarations et interviews retrouvés," BH, LVIII (1956), no. 3, pp. 327-328.

237. LOPE de Vega en un teatro nacional, Nación (12 erero 1934).
Reimp.: Marie Laffranque, en "Déclarations et interviews retrouvés," BH, LVIII (1956), no. 3, pp. 321-322.

238. TEATRO para el pueblo, Nación (28 enero 1934).
Reimp.: Marie Laffranque, en "Encore trois textes oubliés," BH, LIX (1957), no. 1, pp. 63-66.

239. PRESENTACION de "La niña Boba," Crítica (4 marzo 1934).
Reimp.: Jacques Comincioli, en "Federico García Lorca. Un texto olvidado y cuatro documentos," CHA (octubre 1960), no. 130.

240. LA VIDA de Garcia Lorca, poeta, Crítica (10 marzo 1934).
Reimp.: Jacques Comincioli, en "En torno a García Lorca. Sugerencias. Documentos," CHA (1961), no. 139, pp. 37-76.

241. FEDERICO García Lorca y la tragedia, Luz (3 julio 1934).
Reimp.: Marie Laffranque, en "Nouveaux textes en prose," BH, LVI (1954), no. 3, pp. 277-279.

242. VACACIONES de la Barraca, Luz (3 septiembre 1934).
Reimp.: Marie Laffranque, en "Nouveaux textes en prose," BH, LVI (1954), no. e, pp. 279-286.

243. LOS ARTISTAS en el ambiente de nuestro tiempo, Sol (15 diciembre 1934).
Reimp.: Marie Laffranque, en "Nouveaux textes en prose," BH, LVI (1954), no. 3, pp. 281-286.

244. DESPUES del estreno de "Yerma," Sol (1 enero 1935).
     Reimp.: Marie Laffranque, en "Encore trois
     textes oubliés," BH, LIX (1957), no. 1, pp. 66-67.

245. GALERIA F.G.L., Voz (18 febrero 1935).
     Reimp.: Marie Laffranque, en "Encore trois
     textes oubliés," BH, LIX (1957), no. 1, pp. 67-71.

246. FEDERICO García Lorca y el teatro de hoy, Escena
     (mayo 1935).
     Reimp.: Jorge Guillén: F.G.L. Obras completas.
     10a ed. Madrid: Aguilar, 1965, pp. 1769-1773.

247. GARCIA Lorca en la plaza de Cataluña, D.Gr. (17
     septiembre 1935).
     Reimp.: Marie Laffranque, en "Déclarations et
     interviews retrouvés," BH, LVIII (1956), no. 3,
     p. 335.

248. A PROPOSIT de "La Dama Boba," Mirador (19 septiem-
     bre 1935).
     Reimp.: Marie Laffranque, en "Déclarations et
     interviews retrouvés," BH, LVIII (1956), no. 3,
     pp. 306-338.

249. L'ESTRENA d'avui al Barcelona. García Lorca parla
     de "Yerma,"
     Reimp.: Marie Laffranque, en Conférences,
     declarations et interviews oubliées," BH, LX (1958),
     no. 4, pp. 517-518.

250. D'UNA conversa amb García Lorca, Humanitat (4
     octubre 1935).
     Reimp.: Marie Laffranque, en "Conférences,
     déclarations et interviews oubliées," BH, LX (1958),
     no. 4, pp. 518-520.

251. LA POESIA i els estudiants, Humanitat (12 octubre
     1935).
     Reimp.: Marie Laffranque, en "Conférences,
     declarations et interviews oubliées," BH, LX (1958),
     no. 4, pp. 521-527.

252. GARCIA Lorca i la gairebé estrena de "Bodas de
     Sangre" per Margarita Xirgu," L'Instant (21 noviem-
     bre 1935).

Reimp.: Marie Laffranque, en "Conférences,
declarations et interviews oubliées," BH, LX (1958),
no. 4, pp. 528-529.

253. ESTRENO de "Doña Rosita la Soltera o el lenguaje de
las rosas," Crónica (15 diciembre 1935).
Reimp.: Marie Laffranque, en "Déclarations et
interviews retrouvés," BH, LVIII (1956), no. 3,
pp. 340-341.

254. ABANS de l'estrena. L'autor ens diu, Humanitat,
(12 diciembre 1935).
Reimp.: Marie Laffranque, en "Conférences,
declarations et interviews," BH, LX (1958), no. 4,
p. 529.

255. APOSTILLAS a una cena de artistas, Noche (24 de
diciembre de 1935).
Reimp.: Marie Laffranque, en "Conférences,
déclarations et interviews oubliées," BH, LX (1958),
no. 4, pp. 533-535.

256. FEDERICO García Lorca, el recio poeta de la gitanería,
Guipúzcoa (8 de marzo de 1936).
Reimp.: Marie Laffranque, en "Conférences,
déclarations et interviews oubliées," BH, LX (1958),
no. 4, pp. 527-528.

257. HABLANDO con García Lorca, HL (1936), no. 1.
Entrevista por Sánchez Trincado.

258. AL HABLA con Federico García Lorca, Voz (8 de abril
de 1936).

259. DIALOGOS de un caricaturista salvaje, Sol (10 de junio
de 1936)

260. CONVERSACION inédita con Federico García Lorca,
M.Gr. (24 de febrero de 1937).
Publicada por A. Otero Seco.

261. INCONTRO con Federico García Lorca, Dramma (15
maggio 1946).
Publicada por Silvio D'Amico.

261a. IV CENTENARIO de Luis de Góngora, 1561-1627.
Barcelona, 1961. 27pp.
Discurso de García Lorca sobre Góngora.

E) Teatro de Federico García Lorca/Theatre of Federico
   García Lorca

   1. Obras sueltas/Single Works

262. DIEZ versos de una comedia, Malvarrosa [s.a.], nos.
     5-6, Mecanografiada.
     Obra escrita por García Lorca en colaboración
     con su amigo Ostos Gabella.

263. EL MALEFICIO de la mariposa, en F.G.L. Obras
     completas. Madrid: Aguilar, 1957, pp. 579-631.
     Obra inédita hasta la presente edición. Estrenada
     por la compañía de Catalina Bárcena en Madrid, en
     el Teatro Eslava, el 22 de marzo de 1920.

264. TITERES de Cachiporra: Tragicomedia de don Cristó-
     bal y la seña Rosita, en F.G.L. Obras completas.
     Buenos Aires: Losada, 1938, pp. 139-209.

     _____. Raiz. Madrid: Facultad de Filosofía y
     Letras, 1949, no. 3.
     Con un estudio y notas de Juan Guerrero Zamora.

     _____. García Lorca Federico. Cinco farsas
     breves... Buenos Aires: Edit. Losada, 1953.
     210pp. 18cm. (Biblioteca contemporánea, 251).
     Prólogo de Guillermo de Torre. 2a. ed. Buenos
     Aires: Edit. Losada, 1962.

     _____. Bocetos y viñetas originales de F.G.L.
     Buenos Aires: Edics. Losange, 1953. 52pp. 18cm.
     (Publicación teatral periódica, 2)

     _____. García Lorca Federico. Obras completas.
     Madrid: Aguilar, 1957, pp. 663-690.

265. MARIANA Pineda: romance popular en tres estampas...
     Santiago de Chile: Edit. Moderna, 1927. 139pp.
     12o.

     _____. Madrid: Rivadeneyra, 1928. 69pp. 17cm.
     (La farsa, año II, no. 52)

     _____. Buenos Aires: Edit. Argentores, 1937.
     32pp. 26cm. (Argentores, año 4, no. 142)

_____. Santiago de Chile: Edit. Moderna, 1937.
139pp. 20cm.

_____. F.G.L. Obras completas. Buenos Aires:
Edit. Losada, 1938, vol. V, pp. 131-252.

_____. Buenos Aires: Edit. Losada, 1943. 130pp.
18cm. (Biblioteca contemporánea, 115)

_____. Buenos Aires: Edit. Losada, 1944. 131pp.
18cm. (Biblioteca contemporánea)
2a. ed. Buenos Aires: Losada, 1948. 131pp.
18cm. (Biblioteca contemporánea)
3a. ed. Buenos Aires: Edit. Losada, 1957.
131pp. (Biblioteca contemporánea)
4a. ed. Buenos Aires: Edit. Losada, 1964.
131pp. (Biblioteca contemporánea)

_____. México: Edit. Isla, 1945.

_____. F.G.L. Obras completas. Madrid: Aguilar,
1954, pp. 691-801.

_____. Edited by R.M. Nadal and Janet H. Perry.
London: George G. Harrap, 1957. 128pp. 19cm.

_____. Edited by R.M. Nadal and Janet H. Perry,
with Vocabulary by María Teresa Babín. Boston:
Heath, 1960. 157pp. 20cm.

_____. Madrid: E.M.E.S.A., 1968. 242pp. 18cm.
(Novelas y Cuentos 19. Serie Literatura Española.
Teatro. Siglo XX)
Con La zapatera prodigiosa y Bodas de sangre.

_____. Edición de José Monleón. Madrid: Espasa-
Calpe, 1971. (Col. Austral)
Con Bodas de sangre, Yerma, Libro de poemas y
Doña Rosita.

266. EL PASEO de Buster Keaton, en Gallo, I (abril de
1928), no. 2.

_____. Edition de Claude Couffon, en Petit Théâtre.
Paris: Les Lettres Mondiales, 1951. 61pp.

_____. En Espiga, I (1952-1953), nos. 16-17.

_____. En F. G. L. Cinco farsas breves ... Prólogo
de Guillermo de Torre. Buenos Aires: Edit. Losada, 1953. 210pp. 18cm. (Biblioteca contemporánea, 251)
    2a. Ed. Buenos Aires: Edit. Losada, 1960.
206pp. 18cm. (Biblioteca contemporánea, 251)

_____. En Teatro desconocido, Anales, LXXXII
(1954), no. 337, pp. 305-309.
    Contiene además los dibujos Leyenda de Jerez y
Nostalgia.

_____. En Teatro breve, Panorama (1956), no. 3,
pp. 143-148.
    Contiene además La doncella, el marinero y el
estudiante y Quimera.

_____. En F. G. L. Obras completas. Madrid:
Aguilar, 1957, pp. 803-806.

_____. En F. G. L. Tres farsas. México: Edit.
A. Arauz, 1959.

267. LA DONCELLA, el marinero y el estudiante, Gallo, I
(abril 1928), no. 2.

_____. Couffon, Claude. Petit Theatre. Paris:
Les Lettres Mondiales, 1951. 61pp.

_____. Espiga I (1952-1953), nos. 16-17.

_____. G. L. F. Cinco farsas breves... Buenos
Aires: Edit. Losada, 1953. 210pp. 18cm. (Biblioteca contemporánea, 251)
    Prólogo de Guillermo de Torre.
    2a. ed. Buenos Aires: Edit. Losada, 1960.
206pp. 18cm. (Biblioteca contemporánea, 251)

_____. Anales, LXXXIII (julio 1954), no. 338,
pp. 311-314.

_____. Panorama (1956), no. 3, pp. 143-158.
    Contiene además El paseo de Buster Keaton y
Quimera.

Ediciones   69

F.G.L. Obras completas. Madrid: Aguilar, 1957, pp. 806-813.

. F.G.L. Tres farsas. México: Edit. A.
Arauz, 1959.

268. LA ZAPATERA prodigiosa, F.G.L. Obras completas.
Buenos Aires: Edit. Losada, 1938, vol. III, pp. 105-
190.

. Buenos Aires: Edit. Losada, 1944. 113pp.
18cm. (Biblioteca contemporánea, 133)
2a. ed. Buenos Aires: Edit. Losada, 1948.
113pp. 18cm. (Biblioteca contemporánea, 133)
3a. ed. Buenos Aires: Edit. Losada, 1953.
113pp. 18cm. (Biblioteca contemporánea, 133)
4a. ed. Buenos Aires: Edit. Losada, 1957.
113pp. 18cm. (Biblioteca contemporánea, 133)
5a. ed. Buenos Aires: Edit. Losada, 1962.
114pp. 18cm. (Biblioteca contemporánea, 133)
6a. ed. Buenos Aires: Edit. Losada, 1964.
114pp. 18cm. (Biblioteca contemporánea, 133)
7a. ed. Buenos Aires: Edit. Losada, 1966.
117pp. 20cm. (Biblioteca contemporánea, 133)
8a. ed. Buenos Aires: Edit. Losada, 1968.
117pp. 19cm. (Biblioteca clásica y contemporánea,
133)

. Edited with introduction, exercise, notes and
vocabulary by Edith F. Helman. New York: Norton,
1952. 192pp. 21cm.

. F.G.L. Obras completas. Madrid: Aguilar,
1957, pp. 821-888.

. Edited by John Street and Florence Street.
London: Harrap, 1962. 112pp.

269. EL AMOR de don Perlimplín con Belisa en su jardín,
en F.G.L. Obras completas. Buenos Aires: Edit.
Losada, 1938, vol. I, pp. 141-189.

. F.G.L. Tres obras. Buenos Aires: Edit.
Losada, 1940. 214pp.
Con Bodas de sangre y Retablillo de Don Cristóbal.

_____. F.G.L. Obras completas. Madrid: Agui-
lar, 1957, pp. 889-928.

270. RETABLILLO de Don Cristóbal. Farsa para guiñol,
en F.G.L. Obras completas. Buenos Aires: Edit.
Losada, 1938, vol. I, pp. 191-218.

_____. F.G.L. Retablillo de Don Cristobál. Buenos
Aires: Edit. Losada, 1940. 214pp.

_____. F.G.L. Obras completas. Madrid: Agui-
lar, 1957, pp. 929-953.

_____. F.G.L. Tres farsas. México: Edit. A.
Arauz, 1959.

_____. F.G.L. Retablillo de don Cristóbal. Pró-
logo de Antonio Castro Leal. México, 1967. 39pp.
19cm. (Colección Teatro de Bolsillo, 17)

271. ASI que pasen cinco años, HdE (1937), no. 11, pp.
67-74.
Contiene una escena inédita del Romance del
maniquí Rep. A (18 diciembre 1937).

_____. F.G.L. Obras completas. Buenos Aires:
Edit. Losada, 1938, vol. VI, pp. 13-112.
2a. ed. Buenos Aires: Edit. Losada, 1940,
204pp.
3a. ed. Buenos Aires: Edit. Losada, 1943,
214pp.
4a. ed. Buenos Aires: Edit. Losada, 1944,
214pp.
5a. ed. Buenos Aires: Edit. Losada, 1949,
234pp.
6a. ed. Buenos Aires: Edit. Losada, 1952,
234pp.
7a. ed. Buenos Aires: Edit. Losada, 1957,
217pp.
8a. ed. Buenos Aires: Edit. Losada, 1964,
217pp.

_____. F.G.L. Cinco farsas breves, seguidas de
Así que pasen cinco años. Buenos Aires: Edit.
Losada, 1953

_____. F.G.L. Obras completas. Madrid: Agui-
lar, 1957, pp. 955-1054.

.   Así que pasen cinco años, de F. G. L.; ou
Le désir d'éternité, par Lucette Elyane Roux.   Per-
pignan: Imprimerie catalane, 1966. 168pp. 22cm.
Texto en español, introducción y notas en francés.
Vid. también no. 19.

272.   EL PUBLICO, CV (1933), no. 3.

.   F. G. L. Obras completas. Buenos Aires:
Edit. Losada, 1938, vol. VI, pp. 113-139.

.   F. G. L. Obras completas. Madrid: Aguilar, 1957, pp. 1055-1079.

273.   BODAS de sangre. Tragedia en tres actos y siete
cuadros. Madrid, 1933. 8o.

.   Madrid: Ediciones del Arbol, 1935. 125pp.
22cm. Cubierta, Madrid: Cruz y Raya, 1936.

.   Buenos Aires: Teatro del Pueblo, 1936.
(Colección Argentores)

.   RI (1936), no. 3, pp. 69-79.
Solamente el tercer acto.

.   Santiago de Chile: Edit. Moderna, 1937.
4o.

.   Hugo Moncayo. Federico García Lorca.
Quito: Grupo América, 1937.
Selecciones.

.   F. G. L. Obras completas. Buenos Aires:
Edit. Losada, 1938, vol. I, pp. 25-140.
Con Amor de don Perlimplín con Belisa en su
jardín y Retablillo de don Cristóbal.
2a. ed. Buenos Aires: Edit. Losada, 1940,
214pp.
3a. ed. Buenos Aires: Edit. Losada, 1942,
214pp.
4a. ed. Buenos Aires: Edit. Losada, 1944,
218pp.
5a. ed. Buenos Aires: Edit. Losada, 1946,
214pp.
6a. ed. Buenos Aires: Edit. Losada, 1952,
218pp.

7a. ed. Buenos Aires: Edit. Losada, 1954, 218pp.

8a. ed. Buenos Aires: Edit. Losada, 1956, 238pp.

Con Los títires de Cachiporra y Retablillo de don Cristobál.

9a. ed. Buenos Aires: Edit. Losada, 1961, 203pp.

_____. Grafos: La Habana, 1940, vol. VII, no. 86.

_____. Buenos Aires: Edit. Losada, 1944, 129pp. 18cm. (Biblioteca contemporánea, 141).

2a. ed. Buenos Aires: Edit. Losada, 1947, 129pp. 18cm. (Biblioteca contemporánea, 141)

3a. ed. Buenos Aires: Edit. Losada, 1958, 129pp. 18cm. (Biblioteca contemporánea, 141)

4a. ed. Buenos Aires: Edit. Losada, 1961, 129pp. 18cm. (Biblioteca contemporánea, 141)

5a. ed. Buenos Aires: Edit. Losada, 1964, 129pp. 18cm. (Biblioteca contemporánea, 141)

6a. ed. Buenos Aires: Edit. Losada, 1966, 123pp. 18cm. (Biblioteca clásica y contemporánea)

_____. F.G.L. Obras completas. Madrid: Aguilar, 1957, pp. 1081-1182.

_____. New York: Las Americas Pub. Co., 1964, 204pp. 18cm. Con La casa de Bernarda Alba.

_____. Con una introducción de José Monleón y otros textos. Barcelona: Ed. Aymá, 1971, 163pp. (Col. Voz Imagen)

274. YERMA. Poema trágico en tres actos y en dos cuadros cada uno, en prosa y en verso. Buenos Aires: Edit. Anaconda, 1937. 93pp.

_____. Lima: Edit. Latina, 1937. 108pp. 19cm. Con Llanto por Ignacio Sánchez Mejías.

_____. Santiago de Chile: Edit. Moderna, 1937. 84pp. 19cm.

_____. F.G.L. Obras completas. Buenos Aires: Edit. Losada, 1938, vol. III, pp. 11-190.

Con La zapatera prodigiosa.
2a. ed. Buenos Aires: Edit. Losada, 1940, 191pp.
21cm.
3a. ed. Buenos Aires: Edit. Losada, 1942, 191pp.
21cm.
4a. ed. Buenos Aires: Edit. Losada, 1944, 191pp.
21cm.
5a. ed. Buenos Aires: Edit. Losada, 1946, 191pp.
21cm.
6a. ed. Buenos Aires: Edit. Losada, 1952, 191pp.
21cm.
7a. ed. Buenos Aires: Edit. Losada, 1954, 190pp.
21cm.
8a. ed. Buenos Aires: Edit. Losada, 1956, 225pp.
21cm.
Con La zapatera prodigiosa y Amor de don Perlimplín con Belisa en su jardín.
9a. ed. Buenos Aires: Edit. Losada, 1961, 225pp.
21cm.
Igual a la anterior.

_____. Santiago de Chile: Iberia, 1939, 75pp.
port.

_____. Buenos Aires: Edit. Losada, 1944, 110pp.
18cm. (Biblioteca contemporánea, 131)
2a. ed. Buenos Aires: Edit. Losada, 1948, 110pp.
19cm. (Biblioteca contemporánea, 131)
3a. ed. Buenos Aires: Edit. Losada, 1952, 110pp.
19cm. (Biblioteca contemporánea, 131)
4a. ed. Buenos Aires: Edit. Losada, 1954, 101pp.
18cm. (Biblioteca contemporánea, 131)
5a. ed. Buenos Aires: Edit. Losada, 1959, 101pp.
18cm. (Biblioteca contemporánea, 131)
6a. ed. Buenos Aires: Edit. Losada, 1963, 101pp.
18cm. (Biblioteca contemporánea, 131)
7a. ed. Buenos Aires: Edit. Losada, 1965, 101pp.
18cm. (Biblioteca contemporánea, 131)
8a. ed. Buenos Aires: Edit. Losada, 1967, 101pp.
18cm. (Biblioteca clásica y contemporánea)

_____. En F.G.L. Obras completas. Madrid:
Aguilar, 1957, pp. 1183-1260.

_____. Romancero gitano. - Yerma. Barcelona:
Salvat. Madrid: Alianza Edit., 1971, 141pp.

275. <u>DOÑA Rosita la soltera, o, el lenguaje de las flores,</u>
en <u>F.G.L. Obras completas.</u> Buenos Aires: Edit.
Losada, 1938, vol. 5, 252pp. 21cm.
Con <u>Mariana Pineda</u>
     2a. ed. Buenos Aires: Edit. Losada, 1940, 252pp.
21cm.
     3a. ed. Buenos Aires: Edit. Losada, 1943, 252pp.
21cm.
     4a. ed. Buenos Aires: Edit. Losada, 1944, 252pp.
21cm.
     5a. ed. Buenos Aires: Edit. Losada, 1949, 252pp.
21cm.
     6a. ed. Buenos Aires: Edit. Losada, 1952, 254pp.
21cm.
     7a. ed. Buenos Aires: Edit. Losada, 1956, 255pp.
21cm.
     8a. ed. Buenos Aires: Edit. Losada, 1961, 255pp.
21cm.

          . Buenos Aires: Edit. Losada, 1943, 127pp.
18cm. (Biblioteca contemporánea, 113)
     2a. ed. Buenos Aires: Edit. Losada, 1946, 182pp.
18cm. (Biblioteca clásica y contemporánea, 113)
     3a. ed. Buenos Aires: Edit. Losada, 1952, 127pp.
18cm. (Biblioteca clásica y contemporánea, 113)
     4a. ed. Buenos Aires: Edit. Losada, 1957, 127pp.
18cm. (Biblioteca clásica y contemporánea, 113)
     5a. ed. Buenos Aires: Edit. Losada, 1962, 127pp.
18cm. (Biblioteca clásica y contemporánea, 113)
     6a. ed. Buenos Aires: Edit. Losada, 1965. 127pp.
18cm. (Biblioteca clásica y contemporánea, 113)

          . En F.G.L. Obras completas. Madrid:
Aguilar, 1957, pp. 1261-1348.

276. <u>LA CASA de Bernarda Alba.</u> Drama de mujeres en los
pueblos de España. Buenos Aires: Edit. Losada,
1945, 125pp. 18cm. (Biblioteca clásica y contemporánea, 153)
     2a. ed. Buenos Aires: Edit. Losada, 1949, 125pp.
18cm. (Biblioteca clásica y contemporánea, 153)
     3a. ed. Buenos Aires: Edit. Losada, 1953, 125pp.
18cm. (Biblioteca contemporánea, 153)
     4a. ed. Buenos Aires: Edit. Losada, 1957, 125pp.
18cm. (Biblioteca contemporánea, 153)
     5a. ed. Buenos Aires: Edit. Losada, 1961, 125pp.
18cm. (Biblioteca contemporánea, 153)

6a. ed. Buenos Aires: Edit. Losada, 1964, 125pp.
18cm. (Biblioteca contemporánea, 153)
7a. ed. Buenos Aires: Edit. Losada, 1966, 125pp.
18cm. (Biblioteca contemporánea, 153)
8a. ed. Buenos Aires: Edit. Losada, 1967, 125pp.
18cm. (Biblioteca contemporánea, 153)

_____. F.G.L. Obras completas. Buenos Aires:
Edit. Losada, 1946, vol. 8, 164pp. 21cm.
2a. ed. Buenos Aires: Edit. Losada, 1949, 160pp.
21cm.
3a. ed. Buenos Aires: Edit. Losada, 1952, 160pp.
21cm.
4a. ed. Buenos Aires: Edit. Losada, 1957, 187pp.
21cm.
5a. ed. Buenos Aires: Edit. Losada, 1962, 182pp.
21cm.
Contiene tambíen Prosas póstumas.

_____. F.G.L. Antología poética, seguida de "La
casa de Bernarda Alba. Selección y prólogo de A.
Monterde. Méjico: Universidad Nacional, 1956, 50
hojas.

_____. F.G.L. Obras completas. Madrid: Agui-
lar, 1957, pp. 1349-1442.

_____. Con un prólogo de D. Pérez Minik. Ob-
servaciones y notas de dirección por J.A. Bardem.
1a. ed. Barcelona: Aymá, 1964, 122pp. 19cm.
(Colección Voz imagen. Serie teatro, 2)

_____. New York: Las Americas Pub. Co., 1964,
204pp. 18cm.
Contiene también Bodas de sangre.

_____. Teatro selecto... Prólogo de Antonio
Gallego Morell. Madrid: Las Americas Publishing
co., 1969. 442pp.
Con Mariana Pineda; La zapatera prodigiosa;
Bodas de Sangre; Retablillo de don Cristobal.

277. QUIMERA, en F.G.L. Obras completas. Buenos
Aires: Edit. Losada, 1938.

_____. RHM, VI (1940), nos. 3-4, pp. 312-313.

76 Federico García Lorca

————. Couffon, Claude. Petit Theatre. Paris: Les Lettres Mondiales, 1951. 61pp.

————. Espiga, I (1952-1953), nos. 16-17.

————. F. G. L. Cinco farsas breves... Buenos Aires: Edit. Losada, 1953, 210pp. 18cm. (Biblioteca contemporánea, 251)
Prólogo de Guillermo de Torre.
2a. ed. Buenos Aires: Edit. Losada, 1960, 206pp. 18cm. (Biblioteca contemporánea, 251)

————. Teatro breve, Panorama (1956), no. 3, pp. 143-158.
Contiene además El paseo de Buster Keaton y La doncella, el marinero y el estudiante.

————. F. G. L. Obras completas. Madrid: Aguilar, 1957, pp. 813-820.

————. F. G. L. Tres farsas. México: Edit. A. Arauz, 1959.
Con El paseo de Buster Keaton y La doncella, el marinero y el estudiante.

2. Obras inéditas/Unpublished Works

277a. TITERES de Cachiporra: La niña que riega la albahaca y el príncipe preguntón.
Representada en Granada, Fiesta de Reyes Magos, 1923, y también en Madrid, en la Sociedad de Cursos y Conferencias.

278. LOS SUEÑOS de mi prima Aurelia. Inédita. ¿Pérdida?

279. LA DESTRUCCION de Sodoma. Inédita. ¿Pérdida?

280. EL SACRIFICIO de Ifigenia. Inédita. ¿Pérdida?

281. LA BOLA negra. Inédita. ¿Pérdida?

3. Adaptaciones/Adaptations

a) ALEMANAS/GERMAN

282. DER WALD. Adaptación escénica por Wolfgang Fortner.
     Presentada ante el micrófono de Radio Frankfurt el
     25 de junio de 1953. Concierto: Essen, 18 de di-
     ciembre de 1954.

283. REUTTER: Spanischer Totentanz (Baile inspirado en
     varias poesías de F.G.L.)
        Estrenado en Brunswick. Vid. QIA (1954), no.
     12.

284. BLUTHOCHZEIT (Bodas de sangre). Opera por Wolf-
     gang Fortner. Estrenada el 8 de junio de 1957.

285. DON Perlimplín. Opera por Wolfgang Fortner. Estre-
     nada al Festival de Schwetzingen en la primavera de
     1962.

286. ROTER Mantel. Baile por Luigi Nono. Estrenado en
     Berlín Oeste en el otoño de 1954. Coreografía de
     Tatjana Gsovsky.

   b) FRANCESAS/FRENCH

287. LE CHANT funébre pour Ignacio Sánchez Mejías.
     Poeme par Federico García Lorca, traduit par Ro-
     land Simon, accompagnement à la guitare par Jean
     Borredon. Adaptation scénique par Marcel Lupovici.
     Théâtre de l'Oeuvre. Direction: Lucien Beer,
     Robert de Ribon. Spectacle présenté par la Com-
     pagnie Marcel Lupovici. 1 acte, 2 toiles de fond.
     Metteur en scéne: Marcel Lupovici. Décorateur:
     Picasso. - Maris, 13 oct., 1953.
        Vid. Bulletin de l'Institut International de Théâtre.
     Créations mondiales. Publié mensuellement avec le
     concours de l'Unesco. Paris, vol. V (avril 1954),
     no. 7; G. Lerminier, en Le Parisien Libéré.

   c) ESPAÑOLAS/SPANISH

288. BODAS de sangre. Película argentina, 1938, con
     Margarita Xirgú.

289. BODAS de sangre. Opera por Juan José Castro.
     Estrenada en Buenos Aires.

290. BODAS de sangre. Baile por Esteban Cerda. Estre-
     nado en Buenos Aires.

291. LA ZAPATERA prodigiosa. Opera por Juan José
     Castro. Estrenada en Buenos Aires.

292. ROMANCERO gitano. Guión cinematográfico de María
     Dolores Mejías.
          Vid. "El romancero gitano en la pantalla," Insula
     (30 de abril de 1954), no. 100.

293. LLANTO por Ignacio Sánchez Mejías. Recitado por
     Eduardo Blanco Amor. Disco. "Voces y Textos."
     Santiago de Chile, Cruz del Sur.

     d) INGLESAS/ENGLISH

294. THE WIND Remains. (Así que pasen cinco años)
     Zarzuela por Paul Bowles. Estrenada en el Museum
     of Modern Art de New York en 1943. Director de
     orquesta: Leonard Bernstein. Coreografía: Merce
     Cunningham. Disco fonográfico por la Compañía
     MGM en 1957.

295. DON Perlimplín. Opera por Vittorio Rieti. Concierto
     estrenado en Chicago en 1952 y en París en 1952.

296. THE HOUSE of Bernarda Alba. (La casa de Bernarda
     Alba). Baile por Dale Edward Fern; ejecutado por
     Fiorita Raup en un concierto al Hunter College de
     New York el 1 febrero 1953.

297. BLOOD Wedding. (Bodas de sangre). Baile de Denis
     Aplvor y Alfred Rodríguez; música de Denis
     Aplvor; derorados y vestuarios de Isabel Lambert.
     Interpretado por por Doreen Tempest, Sheilah O'Reil-
     ly, Piermin Trecu, etc. Estrenado por la compañía
     Sadler's Wells Theatre Ballet, en el Sadler's Wells
     Theatre de London.
          Vid. Bulletin de l'Institut International du Théâtre.
     Créations mondiales. Publié mensuellement avec le
     concours de l'Unescu. Paris, (julio de 1953) no. 10.
     Edited by Arnold L. Haskell. London, 1953.

298. YERMA. Baile por Leo Smith. Coreografeado por
     Valerie Bettis.

299. YERMA. Opera por Denis Aplvor; libretto por Monta-
gue Slater.

300. YERMA. Opera por Paul Bowles. Estrenada en la
University of Denver en julio de 1958; interpretada
por Libby Holman y Rose Bampton.

301. YERMA. Baile por Alan Hovhaness; coreografía por
J. Marks. Ejecutado por los San Francisco Contemporary Dancers, en septiembre de 1959.

F) Dibujos de Federico García Lorca/Drawings

302. ARLEQUIN veneciano, LA (septiembre 1927) no. 18.

303. PRIMER romancero gitano, 1924-1927. Madrid: Revista de Occidente, 1928, 149pp. 16cm.
Primera página de la cubierta.

304. DOS dibujos, a Nadadora sumergida y Suicidio en
Alejandría, LA (31 septiembre 1928), no. 28.

305. CORO de niñas, En el convento, En el huerto del
convento, En el cadalso, en Mariana Pineda. Madrid:
Rivadeneyra, 1928. 69pp. 17cm (La farsa, año II,
no. 52, I, IX).

306. MOLINARI, Ricardo E. Una rosa para Stefan Georg.
[Dibujo de Federico García Lorca]--El Tabernacu-
lo
[Dibujo de Federico García Lorca]--Buenos Aires:
F.A. Colombo, 1934.

307. NOVO, Salvador. Seamen Shymes. [Dibujos de Federico García Lorca] Buenos Aires: F.A. Colombo,
1934.

308. BANDOLERO, Angel del Río. "La literatura de hoy,
El poeta Federico García Lorca," RHM, I (1935),
no. 3.

309. GEBSER, H. Gedichte eines Jahres. Berlin: Die
Rabenpresse, 1935. 35pp. 23cm.

310. _____. Poetisches Taschenbuch. Berlin: Die
Rabenpresse, 1937.

311. FABULA, en CLA, I (1937), no. 6.

312. PERSPECTIVA urbana con autorretrato, en F.G.L.
      Grénade, paradis à beaucoup interdit. Verve, Paris,
      1938, vol. I, no. 4.

313. En F.G.L. Obras completas. Buenos Aires: Edit.
      Losada, 1938-1942 y en las ediciones posteriores.

314. En Poeta en Nueva York. Con 4 dibujos originales...
      Vid. no. 121.

315. PRIETO MUÑOZ, Gregorio. García Lorca as a
      Painter. London: The De La More Press, 1946.
      16pp. 25cm.

316. _____. Paintings and Drawings, with an Introduc-
      tion by Luis Cernuda. London: The Falcon Press,
      1947. 11pp. + 47 dibujos. 26cm.

317. En ANTHOLOGIE poétique de Federico García Lorca;
      textes choisis et traduits avec une introduction par
      Felix Gattegno. Dessins de Federico García Lorca.
      Paris: Charlot, 1946. 2pp. + 1p. + 224pp. 19cm.
      Reimp.: Paris: G.L.M. 1948.

318. En G.L.M. (Catálogo editorial), 1933-1948. Paris:
      Edit. G.L.M. agosto 1948, no. 2.

319. En LE POETE à New York, avec l'ode à Federico
      García Lorca. Dessins de Lorca. Texte espagnol
      + traduction par Guy Lévis Mano. Paris: G.L.M.,
      1948. 70pp.

320. En LE TEMPS de la poésie. Deuxième cahier, dé-
      cembre 1948. Paris: G.L.M., 1948.

321. GEBSER, H. Lorca oder das Reich der Mütter.
      Erinnerungen an Federico García Lorca. Mit 13,
      in Deutschland zum ersten Mal veröffentlichen,
      Zeichnungen des Dichters. Stuttgart: Deutsche
      Verlags-Anstalt, 1949. 72pp. 23cm.

322. _____. Lorca, poète - dessinateur par Jean
      Gebser, avec 13 dessins inédits de Federico García
      Lorca. Paris: G.L.M., 1949. 39pp. 23cm.

Contiene: La carreta que cae; Pajaro y perro; Parque; El ángel; El ojo; Ojo y vilanos; Columna y casa, El ocho, Manos cortadas; Rostro con flecha; Rostro en forma de corazón.

323. DIBUJOS. Intro. y notas de Gregorio Prieto. 1. ed.
Madrid: A. Aguado, 1950. 68pp. 41 dibujos.
Port. 20cm. (Colección de la cariátide, 1)
2a. ed. corr. y aumentada. Madrid: A. Aguado, 1955. 28pp. 50 dibujos. (Colección de la cariátide, 1)

324. SIETE poemas y dos dibujos inéditos; los publica Luis Rosales. Madrid: Edic. de Cultura Hispánica, 1949. 21pp. 25c.
También en CHA (julio-agosto 1949), no. 10.

325. En DALI, Ana María. Salvador Dalí visto por su hermana. Barcelona: Edit. Juventud, 1949. 142pp. 23cm.
2a. ed. Barcelona: Edit. Juventud, 1953. 142pp. 23cm.

326. En _____. Salvador Dalí vu par sa soeur. Introduction, Traduction et notes de Jean Martín. Grenoble: Arthaud, 1961. 188pp. 20cm.

327. En COMBAT syndicaliste (confédération nationale du travail) Paris (7 avril 1949).

328. En GARCIA LORCA, Federico. Cartas a sus amigos Sebastiá Gasch, Guillermo de Torre, Ana María Dalí, Angel Ferrant y Juan Guerrero. Con un prólogo de Sebastiá Gasch y 30 reproducciones de fotografías, autógrafos y dibujos del poeta.
Vid. no. 178.

329. MARINERO y mujer; Marinero y columna; Marinero con flechas; Amor novo; Amor. En Federico García Lorca. Títeres de Cachiporra. Buenos Aires: Edit. Losange, 1953.
Contiene 18 dibujos en negro.
Vid. no. 264.

330. En TEATRO desconocido de Federico García Lorca, Anales, LXXXII (1954), no. 337.
Vid. no. 266.

331. En F.G.L. Obras completas. Recopilación y notas de
      Arturo del Hoyo. Madrid: Aguilar, 1954, pp. 1515-
      1538. (Colección Obras Eternas)
      27 dibujos en negro, 4 a todo color.

332. En OEUVRES complètes. Traduit de l'espagnol. Paris:
      Gallimard, 1954-1960. VII vols.

333. En CARTAS a José Bello, Insula (diciembre de 1959),
      no. 157.
      Vid. no. 184.

334. En POEMES choisis et traduit par Guy Lévis Mano,
      avec le texte espagnol et des dessins de Lorca.
      Paris: G.L.M., 1969. 109pp. 25cm.

335. CASIDAS. Con una colección de diez litografías,
      editadas a mano, directamente realizadas sobre la
      piedra y firmadas por Viola. Introducción de Ge-
      rardo Diego. Madrid: Edics. de Arte y Bibliofilia,
      1969. 1 vol. (sin paginar) 47cm.
      Contiene también El diván del Tamarit.
      Vid. también nos. 19, 178, 185a, 266, 362, 382,
      388, 613, 616, 616a, 849, 983, 984, 1074, 1247,
      2178.

G) Música/Music

336. Vid. ONIS, Federico de, en RHM, VII (1941), no. 3-4.

337. En FEDERICO García Lorca. Obras completas.
      Madrid: Aguilar, 1954, pp. 1539-1557.
      Contiene: Anda jaleo, Los cuatro muleros, Las
      tres hojas, Los mozos de Monléon, Las morillas de
      Jaén, Sevillanas, El café de chinitas, Nana de Se-
      villa, Los pelegrinitos, Zorongo, Romance de Don
      Boiso, Los reyes de la baraja, La Tarara, De
      "Bodas de sangre," De "Mariana Pineda."

337a. KILLMAYER, Wilhelm. Lorca Romanze. Wiesbaden,
      1954. [Libretto]

338. LA CASADA infiel. Romance gitano para canto y
      piano. Música de F.J. Obradors. Madrid: Unión
      Musical Española, 1955. 11pp.

Ediciones 83

338a. FORTNER, WOLFGANG. Bluthochzeit. Lyrische
Tragödie in zwei Akten (Sieben Bildern von Federico
García Lorca). Deutsch von Enrique Beck. Mainz:
B. Schott's Söhne, 1957. 62pp.
[Libretto]

338b. GARCIA LORCA, Federico. Zorongo. Zorongo gitano.
(De Canciones españolas antiguas) Madrid: Unión
Musical Española, 1964. 3pp. 32cm.

338c. . Los cuatro muleros. (De Canciones españolas antiguas) Madrid: Unión Musical Española,
1964. 2 hojas. 32cm.
Diez piezas.

338d. . La Tarara. Canción infantil. Para canto
y piano. Madrid: Unión Musical Española, 1965.
2 hojas. 32.5cm.

338e. GARCIA, Leoz, J. Tríptico de canciones. Poesía
de Federico García Lorca. Para canto y piano.
Madrid: Unión Musical Española, 1965. 5 hojas.
32.5cm.

338f. SALGADO, Julio. Las cinco de la tarde (Surf-cha-
cha) de Librado y Salgado. Tema evocado a García
Lorca. - Piensa en jugar. Rock de Martín Criado.
Madrid: Edic. Correo Musical, 1966. 13pp. 25cm.

338g. SANTIAGO DE MERAS, Carmen. Seis canciones españolas. Letra de Federico García Lorca. Música de
Carmen Santiago de Meras. Madrid: Quiroga, Ume,
1966. 19pp. 31cm.

338h. GARCIA LORCA, Federico. Canciones del teatro de
... Rev. por Gustavo Pittaluga. Madrid: Unión
Musical Española, 1966. 15pp.
6 obras.

338i. VAJSBORD, M. Federiko Garsía Lorka-Musykant.
Moscú: Sovetskij kompozitor, 1970. 71pp.
Vid. también nos. 19, 127, 509, 732, 965, 1254,
1265, 1485, 1831, 2178, 2197.

III. TRADUCCIONES / TRANSLATIONS

A) ALEMANAS/GERMAN

1. Versos/Verse

339. BECK, Enrique, trad. Gedichte; ausgewählt und deutsch von ... Stuttgart: Rowohlt, c1948. 102pp.
Selección de versos de F.G.L.

340. _____ . Zigeuner-Romanzen. Deutsch von ...
Wiesbaden: Insel-Verlag, 1953. 76pp. 19cm.
(Insel-Bücherei, no. 566)
Trad. del Primer romancero gitano.

341. _____ . Zigeuner-Romanzen. Deutsch von ...
Wiesbaden: Insel-Verlag, 1957. 76pp. 19cm.
(Insel-Bücherei, no. 566)
Trad. del Primer romancero gitano.

342. _____ . Klage um Ignacio Sánchez Mejías. Deutsch von ... Linolschnitte von Francisco Borès. Stuttgart: Manus Presse, 1964. 37pp. 4 dibujos. 58cm.
Trad. de Llanto por Ignacio Sánchez Mejías.

343. _____ . Dichtung vom cante jondo. Dichtung vom tiefinnern Sang. Deutsch von... Frankfurt am Main: Insel-Verlag, 1967. 126pp. 22cm.
Trad. del Poema del cante jondo.

2. Prosa/Prose

344. BECK, Enrique, trad. Granada und andere Prosadichtungen. Aus dem spanischen von... Zurich: Verlag der Arche, 1954, 71pp. 20cm.

345. _____ . Das dichterische Bild bei don Luis de Góngora. Die Kinder-Schlummerlieder. Theorie und Spiel des Dämons. Deutsch von... Düsseldorf: E. Dietrich, 1954. 73pp. 22cm.

Trad. de La imagen poética en don Luis de Góngora, Las nanas infantiles, y Teoría y juego del duende.

346.   . Briefe an Freunde, Interviews, Erklärungen
zu Dichtung und Theater. Deutsch von... Frankfurt
am Main: Insel-Verlag, c1966. 270pp.

3. Teatro/Plays

347. BECK, Enrique, trad. Die dramatischen Dichtungen.
Deutsch von... Wiesbaden: Insel-Verlag, 1954.
441pp. 22cm.
     Contiene: Plauderei über Theater,
               Mariana Pineda,
               In seinem Garten liebt Don Perlimplín
                 Belisa,
               Die wundersame Schustersfrau,
               Sobald fünf Jahre vergehen,
               Bluthochzeit,
               Yerma,
               Doña Rosita bleibt ledig,
               Bernarda Albas Haus.

348.   . Die dramatischen Dichtungen. Deutsch von...
Wiesbaden: Insel-Verlag, 1963. 445pp. 21cm.
(Die Bücher der Neuzehn)

349.   . Bluthochzeit. Lyrische Tragödie in drei
Akten und sieben Bildern, MW (1939), Jahrg, 2,
pp. 642-657.
     Trad. de Bodas de sangre.

350.   . Bluthochzeit. Lyrische Tragödie in drei
Akten und sieben Bildern. Deutsch von... Wiesba-
den: Insel-Verlag, 1952. 77pp. 19cm. (Insel
Bücherei, no. 562)
     Trad. de Bodas de sangre.

351.   . Bluthochzeit. Lyrische Tragödie in drei
Akten und sieben Bildern. Deutsche von... Wiesba-
den: Insel-Verlag, 1956. 77pp. 19cm. (Insel-
Bücherei, no. 562)
     Trad. de Bodas de sangre.
     Igual a la anterior.

352.   . Das kleine Don-Cristóbal - Retabel; Posse

fur Puppentheater. Deutsche von..., mit Holzschnit-
ten von Frans Masereel. Wiesbaden: Insel-Verlag,
1960. 37pp. (Insel Bücherei, no. 681)
Trad. de Retablillo de don Cristóbal.

352a. _____. Yerma. Tragische Dichtung..., en Specta-
culum (1960), no. 3, pp. 183-219.

B) CHECAS/CZECH

1. Versos/Verse

353. NECHVATAL, František, trad. Balada na rynečku.
Edición privada. Prostějov y Blansko, 1937.
Trad. de Balada de la placeta.

354. BARJ, Ilja, A v Kordobě umírat... Prefacio
por Luis Jiménez de Asúa. Ustřední dělnické
knihkupectiví a nakladatelství. Praga, 1937. 61 +
IIpp.
Contiene: Córdoba para morir; Poema del cante
jondo; Memento; Sevilla; Baladilla de los tres ríos;
Clamor, La guitarra; Y después; Saeta; Pueblo;
Sorpresa; Malagueña; El paso de la siguiriya; Poema
de la soleá; Barrio de Córdoba; De profundis; ¡Ay!;
La Lola; Baile; Amparo; Procesión; Alba; Adivinanza
de la guitarra; Después de pasar; Las seis cuerdas;
Romancero gitano; Romance de la luna, luna; La
monja gitana; La casada infiel; Burla de don Pedro
a caballo; Romance sonámbulo.

355. NECHVATAL, František, trad. Cikánské romance.
Praga: Edit. Svoboda, 1946. (Serie Plamen, vol.
12)
Trad. del Romancero gitano.

356. ČIVRNY, Lumír, trad. Cikánské romance. Prefacio
y notas por Lumir Civrný. Praga: Edit. SNKLHU,
1956. (Serie Světová četba, vol. 133)
Trad. del Romancero gitano.

357. PROKOPOVA, Libuse, trad. Básně F. G. Lorcy.
Introducción por Zdeněk Lorenc. Praga: Ed. K.
Marel, 1945. 1 vol.
Contiene: Pueblo; Sorpresa, Paisaje; Y después;

Después de pasar; Poema de la soleá; Cueva; Noche;
Procesión; Las seis cuerdas; Conjuro; Malagueña;
Niña ahogada en el pozo; Ruina; Silencio.

358. NECHVATAL, František, trad. Básník v Novém
Yorku. Traducido por ... en colaboración con Jaroslav Kuchválek. Praga: Ed. Svoboda, 1949. 1
vol. (Serie Plamen, vol. 30)
Trad. de Poeta en Nueva York.

359. ČIVRNY, Lumír, trad. Lyrika. Praga: Edit.
SNKLHU, 1959. 232pp. (Col. Knihovna klasikú,
serie Spisy Federica Garcii Lorcy, vol. 1)
Antología lírica. Contiene: Veleta; Si mis manos
puedieran deshojar; Elegía; Madrigal de verano;
Balada interior; Hora de estrellas; El concierto
interrumpido; Chopo muerto; Campo; Madrigal, Deseo;
Balada del agua del mar; Baladilla de los tres ríos;
Paisaje; La guitarra; El grito; El silencio; El paso
de la siguiriya; Después de pasar; Poema de la soleá;
Puñal; ¡Ay!; La soleá; Sevilla; Paso; Las seis cuerdas; Danza en el huerto de la petenera; Dos mucha-
chas; Memento; Tres ciudades, Candil; Crótalo;
Cuatro baladas amarillas; Palimpsestos; Primera
página; Tío-vivo; Canción con movimiento; Cazador;
Agosto; Nocturnos de la ventana; Cancioncilla se-
villana; Caracola; Canción tonta; Canción del jinete;
Adelina de paseo; Zarzamora con el tronco gris; Mi
niña se fue a la mar; Tarde; Es verdad; Arbolé
arbolé; Tres retratos con sombras; Al oído de una
muchacha; Arbol de canción; Naranja y limón; La
calle de los mudos; La luna asoma; Dos lunas de
tarde; Serenata; Cancioncilla del primer deseo; Idilio;
Preludio, Preludio...; Agua, ¿donde vas?; Canción
del naranjo seco; Romancero gitano [Todos los versos];
Oda del rey de Harlem; Danza de la muerte; Navidad
en el Hudson; Panorama ciego de Nueva York; Poema
doble del lago Edem; Muerte; Nueva York; Oficina y
denuncia; Grito hacia Roma; Oda a Walt Whitman;
Pequeño vals vienés; Son de negros de Cuba; En la
corrida más grande...; Llanto por Ignacio Sánchez
Mejías; Gacela de la terrible presencia; Gacela del
amor que no se deja ver; Gacela del niño muerto;
Casida del llanto; Casida de los ramos; Casida de la
mujer tenida; Casida de la mano imposible; Casida
de la rosa; Casida de la muchacha dorada; Suite del
agua; Tres historietas del viento; A Carmela, la

peruana; Canto nocturno de los marineros andaluces;
Las morillas de Jaén; Zorongo.

360. ČIVRNY, Lumír, trad.   Pisné na andaluskou notu.
[Canciones andaluzas] Praga: Edit. Mladá fronta,
1961. 241pp. (Col. Květy poezie, vol. 30)
Contiene: Poema del cante jondo; Primeras
canciones; Canciones.

361. ČIVRNY, Lumír, trad.   Ty uvézneny strome...
Španelska XX. století [Tu, árbol encarcelado.
Poesía española del siglo XX]. Selección, introducción, traducción por... Praga: Edit. Československý spisovatel, 1964. 179pp. (Col. Klub přatel
poezie)
Contiene: La guitarra; Noche; Caracola; Arlequín;
Canción del jinete; la casada infiel; Puñal; Son de
negros en Cuba; A Carmela, la peruana.

362. _____. Zeleny vítr [Viento verde. Antología poéti-
ca]. Selección, prólogo y traducción por Lumír
Čivrny. Copiosas fotografías e ilustraciones. Disco
con poesías de F.G. Lorca. Poesía y textos dedica-
dos a F.G. Lorca por Antonio Machado, Jaroslav
Seifert, Nicolás Guillén, Vicente Aleixandre, Pablo
Neruda, Jean Cassou, Jorge Guillén, Manuel de la
Fuente, Juan Marinello, Pedro Salinas, Friedrich
Heer, Henry Lefevre, Dámaso Alonso. Cronología
y bibliografía. Praga: Edit. Československý spisovatel, 1969. 1 vol.
Contiene: Balada del agua del mar; Madrigal de
verano; Poema de la siguiriya gitana; Oda a Salvador
Dalí; Poema de la saeta; Remansos; Romance sonám-
bulo; Preciosa y el aire; La casada infiel; Muerto de
amor; Prendimiento de Antonio el Camborio en el
camino de Sevilla; San Gabriel; Romance de la
Guardia Civil española; Cuatro baladas amarillas;
Llanto por Ignacio Sánchez Mejías; Canciones para
niños; Canción del naranjo seco; Preludio; Serenata;
Arlequín; Cortaron tres árboles; Flor; De otro modo;
Memento; Oda al rey de Harlem; Oficina y denuncia;
Cementerio judío; Grito hacia Roma; Oda a Walt
Whitman; Gacela de la terrible presencia; Gacela del
niño muerto; Casida del llanto; Casida de los ramos;
Casida de la mano imposible.
Declaraciones y entrevistas.

Dibujos: Parque; El ángel; Viñeta; Bandolero;
Manos cortadas; Muerte; Merienda; Naturaleza muerta;
Dama.

2. Teatro y prosa/Plays and Prose

363. ČIVRNY, Lumír, trad. Dramata a próza [Dramas y
prosa]. Selección, traducción y estudio por ...
Praga: Edit. SNKLHU, 1962. 243pp. (Col. Knihovna klasiků, serie Spisy Federica Garcíí Lorcy,
vol. 3)

3. Teatro. Obras sueltas/Plays. Single Works

364. HOŘEJŠI, Jindřich, trad. Krvavá svatba. Praga:
Edit. Dílo, 1946.
Trad. de Bodas de sangre.

365. ČIVRNY, Lumír, trad. Krvavá svatba. Praga: Edit.
Dilia, 1957.
Trad. de Bodas de sangre.
Mimeografiado para los teatros.

366. HALLER, Miroslav, trad. Dum doni Bernardy.
Praga: Edit. Universum, 1946.
Trad. de La casa de Bernarda Alba.
Mimeografiado para los teatros.

367. ČIVRNY, Lumír, trad. Mariana Pinedová. Praga:
Edit. Dilia, 1957.
Trad. de Mariana Pineda. Mimeografiado para
los teatros.

368. _____ . Dramata [Dramas]. Traducción, estudio,
cronología teatrales de Lorca por Lumír Čivrný.
Praga: Edit. SNKLHU, 1958. 317pp. (Col. Knihovna klasiků, serie Spisy Federica Garcíí Lorcy,
vol. 2)
Contiene: Mariana Pineda; La zapatera prodigiosa;
Bodas de sangre; Yerma.

369. _____ . Čarokrásna ševcová. Traducción por
Lumír Čivrný. Praga: Edit. Dilia, 1957.
Trad. de La zapatera prodigiosa.
Mimeografiado para el uso de los teatros.

370. _____ . Čarokrásná ševcová. Traducción e intro-
ducción por Lumír Čivrný. Nota final por Jaroslav
Beránek. Proyectos y notas escenográficas por
Jindřich Dušek. Praga: Edit. Orbis, 1958.
Trad. de La zapatera prodigiosa.

371. _____ . Neprovdaná paní Rosita neboli Mluva květu.
Praga: Edit. Dilia, 1959.
Trad. de Doña Rosita la soltera, o el lenguaje de
las flores.
Mimeografiado para el uso de los teatros.

C) DANESAS/DANISH

1. Versos/Verse

372. JOHANNSEN, Iljitsch, trad.   Zigøjnerballader.   Paa
dansk ved... København: Wivel, 1952. 90pp. 22
cm.
Trad. del Romancero gitano.

373. _____ . Klagensang over tyrefaegteren Ignacio
Sánchez Mejías. Overs fra spansk af Iljitsch Johannsen. Raderinger af Hans Jørgen Brøndum.
2a. ed. København: Forening for Boghandvaerk,
1966. 31pp. 30cm.
Trad. de Llanto por Ignacio Sánchez Mejías.

2. Teatro/Plays

374. LA COUR, PAUL, trad.   Yerma, tragisk digt i tre
akter og seks billeder. Paa dansk ved... København:
Gyldendal, 1949. 83pp. 20cm.
Trad. de Yerma.

D) FINLANDESAS/FINNISH

1. Versos/Verse

375. ROSSI, Matti, trad.   Runoja. Suomentanut...   Esittely
Francisco Carregui. Helsingissa: Otava, 1963.
160pp.

E) FRANCESAS/FRENCH

1. Obras completas/Complete Works

376. LES Oeuvres de Federico García Lorca. Paris: Editions du Carrousel, 1941. vol. 1-

377. OEUVRES complètes. Traduit de l'espagnol. Paris: Gallimard, 1954 - 19cm.
     Contiene: Tome I. Poésie: Livre de Poèmes; Première Chansons; Chansons; Poèmes du Cante Jondo. Traductions d'André Bélamich et Pierre Darmangeat. Paris: NRF, 1954.
     Tome II. Poésie: Le poète à New York; Romancero gitan; Chant funèbre pour Ignacio Sánchez Mejías. Le Divan de Tamarit; Odes; Poèmes divers. Traductions d'André Bélamich, Claude Couffon, Pierre Darmangeat et Bernard Sésé. Paris: NRF, 1955.
     Tome III. Théatre: Mariana Pineda; La savatière prodigieuse; Les amours de Perlimplín et Belisa; Le maléfice du papillon. Traductions d'André Bélamich.
     Tome IV. Théâtre: Yerma; Noces de sang; Doña Rosita. Traductions de Marcelle Auclair. Paris: NFR, 1954.
     Tome V. Théâtre: Le petit retable de don Cristóbal; Lorsque cinq ans auront passé; La maison de Bernarda; Le public; Petit Théâtre. Traductions de Marcelle Auclair, André Bélamich, Claude Couffon et Paul Verdevoye.
     Tome VI. Prose: Impressions et Paysages. Proses diverses. Traductions de Claude Couffon et André Bélamich.
     Tome VII. Conférénces; Correspondance; Interviews, etc. Traduction d'André Bélamich.

2. Antologías poéticas y selecciones/Anthologies of Poetry and Selections

378. POMES, Mathilde, SUPERVIELLE, Jules, PREVOST Jean et GUIBERT, Armand. Chansons gitanes; traduites de l'espagnol... Tunis: Editions de mirages, 1935. 84pp. 19cm. ("Les Cahiers de Barbarie"..., 10)

379. POULENC, Francis. Trois chansons de F. García

Lorca; traduction française de Félix Gattegno. Paris:
Heugel, 1947. 9pp. 32cm.
Contiene: L'infant muet; Adelina à la promenande;
Chanson de l'orange sec.

380. CHANSONS gitanes et poèmes. Préfaces par Armand
      Guibert et Louis Parrot. Paris: Seghers, 1964.
      188pp. 16cm.

381. LEVIS-MANO, Guy, trad. Cinq romances gitanes;
      texte espagnol et traduction par ... Paris: G. L. M.,
      1939. 60pp. 17cm.
      Contiene: Saint Gabriel; L'épouse infidèle; Ro-
      mance sonnambule; Romance de la Garde civile
      espagnole; Romance de la lune, lune.

381a. POEMES choisis... Introduction par Louis Parrot
      avec la la collaboration de Marcelle Schweitzer et
      Armand Guibert. Paris, 1947. 216pp. (Poètes
      d'aujourd'hui, no. 7)

382. GATTEGNO, Félix, trad. Anthologie poétique de
      Federico García Lorca; textes choisis et traduits
      avec une introduction par... Dessins de Federico
      García Lorca. Paris: Charlot, 1946. 2pp. +
      224pp. 18cm.

383. PIOT, André, trad. Poèmes de l'Espagne. Traduction
      de Noël Lee et André Piot. Paris, 1953. 1 vol.

384. HENRY, Albert. Les grands poèmes andalous de
      Federico García Lorca; textes originaux. Traduc-
      tions françaises, études et notes par ... Gent:
      Romanica Gandensia, 1958. 271pp. 26cm. (Ro-
      manica Gandensia, 6)

385. POESIES. Traduit de l'espagnol... Paris: Gallimard,
      1961. 2 vols. (Collection Soleil, 74-75)
      Contiene: Livre de poèmes; Premières chansons.
      Chansons; Poème du cante jondo; Traduit par A. Bé-
      lamich et P. Darmangeat. 2. Romancero gitan; Le
      poète à New York; Chant funèbre pour Ignacio
      Sánchez Mejías; Poèmes galiciens. Divan du Tama-
      rit; Poèmes détachés. Traduit par A. Bélamich,
      P. Darmangeat, et al.

386. BELAMICH, A. et DARMANGEAT, P. Poèmes sur la
     nature. [Eaux-fortes de Herman] Paris: Gallimard,
     1965. 1 vol. Sin número de páginas. 40 X 24cm.

387. _____. Poésies... Traduit de l'espagnol par ...
     Préface de Jean Cassou. Paris: Gallimard, 1966.
     1 vol. 16cm. (Collection Poésie)
        Contiene: Chansons; Poème du cante jondo; Ro-
     mancero gitan.

388. LEVIS-MANO, Guy, trad. Poèmes choisis et traduit
     par..., avec le texte espagnol ed des dessins de
     Lorca. Paris: G. L. M., 1969. 109pp. 25cm.

     3. Poesías sueltas/Single Poems

389. PARROT, Louis et ELUARD, Paul, trad. Ode à Salva-
     dor Dalí. Texte espagnol et traduction par... Paris:
     G. L. M., 1938. 24pp. 23cm.

390. ROLLAND-SIMON, trad. Chant funèbre pour Ignacio
     Sánchez Mejías et Ode à Walt Whitman. Traduction
     par... Paris: G. L. M., 1938. 36pp. 19cm.

391. GATTEGNO, Félix, trad. Chant funèbre pour Ignacio
     Sánchez Mejías. Traduction par..., en Cahiers du
     Sud (1954), Primer semestre.

392. ROLLAND-SIMON, trad. Chant funèbre pour Ignacio
     Sánchez Mejías et Ode à Walt Whitman. Traduction
     par... [Argel] Charlot, 1945. (Collection Fontaine)

393. _____. Chant funèbre pour Ignacio Sánchez Mejías;
     traduit par...; texte et illustrations gravés au burin
     par Krol. Paris: A. Krol, 1949. 20pp. 37 x
     27cm.

394. LEVIS-MANO, Guy, trad. Chant funèbre pour Ignacio
     Sánchez Mejías. Traduction de ... 5 gravures de
     Javier Vilató et texte espagnol. Paris: G. L. M.,
     1950. 30pp. 29cm.

395. GATTEGNO, Félix, trad. Romancero gitan. Traduc-
     tion française par... [Argel] Charlot, 1945. 64pp.
     18cm. (Collection "Poésie et théâtre")

396. TASIS, Rafael, trad. Romancero gitano. Présentation
     française des poèmes par ... 14 lithographies origi-
     nales de Carlos Fontseré. Paris: La Nouvelle Edi-
     tions, 1943-44. 108pp. 34cm.

397. KOSSODO, Juan, trad. Romancero gitan. Suivi de
     trois romances historiques. Traduit de l'espagnol
     par ... Genève: Editions du Carrousel, 1946. 80pp.
     20cm.

398. LEVIS-MANO, Guy, trad. Romancero gitan. Texte
     espagnol et traduction par ... Paris: G. L. M.,
     1946. 151pp. 17cm.

399. DARMANGEAT, Pierre, trad. Poème du cante jondo.
     Traduit par..., avec un hors - texte de Gilieli.
     Paris: Meridien, 1943. 96pp. 23cm.

400. _____. Poème du cante jondo. Traduit par Pierre
     Darmangeat avec un hors - texte de Gilioli. Paris:
     Editions du Meridien, 1946. 96pp. 23cm.

401. KOSSODO, Juan, trad. Poème du chant profond suivi
     de Plainte pour Ignacio Sánchez Mejías. Genève:
     Editions du Carrousel, 1946. IV + 83pp. (Oeuvres,
     t. 1)

402. LEVIS-MANO, Guy, trad. Les nègres. Texte espagnol
     et traduction par ... Paris: G. L. M., 1946. 31pp.
     26cm. (Col. Poésie Comune, t. 3)

403. PARIS, Jean, trad. Poète à New York. Traduction
     de..., en Les Temps Modernes, Paris (nov. 1947),
     pp. 810-823. Texto bilingüe.

404. LEVIS-MANO, Guy, trad. Le poète à New York, avec
     l'ode à Federico García Lorca de Pablo Neruda.
     Dessins de Lorca. Texte espagnol et traduction par
     ... Paris: G. L. M., 1948. 70pp.

404a. GATTEGNO, Felix, trad. Trois chansons de F.
     García Lorca. Paris: Heugel, 1947. 9pp. 32cm.
     Libretto pour Francis Poulenc.
         Contiene: L'enfant muet, Adelina à la promenade,
     Chanson de l'oranger sec.

405. COUFFON, Claude, trad. La suite des miroirs, 6

fragments, suivie "Chansons," traduction de ...
[Dibujos de Mateo Manaure] Paris: Lettres Mondiales, 1950. 29pp. 8o.

405a. LORCA. Paris: Editions Pierre Seghers, 1963.
221pp. 16cm. (Poètes d'aujourd'hui, series)
Con discos.

406. PETIT poème infiní, en Simoun. Oran, Argelia (1935),
nos. 11-12.

407. [LA DEGOLLACION de los inocentes], en La révolte
en question. Textes inédites. Paris: Le fanel,
1953.

408. CAMP, Jean, trad. Chanson [En las ramas del laurel].
Traduction de... ASJT (1954), no. 98.

4. Prosa/Prose

409. VIET, Jean, trad. Trois conférences. Traduction de
l'espagnol par... Paris: Seghers, 1947. 99pp.
19cm.
    Contiene: L'image poétique chez don Luis de
Góngora; Théorie et Jeu du Démon; Les Berceuses
espagnoles.

410. JOOLA-RUAU, André, trad. Lettres à Ana María
Dalí. Traduction ... CdS, a. 41 (1954), no. 326,
pp. 81-94.

411. BELAMICH, André, trad. Impressions et paysages;
proses divers. Traduit de l'espagnol par Claude
Couffon et... Paris: Gallimard, 1958. 289pp.
(Ouevres complètes, 6)

412. _____ . Conférences, interviews, correspondance.
Traduit de l'espagnol par André Belamich. Paris:
Gallimard, 1960. 452pp. (Oeuvres complètes, 7)

5. Teatro--antologías/Anthologies of Plays

413. BELAMICH, André, et autres, trad. Théâtre. Traduit de l'espagnol par... Paris: Gallimard, 1953-
56. 3 vols. 19cm.

Contiene: 1. Le maléfice de la Phalene; Mariana
Pineda; Le guignol au Gourdin; La savetière prodigieuse; Les amours de Don Perlimplín. - 2. Noces de
sang; Yerma; Doña Rosita. 3. Petit thétre; Le jeu
de Don Cristobal; Lorsque cinq uns seront passés;
Le public.

414.   . Théâtre. Traduit de l'espagnol par André
Bélamich. Paris: Gallimard, 1955. 1 vol. (Collection Soleil, 94)
Contiene: 1. Le maléfice de la phalène; Mariana
Pineda; Le guignol au Gourdin; La savetière prodigieuse; Les amours de Don Perlimplín avec Bélise
en son jardin.

415.   . Théâtre. 5 éd. Paris: Gallimard, 1955-
57. 3 vol. (Oeuvres complètes, 3-5)

416.   . Théatre. Traduit de l'espagnol par Marcelle
Auclair, Jean Prévost, Paul Lorenz, André Bélamich.
Illustrations de G. Wakhevitch. Paris: Gallimard,
1967. 339pp. 23cm.
Contiene: Noces de sang; Yerma; La maison de
Bernarda Alba.

417.   . Théâtre III. Traduit de l'espagnol par
Marcelle Auclair, André Bélamich, Claude Couffon
et Paul Verdevoye. Paris: Gallimard, 1968.
364pp. (Ouevres complètes, t. V)

418. COUFFON, Claude, trad. Petit théâtre. Textes re-
cueillis et traduits par ... Paris: Les Lettres
Mondiales, 1951. 63pp. (Les Cahiers Latins, 2)
Contiene: La jeune fille, le marin et l'étudiant;
La promenade de Buster Keaton y Chimère.

6. Teatro--obras sueltas/Plays--Single Works

419. VIAUD, P., trad. Le Public, MF (juillet 1949),
pp. 417-425.

420. LE PUBLIC, NRF. 1e année (février 1956), no. 38,
pp. 245-261.

421. AUCLAIR, Marcelle, trad. Le Public, en F.G.L.
Oeuvres completes, vol. V. Paris: Gallimard, 1956.

422.   _____ . El Paseo de Buster Keaton, en F.G.L.
          Oeuvres completes, vol. V. Paris: Gallimard,
          1956.

423.   BELAMICH, André, trad. Le maléfice de la phalene,
          en F.G.L. Oeuvres completes, vol. III. Paris:
          Gallimard, 1955.

424.   AUCLAIR, Marcelle, trad. La jeune fille, le marin et
          l'étudiant, en F.G.L. Oeuvres complètes, vol. V.
          Paris: Gallimard, 1956.

425.   _____ . Lorsque cinq ans auront passé, en F.G.L.
          Oeuvres completes, vol. V. Paris: Gallimard, 1956.

426.   SOUTOU, Jean-Marie, trad. Amour de Don Perlimplín
          et de Belise dans leur jardin. Lyon: Barkzat, 1945.
          1 vol.

427.   CAMP, Jean, trad. Amour de Don Perlimplín avec
          Belise en son jardin. Imagerie poétique en 4
          tableaux. Version française de ... Paris: Librairie
          Théâtrale, 1954. 24pp. 25 X 13 cm. (Collection
          Education et théâtre, 25. Théâtre de répertoire)

428.   BELAMICH, André, trad. Les amours de Don Per-
          limplín, en F.G.L. Oeuvres complètes, vol. III.
          Paris: Gallimard, 1955.

429.   CAMP, Jean, trad. Amour de Don Perlimplín avec
          Belise en son jardin; imagerie poétique en quatre
          tableaux... adaptation française de ... Paris, 1957.
          21-29pp. 27cm. (L'Avant-scène; fémina-théâtre,
          no. 154)

430.   MASSIS, André, trad. Mariana Pineda par...   Paris:
          au Théâtre Charles-de-Rochefort, 1946.
          Versión inédita estrenada a Paris en 1946.

431.   BELAMICH, André, trad. Mariana Pineda, en F.G.L.
          Oeuvres complètes, vol. III. Paris: Gallimard,
          1955.

432.   AUCLAIR, Marcelle, trad. Doña Rosita, en F.G.L.
          Oeuvres complètes, vol. IV. Paris: Gallimard,
          1956.

Federico García Lorca

433. POMES, Mathilde, trad. La savetière prodigieuse.
      Traduction de ... MdS (1946), no. 1, pp. 60-108.

434. _____ . La savetière prodigieuse. Traduction
      de ... Paris: R. Laffont, 1946. 55pp.

435. BELAMICH, André, trad. La savetière prodigieuse,
      en F.G.L. Oeuvres complètes, vol. III. Paris:
      Gallimard, 1955.

436. NAMIA, Robert, trad. Le petit rétable de Don Cristo-
      bal. Farce pour guignol. Traduite par... Paris:
      E. Charlot, 1945. 29pp. 17cm. (Collection Poésie
      et théâtre)

437. CAMP, Jean, trad. Le petit rétable de Don Cristobal.
      Farce pour marionnettes. Adaptation française de...
      Paris: L'Espagne Libre, 1946. 15pp.

438. _____ . Le petit rétable de Don Cristobal. Farce
      pour marionnettes. Adaptation française d'André
      Camp. Paris: Librairie Théâtrale, 1954. 15pp.
      (Collection Education et théâtre, 23. Théâtre de
      répertoire)

439. BELAMICH, André, trad. La Tragi - Comédie de
      Don Cristobal et de Rosita, NRF, 3e année (février
      1955), no. 26, pp. 217-248.

440. _____ . Le Guinol au Gordin, en F.G.L. Oeuvres
      complètes, vol. III. Paris: Gallimard, 1955.

441. AUCLAIR, Marcelle, trad. La maison de Bernarda
      Alba, en F.G.L. Oeuvres complètes, vol. V. Paris:
      Gallimard, 1946.

442. CREACH, Jean-Marie, trad. La maison de Bernarda
      Alba. Traduite par ... Paris: La Hune, 1946.
      124pp. 22cm.

443. _____ . La maison de Bernarda Alba. Traduite par
      Jean-Marie Creach. Préface de Jean Cassou.
      Ilustrée par Carlos Fonsère. Paris: Le Club
      Français du Livre, 1947. XI + 119pp.

444. _____ . La maison de Bernarda. Pièce en trois

actes. Adaptation française de J.-M. Creach,
FITL (8 décembre 1951), no. 96, pp. 1-20.

445. VAUTHIER, Etienne, trad. Yerma; poéme tragique en
prose et en vers. Préface et traduction d'...
Bruxelles: Imprimerie van Doorslaer, 1939. 67pp.
19cm. (Journal des poètes. Les cahiers du "Journal
des poètes," no. 64)

446. VIET, Jean, trad. Yerma; poème tragique en trois
actes et six tableaux. Yerma; poema trágico en tres
actos y seis cuadros (1934) Traduit de l'espagnol
par ... Paris: P. Seghers, 1947. 147pp. (Le
Théâtre vivant, 2)

447. CAMP, Jean, trad. Yerma; tragédie en 3 actes e
6 tableaux. Version française de ... ASJT (1954),
no. 98, pp. 11-30.

448. AUCLAIR, Marcelle, trad. Yerma, en F.G.L. Oeuvres
complètes, vol. IV. Paris: Gallimard, 1956.
Vid. tambièn no. 451, 452, 1676.

449. _____, et PREVOST, Jean. La noce meurtriere,
NRF (1938), nos. 295, 296, 297.

450. NAMIA, Robert, trad. Noces de sang. Argel: Edit.
Edmond Charlot, 1945.

451. AUCLAIR, Marcelle, trad. Noces de sang. Trois
actes. Yerma. Trois actes. Trad. de l'espagnol
par ... en collaboration avec Jean Prévost et Paul
Lorenz. Paris: Gallimard, 1946. 210pp. 19cm.

452. BELAMICH, André et autres, trad. Noces de sang.
Yerma. Doña Rosita, en Théâtre. II. Paris:
Gallimard, 1953. 340pp.

453. AUCLAIR, Marcelle, trad. Noces de sang, en F.G.L.
Oeuvres complètes, vol. IV. Paris: Gallimard,
1956.

F) ESPAÑOLAS/SPANISH

1. Poesías/Poems

454. MUZZIO, Alberto, trad. Poemas gallegos. Buenos

Aires: Edit. Inte-Nos, 1941.   35pp.

G) GRIEGAS/GREEK

1. Poesías/Poems

455. KYROU, Klitos, trad. [Llanto por Ignacio Sánchez
      Mejías] Thessalonike, 1963. 16pp.

455a. POLITIS, Cosmas y SIMIRIOTIS, Nikos, trad.
      [Poesías] Atenas: A. Caravias, 1964. 183pp.

2. Teatro/Plays

455b. NKATSOS, Nikos, trad. [Bodas de sangre] Ho mato-
      menos gamos. Atenas, 1945. 106pp. 21cm.

H) HEBREAS/HEBREW

1. Antologías líricas/Anthologies of Poems

456. ELIAZ, Raphael, trad.

מבחר שירים. מספרדית: רפאל אליעז. כרהביה. ספרית פיעלים.
[Merhavyah, 1958]
167 p. Illus., port 22 cm.

      Contiene: Romancero gitano, Poema del cante
      jondo, Llanto por Ignacio Sánchez Mejías.

457. _____.   מבחר שירים [מאת] פדריקו נרסיה לירקה. בספרדית: רפאל
אליעז. [מהד' ב'] מרחביה. ספרית פיעלים [1963]
167 p. illus. 22 cm.

458. _____.   שושנה וסכין; מבחר שירים [מאת] פדריקו נרסיה לורקה.
מספרדית: רפאל אליעז. [תל-אביב] עקד [1963]
108 p. Illus., port. 21 cm.

I) HOLANDESAS/DUTCH

1. Versos/Poems

459. BUNING, J.W.F. Werumeus, trad. Twee gedichten,
      en De Gids. Amsterdam, 1940, pp. 267-270.
      Traducción de La casada infiel y Cuerpo presente.

460. DIELS, Gerard. ... Het doornen zeel; gedichten...

Amsterdam: J.M. Menlenhoff, 1946. 78 + 2pp.
(De Ceder, 3)
Vid. "Enkele gedichten van Federico García
Lorca, pp. 59-76.

461. LLANTO por Ignacio Sánchez Mejías. Dodenklacht
voor Ignacio Sánchez Mejías. Geautoriseerde vertaling uit het Spaans. Brussel: Albe, 1959. 37pp.
21cm.

462. DIELS, Gerard, trad. Klaagzang voor den stierenvech-
ter Ignacio Sánchez Mejías; gedicht vertaald door ...
Etsen van Harry of de Laak. Amsterdam: Instituut
voor Kunstnijverheisonderwijs, 1961. 29pp. 36cm.

2. Teatro/Plays

463. BUNING, J.W.F. Werumeus, trad. De Bloedbruiloft
... Vertaald door..., en De Gids. Amsterdam,
jaarg. 115 (1952), no. 4, pp. 225-265.
Trad. de Bodas de sangre.

463a. KRIGE, Uys, trad. Yerma; 'n dramatiese gedig in
drie bedrywe en ses tonele. Vertaal en met'n
waarderig deur ... 2a. ed. Kaapstad: H.A.U.M.,
1966. 119pp.

J) HUNGARAS/HUNGARIAN

1. Obras completas/Complete Works

464. ANDRAS, László, trad. Federico García Lorca
összes müvei. Fordította... Budapest: Magyar
Helikon, 1967. 2 vols. (Helikon klasszikusok)

2. Poesía/Poems

465. ANDRAS, László. Cigány románcok. Ford... Budapest: Lux, 1947. 63pp.
Traducción del Romancero gitano.

K) INGLESAS/ENGLISH

1. <u>Poesía/Poetry</u>

466. THE MARTYRDOM of St. Olalla, en <u>The European</u>
<u>Caravan.</u> New York: Edit. S. Putnam, 1931,
pp. 412-414.
Vid. también no. 470.

467. HUMPHRIES, R., trad. <u>Song of the Little Death,</u> <u>The</u>
<u>Nation,</u> CXLIII (1936), p. 635.

468. _____. Songs. Rider's Song. <u>The Ballad of the</u>
<u>Three Rivers, Poetry,</u> L (1937), pp. 8-9.

469. _____. <u>Ballad of the Moon,</u> NR, LXXXIX (1937),
p. 382.

470. LLOYD, A.L., trad. <u>Lament for the Death of a</u>
<u>Bullfighter, and Other Poems in the Original Spanish,</u>
<u>with English Translation by</u> ... New York - Oxford:
Oxford University Press, 1937. 60pp. 26cm.
Trad. de Llanto por Ignacio Sánchez Mejías, La
casada infiel, Preciosa y el aire, Romancero de la
Guardia Civil española, Prendimiento de Antoñito el
Camborio y Martirio de Santa Olalla.
Res.: [Anónimo] S. Times, XXX (October 4,
1937, no. 71;
[Anónimo] TLS (October 1, 1937);
[Anónimo] NYT (February 27, 1938);
Benet, W.R. SRev, XVI (1937), no. 23,
p. 18;
Brickell, H. NYP (September 22, 1937);
C.P. MGua (September 14, 1937);
Holmes, J. BET (October 2, 1937);
Lechlitner, Ruth, NYHT (November 7,
1937);
Prichett, V.S. NSN, XIV (1937), pp. 188-
189;
Salazar y Chapela, E. "García Lorca en
Londres," Romance, I (1 de mayo de
1940), no. 7, p. 18.

471. FERGUSON, A.S., trad. <u>Lament for Ignacio Sánchez</u>
<u>Mejías,</u> AUR, XXVI (1939), pp. 112-115; 215-217.

472. MALLAN, L., trad. <u>Llanto por Ignacio Sánchez</u>
<u>Mejías,</u> SR, VI (1941), pp. 542-557.
Texto bilingüe.

473.   HESSING, Dennis, trad.   Lament for Ignacio Sánchez
       Mejías, NRDE (1947), no. 4.

473a. CARRIER, Warren, trad.   Lament for the Death of a
       Bullfighter, en Reading Modern Poetry, ed. Engle
       and Carrier. New York: Scott, Foresman Co.,
       1955.

474.   LLOYD, A.L., trad.   Lament for the Death of a Bull-
       fighter. Translated by ... 2a. ed. London: Heine-
       mann, 1953. XVI + 46pp. 26cm.

475.   _____ . Lament for the Death of a Bullfighter, and
       Other Poems. Translated by A.L. Lloyd. Philadel-
       phia: Dufour Editions, 1962. 46pp. 21cm.

476.   CAMPBELL, R., trad.   Lament for the Death of a
       Matador. 1st ed. Sevilla, 1964. 41pp.
           Contiene: "Profile of the matador," by J.M. de
       Cossío; "Appointment with Death," by R. Vavra;
       "Fragment of the Original manuscript of the Llanto,
       Biographical note"; "Federico García Lorca," by
       R. Campbell; "Translation of the Llanto and com-
       ments on the poem," by R. Campbell; "The poem
       and the paintings," by J.F. Short: 1. Bull-fights
       in art. 2. Bull-fights - Poetry. 3. Sánchez
       Mejías, Ignacio, 1887-1934.

477.   HUMPHRIES, R., trad.   Five Songs by Federico Gar-
       cía Lorca, NR, XCVI (1938), p. 100.
           Contiene: Seville, The Guitar, Sunny South, Dag-
       ger, And After.

478.   HUGHES, Langston, trad.   San Gabriel [con una nota
       sobre F.G.L. de Federico de Onís.] Tarjeta de
       Navidad. New York: J. Weissberger, 1938.

479.   ANDERSON, R.M. y WENDELL, J.R. trad.   Oil lamp
       y Idly, en Translations from Hispanic Poets. New
       York: Hispanic Society of America, 1938, pp. 155-
       165.

480.   HUMPHRIES, R., trad.   Two poems: Walking asleep
       y The Interrupted Concert, KR, I (1939), pp. 144-147.

480a. LIVESAY, Dorothy, trad.   Two Poems - Lorca - Noc-
       turne, en Poetry, LVIII (1941), pp. 30-33.

481. SPENDER, Stephen y GILI, J. L., trad. Poems by
     Federico García Lorca with English Translation by
     ... Selección and R. M. Nadal. London: The Dolphin,
     1939. XXVIII + 143pp. 22cm.
          Res.: TLS (May 27, 1939);
                Deutsch, Babette, NYHT (October 1, 1939);
                Fitts, Dudley, SRev, XX (1939), no. 18,
                    pp. 12-13;
                Humphries, R. NR, LXXXXX (October 11,
                    1939), pp. 276-277;
                Peers, E. Allison, BSS, XVI (1939),
                    pp. 116-118;
                Prichett, V. S., NSN, XVIII (1939), p. 192;
                Babín, María Teresa, RHM, VII (1941),
                    p. 79.

482. FERGUSON, A. S., trad. Casida of the Branches.
     Translation from the Spanish by..., AUR, XXVII
     (1940), p. 105.

483. HUMPHRIES, R., trad. The Poet in New York, and
     Other Poems of Federico García Lorca. The Spanish
     Text with English Translation by ... New York:
     W. W. Norton and Company, Inc., 1940. 209pp.
     22cm.
          Res.: BET (June 17, 1940);
                COS (July 1940);
                Aiken, Conrad, NR, CIII (1940), p. 309;
                Bogan, Louise, NYor, XVI (1940), p. 82;
                Deutsch, Babette, NYHT (June 9, 1940);
                Fitts, Dudley, SRev, XXII (Aug. 10, 1940),
                    p. 10;
                Jolas, E., LAg, CCCLIX (1940), pp. 94-95;
                Poore, Charles, NYT (May 25, 1940), p. 15;
                Short, W. R., YR, XXX (1940), p. 214;
                Babín, María Teresa, RHM, VII (1941),
                    pp. 241-243;
                Wurtzbaugh, Jewel, BA, XV (1941), pp.
                    228-229.

484. BELITT, Ben, trad. Poet in New York. Complete Spanish
     Text with a New Translation by ... Introd. by Angel
     del Río. New York: Grove Press, 1955. XLVI +
     191pp. 22cm.

885. _____. Poet in New York. Complete Spanish Text
     with a New Translation by ... Introd. by Angel del

Río. New York: Grove Press, 1957. XLVI +
192pp. 21cm. (Evergreen Books, E - 54)

486. MALLAN, Lloyd, trad. An Etching of la Petenera.
      Translation by..., NMQ, X (1940), pp. 225-226.

487. BENSON, R. y O'BRIEN, R. Sketch of la Petenera,
      Atlantic, CCVII (January 1961), pp. 111-112.

488. HUMPRIES, R., trad. The King of Harlem, en F.G.L.
      The Poet in New York and Other Poems, pp. 35-43.
      Vid. no. 483.

489. HONIG, Edwin, trad. "Four Poems," NMQ, XII (1942),
      no. 2, pp. 111-112.

490. GILI, J.L. y SPENDER, Stephen, trad. Selected
      Poems of Federico García Lorca. Translated by
      ... London: The Hogarth Press, 1943. 56pp. 19cm.
      (The New Hogarth Library, 11)

491. _____. Selected Poems of Federico García Lorca.
      Translated by J.L. Gili and Stephen Spender ...
      London: The Hogarth Press, 1947. 56pp. 19cm.
      (The New Hogarth Library, 11)

492. HONIG, Edwin, trad. Dialogue of the Amargo. Epi-
      sode of the Lieutenant Colonel of the Civil Guard.
      The Divan at the Tamarit, en Some Little Known
      Writings of Federico García Lorca, ND (1944), no.
      8.

492a. TURNBULL, Eleonor, trad. Contemporary Spanish
      Poetry. Selections from Ten Poets. Translated
      by..., with Spanish Original and Personal Reminis-
      cences of the Poets by Pedro Salinas. Baltimore:
      The Johns Hopkins Press, 1945. 401pp. 23cm.

493. CHILDREN'S Cradle Songs, en Zero (1949-1950), no.
      3-4.

494. HUGHES, Langston, trad. Gypsy Ballads. Illustrated
      by John McNee, Jr. Introduction by Robert H.
      Glauber. Beloit, Wisconsin: Beloit College, 1951.
      40pp. 22cm. (The Beloit Poetry Journal. Chap-
      book no. 1)
          Traducción del Romancero gitano.

495. HUMPHRIES, R., trad. The Gypsy Ballads. Trans-
     lated by..., with Three Historical Ballads. Bloom-
     ington, Indiana: Indiana University Press, 1953.
     64pp. 24cm. (Indiana University Poetry Series)
          Reimp.: Bloomington, Indiana: Indiana Univer-
     sity Press, 1963. 64pp. 24cm.

496. ANGULO, Jaime de, trad. Selected Poems. Edited
     by Francisco García Lorca and Donald M. Allen.
     Norfolk, Conn.: New Directions, 1955. 180pp.
     19cm. (The New Classics Series)
          Contiene: Cante jondo. The Gypsy Ballads. The
     Poet in New York. Divan at the Tamarit y Elegy
     on the Death of a Bullfighter.

497. _____. Selected Poems. Edited by Francisco
     García Lorca and Donald M. Allen. Norfolk, Conn.:
     New Directions, 1961. XII + 180pp. 18cm. (New
     Directions, 114)

498. BELITT, Ben, trad. Ode to Walt Whitman, Poetry,
     LXXXV (1955), no. 4, pp. 187-192.

499. HUMPHRIES, R., trad. Ode to Walt Whitman, en
     F.G.L. The Poet in New York and Other Poems,
     pp. 119-127.
          Vid. no. 483.

500. COOPER, Julian, trad. Federico García Lorca:
     Some of His Shorter Poems. Translated by ...
     Illustrated by William Hallé. London, 1935. 31pp.

500a. SPICER, Jack, trad. After Lorca. With an Introduc-
      tion of Francisco García Lorca. San Francisco:
      White Rabbit Press, 1957. 63pp.
           Traducción de algunas poesías de F.G.L.

501. GILI, J.L., trad. Lorca. Introduced and Edited by
     ..., with Plain Prose Translations of Each Poem.
     Harmondsworth, Middlesex; Baltimore, Md.: Penguin
     Books, 1960. XXIII + 144pp. (The Penguin Poets,
     D51)
          Reimp.: Harmondsworth, Middlesex, England:
     Penguin Books, 1967. XXIII + 144pp. (Penguin
     Poets. D51)

501a. WRIGHT, J. Gacela of Remembrance of Love, Poetry,
      LXXXXIV (June 1960), p. 151.

502.   LLOYD, A. L. , trad. Romance de la Guardia Civil Espa-
       ñola. The Ballad of the Spanish Civil Guard. English
       Translation by..., with Woodcuts by Jerome Kaplan.
       Philadelphia: Janus Press, 1962. 22pp. 30cm.

502a. LIMA, Robert, trad. "Federico García Lorca: Four
       Poems," SFea, IV (1967), no. 3 [sin paginar]

502b. LIVINGSTONE, Dinah, trad. García Lorca and John
       of the Cross. Poems Translated by ... London:
       Katabasis, 1968. 20pp.

503.   LEWIS, Richard, trad. Still Waters of the Air. Poems
       by Three Modern Spanish Poets. Drawing by Arvis
       Stewart. New York: Dial Press, 1970. 95pp. 25cm.
            Poesías de F. García Lorca, Juan Ramón
       Jiménez y Antonio Machado.

504.   SIMONT, Mare, trad. The Lieutenant Colonel and the
       Gypsy. Translated by ... Illustrated by Mare Si-
       mont. 1st ed. Gaden City, New York: Doubleday,
       1971. 32pp. 22cm.

505.   BRILLIANT, Alan, trad. Tree of Song. Translated
       from the Spanish by ... Santa Barbara: Unicorn
       Press, 1971. 31pp. 25cm. (Unicorn Keepsake
       Series)
            Vid. también nos. 2205, 2215-2216.

       Vid. también APENDICE, no. 2241.

       2.   Prosa/Prose

506.   HONIG, Edwin, trad. Santa Lucia and San Lázaro, en
       "Some Little Known Writings of Federico García
       Lorca," ND (1944), no. 8.

507.   BELITT, Ben, trad. Crucifixion, PR, XXII (1955),
       no. 1, p. 29.

507a. ALLEN, Rupert C. Jr., trad. "Lorca Discusses His
       Plays," TDR, VII (1962), no. 2, pp. 111-126.

507b. BELITT, Ben, trad. "The Duende: Theory and
       Divertissement," y "The Poetic Image of Don Luis
       de Góngora," en Ben Belitt, Poet in New York.
       Vid. nos. 484 y 485.

3.   Teatro--antologías/Anthologies of Plays

508.   O'CONNELL, Richard L. y GRAHAM-LUJAN, James,
trad.   From Lorca's Theatre.   Five Plays of Federico García Lorca, in the Authorized Translation
by ...   With a Foreword by Stark Young.   New York:
C. Scribner's Sons, 1941.   XXXVI + 251pp.   22cm.
Contiene: "Notes on the Playwright; The Dramatic
Values;" The Shoemaker's Prodigious Wife; The Love
of Don Perlimplín; When Five Years Pass; Yerma;
Doña Rosita, the Spinster.

509.   _____ .   Five Plays: Comedies and Tragicomedies.
Translated by James Graham-Lujàn and Richard L.
O'Connell.   New York: New Directions, 1963.   VI
+ 246pp.   21cm.
Contiene: The Billy-club Puppets; The Shoemaker's
Prodigious Wife; The Love of Don Perlimplín and
Belisa in the Garden; Doña Rosita, the Spinster; The
Butterfly's Evil Spell; "Music for the Plays" (pp.   237-
246).
Es reimp. de la edición de 1954.

510.   _____ .   Five Plays: Comedies and Tragicomedies.
Translated by James Graham-Lujàn and Richard L.
O'Connel.   London: Secker, 1965.   VI + 246pp.
21cm.

511.   _____ .   Five Plays: Comedies and Tragicomedies.
Translated by James Graham-Lujàn and Richard L.
O'Connell.   Harmondsworth: Penguin, 1970.   248pp.
Música.   19cm.   (Penguin Plays)

512.   _____ .   Three Tragedies: Blood Wedding, Yerma,
Bernarda Alba, in the Authorized Translations of
Richard L. O'Connell and James Graham-Lujàn.
With an Introduction by the Poet's Brother, Francisco.
New York: New Directions, 1947.   378pp.   21cm.
(New Directions Paperbook)

513.   _____ .   Three Tragedies: Blood Wedding, Yerma,
Bernarda Alba.   Translated by James Graham-Lujàn
and Richard L. O'Connell.   Introduction by Francisco
García Lorca.   New York: New Directions, 1955.
212pp.   18cm.   (New Directions Paperbook, 52)

514.   _____ .   Three Tragedies: Blood Wedding, Yerma,

> Bernarda Alba. Translated by James Graham-Luján
> and Richard L. O'Connell. Introduction by Francisco
> García Lorca. New York: New Directions, 1956.
> 212pp. 18cm. (New Directions Paperbook, 52)

515. _____ . Three Tragedies: Blood Wedding, Yerma,
> Bernarda Alba. Translated by James Graham-Luján
> and Richard L. O'Connell. Introduction by Francisco
> García Lorca. London: Secker + Warburg, 1959.
> 216pp. 21cm.

516. _____ . Three Tragedies: Blood Wedding, Yerma,
> Bernarda Alba. Translated by James Graham-Luján
> and Richard L. O'Connell. Introduction by Francisco
> García Lorca. Harmondsworth: Penguin, 1961.
> 203pp. 18cm. (Penguin Books, PL 20)

4. Teatro--obras sueltas/Plays--Single Works

517. BELITT, Ben, trad. The Audience, ER, II (1958),
> pp. 93-107. Traducción de El público.
> Traducción de El publico.

518. REYNOLDS, Tim, trad. Buster Keaton's Promenade,
> Accent, XVII (1957), no. 3, pp. 131-133.

519. OLIVER, William I., trad. Buster Keaton's Constitu-
> tional. Translated by... [MS Microfilm copy] New
> York: Columbia University Library, 1957.

520. _____ . Chimera [MS Microfilm, no. F. 1403] New
> York: Columbia University Library, 1957.

521. REYNOLDS, Tim, trad. Chimera, Accent, XVII (1957),
> no. 3, pp. 137-139.

522. OLIVER, William I., trad. The Spell of the Butterfly.
> Translated by... [MS Microfilm no. 1403] New York:
> Columbia University Library, 1957.
> Traducción de El maleficio de la mariposa.

523. _____ . The Lass, the Sailor, and the Student.
> Translated by William I. Oliver. [MS Microfilm
> no. 1403] New York: Columbia University Library,
> 1957.
> Traducción de La doncella, el marinero y el
> estudiante.

524. REYNOLDS, Tim, trad. The Virgin, the Sailor and the Student, Accent, XVII (1957), no. 3, pp. 134-136.

525. O'CONNELL, Richard L. y GRAHAM-LUJAN, James, trad. The Love of Don Perlimplín and Belisa in the Garden. An Erotic Allelujah in Four Scenes. Translated by..., en Eric Bentley, From the Modern Repertory. Series One. Denver: University of Denver Press, 1949.
     Reimp.: en Eric Bentley, ed. From the Modern Repertory. Series One. Bloomington, Indiana: Indiana University Press, 1958, pp. 289-306.
     Vid. también nos. 508-509.

526. GRAHAM-LUJAN, James, trad. Maríana Pineda, en su Federico García Lorca: A Critical Essay on His Plays. New York: Columbia University Library, 1950.
     Manuscrito inédito.

527. _____. TDR Play Series. Edited by Eric Bentley. Mariana Pineda. A Popular Ballad in Three Prints. TDR, VII (1962), pp. 18-75.

528. OLIVER, William I., trad. The tragicomedy of Don Cristobita and Doña Rosita. Translated from the Spanish by..., en New World Writing, no. 8. Mentor Selection. New York: Mentor Books, 1955, pp. 187-219.
     Vid. también nos. 508-511.

529. CAMPBELL, Roy, trad. The Marvellous Shoemaker's Wife. [MS Microfilm no. F 1404] New York: Columbia University Library, 1957.
     Vid. también nos. 508-511.

530. HONIG, Edwin, trad. The Frame of Don Cristobal, en "Some Little Known Writings of Federico García Lorca," ND (1944), no. 8.

531. OLIVER, William I., trad. The Puppet Play of Don Cristobal. Translated by ... [MS Microfilm no. F 1404] New York: Columbia University Library, 1957. 19. 1.

532. MERWIN, W.S., trad. Billyclub's Puppets. Translated by ... [MS Microfilm] New York: Columbia University Library, 1959. 47. 1.

Vid. también nos. 509-511.

533. GRAHAM-LUJAN, James y O'CONNELL, Richard L.,
trad. The House of Bernarda Alba ... in the Authorized Translation of ... [s.l - s.f.] 23, 25, 20,
ff.
Mimeografiado. Estrenada en el teatro Anta de
Nueva York, el 7 de enero de 1951.

534. _____. The House of Bernarda Alba. Translated
by James Graham-Luján and Richard L. O'Connell,
en TAM, XXVI (1952), no. 3, pp. 50-68.
Vid. también nos. 512-516.

535. _____. Yerma, en Barry Ulanov, Makers of the
Modern Theatre. New York: McGraw-Hill, 1961.
743pp.
Vid. también nos. 508, 512-516.

536. WEISSBERGER, José A., trad. Bitter Oleander.
Translated by ... New York, 1934. 34, 25, 21pp.
28cm.
Traducción de Bodas de sangre.
Mimeografiado.
Res.: B. Atkinson, NYT (12 de febrero de 1935);
Edith J.R. Isaacs, TAM, XIX (1935), pp.
248-253.

537. NEIMAN, Gilbert, trad. Blood Wedding. Translated
by ... Norfolk, Conn.: New Directions, 1939. 61pp.
23cm. (New Directions Pamphlets, no. 5)

538. O'CONNELL, Richard L. y GRAHAM-LUJAN, James,
trad. Blood Wedding, en John Gassner, A Treasury
of the Theatre. Modern European Drama from Ibsen
to Sartre. New York: Dryden Press, 1957, vol. II,
pp. 434-455.

539. OLIVER, William I., trad. Blood Wedding [MS Micro-
film]. New York: Columbia University Library,
1957. 47. 1.

540. _____. En su tesis doctoral: Spanish Theatre: A
Study in Dramatic Discipline. Cornell University,
Ithaca, New York, 1959.
El segundo volumen contiene una traducción de
Bodas de sangre.
Vid. DA, XX, pp. 2434.

541.   O'CONNELL, Richard L. y GRAHAM-LUJAN, James,
       trad. Blood Wedding, en E. B. Watson y B. Pressey,
       eds. Contemporary Drama. Fifteen Plays. New
       York: Scribners, 1959.

542.   _____. Blood Wedding, en Angel Flores, ed.
       Spanish Drama. New York: Bantam Books, 1962.

543.   HUGHES, Langston, trad. Fate at the Wedding. A
       Play. Translated by ... [s. l. -s. f.] 60 l. 28 cm.
       Vid. también nos. 512-516.

L) ISLANDESAS/ICELANDIC

       1. Teatro/Plays

544.   SIGUROSSON, Einar Bragi, trad. Hús Bernörðu Alba.
       Sjónleikut i Premur Páttum.... pÿddi. Reykjavík:
       Bókaútgáfa Menningarsjóós, 1958. 63pp. (Leikrita-
       safn Menningarsjóos, 16)
       Traducción de La casa de Bernarda Alba.

M) ITALIANAS/ITALIAN

       1. Antologías líricas/Anthologies of Poems

545.   BO, Carlo, trad. Poesie di Federico García Lorca.
       Traduzione e Prefazione di ... Modena: Guanda
       Edit., 1940. 150pp. (Collezione Fenice, 2) Edición
       bilingüe.
           Contiene: Canción primaveral; Se ha puesto el
       sol; Campo; Cazador; Caracola; Canción de Jinete;
       Adelina de paseo; Tarde; Es verdad; Arbolé...;
       Desposorio; De otro modo; Romance de la Luna,
       Luna; Preciosa y el aire; Romance sonámbulo; La
       monja gitana; La casada infiel; San Miguel; Granada;
       Romance de la Guardia Civil española; Martirio a
       Santa Olalla; Burla de don Pedro a caballo; Thamar
       y Amnón; Baladilla de los tres ríos; Camino; La
       Lola; Memento; Baile; Escena del teniente coronel de
       la Guardia Civil; Oda al Santísimo Sacramento del
       Altar; Ruina; Muerte; Vaca; New York; Oficina y
       denuncia; Niña ahogada en el pozo; Ciudad sin sueño;
       Oda a Salvador Dalí; Llanto por Ignacio Sánchez
       Mejías.

2a. ed. Parma: Edit. Guanda, 1943. 150pp.
(Collezione Fenice, 2)
3a. ed. Parma: Edit. Guanda, 1947. 150pp.
(Collezione Fenice, 2)
4a. ed. Parma: Edit. Guanda, 1949. 217pp.
24cm. (Collezione Fenice, 2)
Contiene 40 poesias de la edición de 1940 y las
traducciones de: Gacela del amor imprevisto; Gacela
del amor desesperado; Gacela del recuerdo de amor;
Gacela de la terrible presencia; Gacela de la raíz
amarga; Casida del llanto; Casida de los ramos;
Casida de la mujer tendida; Casida de la rosa; Canción de la muerte pequeña; Poema doble del lago
Eden; Oda al rey de Harlem; Oda a Walt Whitman;
Norma y paraíso de los negros; Danza de la muerte;
Paisaje de la multitud que orina; Paisaje de la multitud que vomita; Navidad en el Hudson; Panorama ciego
de Nueva York; Nacimiento de Cristo; La aurora; El
niño Stanton; Paisaje con dos tumbas y un perro
asirio; Luna y panorama de los insectos; Cementerio
Judío; Grito hacia Roma; Gacela del amor con cien
años; Gacela del amor que no se deja ver; Gacela de
la huída; Gacela del amor maravilloso; Gacela del
niño muerto; Gacela de la muerte oscura; Gacela del
mercado matutino; Casida del herido por el agua;
Casida del sueño al aire libre; Casida de la mano
imposible; Casida de la muchacha dorada; Casida de
las palomas oscuras; Cuatro baladas amarillas; Cada
canción; Normas; Fabúla y rueda de los tres amigos;
Tu infancia en Menton; Asesinato; Cielo vivo; Nocturno del hueco; Pequeño vals vienés; Vals de las ramas;
Son de negros en Cuba; Vuelta de paseo.
4a. ed. Parma: Edit. Guanda, 1952. 217pp.
24cm. (Collezione Fenice, 2)
4a. ed. Parma: Edit. Guanda, 1953. 217pp.
24cm. (Collezione Fenice, 2)
4a. ed. Parma: Edit. Guanda, 1954. 217pp.
24cm. (Collezione Fenice, 2)
5a. ed. Parma: Edit. Guanda, 1954. 266pp.
24cm. (Fenice. Collezione Diretta da A. Bertolucci,
2)
5a. ed. Parma: Edit. Guanda, 1956. 272pp.
24cm. (Fenice. Collezione Diretta da A. Bertolucci.
Edizione Fuori Serie, 2)
6a. ed. Parma: Edit. Guanda, 1959. 437pp.
24cm. (Collezione Fenice. Edizione Fuori Serie,
2)

Contiene todas las poesías de la 1a., 2a., 3a.,
4a., y 5a. ediciones, y las poesías siguientes:
Veleta; Los encuentros de un caracol aventurero;
Canción otoñal; Canción menor; Elegía a Doña Juana
la Loca; Balada triste; Mañana; La sombra de mi
alma; Lluvia; El canto de la miel; Elegía; Santiago;
El diamante; El presentimiento; Canción para la luna;
Elegía del silencio; Balada de un día de julio; Sueño;
Paisaje; Noviembre; Preguntas; La veleta yacente;
Corazón nuevo; Madrigal; Una campana; Consulta;
Tarde; Hay almas que tienen; Prólogo; Balada interior;
El lagarto viejo; Encrucijada; Hora de estrellas; El
concierto interrumpido; Canción oriental; Chopo
muerto; Madrigal; La luna y la muerte; Los álamos
de plata; Espigas; Meditación bajo la lluvia; Ma-
nantial; Mar; Otro sueño; Encina, Invocación al laurel;
Ritmo de otoño; Nido; Otra canción; El macho cabrío.
        Reimp.: de la 3a. ed. Parma: Edit. Guanda,
1966. 2 vols. 23cm. (Collana Fenice, 1)
        7a. ed. Parma: Edit. Guanda, 1960. 437pp.
24cm. (Collezione Fenice. Edizione Fuori Serie,
2)
        8a. ed. Parma: Edit. Guanda, 1962. 437pp.
24cm. (Collezione Fenice. Edizione Fuori Serie, 2)
        9a. ed. Parma: Edit. Guanda, 1972. 4 vols.

546.   MACRI, Oreste, trad. Prime poesie e Canti gitani di
       Federico García Lorca, tradotti da... Parma:
       Guanda, 1941. 1 vol. 23cm. (Collezione Fenice,
       11)
            Contiene poesías del Romancero gitano: Reyerta,
       Romance de la pena negra, San Rafael (Córdoba),
       Prendimiento de Antoñito el Camborio, San Gabriel
       (Sevilla), Muerte de Antoñito el Camborio, Muerte
       de amor, Romance del emplazado.
            Poesía del Libro de poemas: Sueño.
            Del Poema del Cante jondo: Cuarto de Banderas.
            De Primeras canciones: Cautiva, Palimpsestos,
       Adán.
            De Canciones: Nocturno esquemático, El canto
       quiere ser luz, Fábula, El lagarto está llorando,
       Canción tonta, Canción del mariquita, La calle de
       los mudos, Murió al amanecer, Primer aniversario,
       Segundo aniversario, Lucia Martínez, En Málaga,
       El niño mudo, El niño loco, Despedida, Preludio,
       Canción inútil, Dos marinos en la orilla.
            Contiene Llanto por Ignacio Sánchez Mejías y de

Poemas sueltos: Norte, Sur, La selva de los relojes, Herbario, Omega.

547.   . Canti gitani e prime poesie. Dal Romancero gitano e dal Poema del cante jondo, Llanto por Ignacio Sánchez Mejías, da Poemas e Canciones. Introduzione, testo, versione, a cura di Oreste Macrí. Modena: Guanda, 1949. 221pp. 23cm. (Collezione Fenice, 11)

548.   . Canti gitani andalusi. Testo, versione e introduzione a cura di Oreste Macrí. Parma: Edit. Guanda, 1951. XIV + 306pp. (Collezione Fenice. Edizione Fuori Serie, 11)
Es segunda edición de la anterior.
3a. ed. Parma: Edit. Guanda, 1953. XIII + 354pp. 24cm. (Collezione Fenice. Edizione Fuori Serie, 11)
4a. ed. Parma: Edit. Guanda, 1954. XIII + 388pp. 24cm. (Collana Fenice, 11. Edizione Fuori Serie)
5a. ed. Parma: Edit. Guanda, 1957. 479pp. 23cm. (Collezione Fenice. Edizione Fuori Serie, 11)
6a. ed. Parma: Edit. Guanda, 1959. 487pp. 23cm. (Collezione Fenice. Edizione Fuori Serie, 11)
Reimp.: 1960, 1961, 1971.

549. BO, Carlo, trad. Lirici Spagnoli. Roma: Corrente, 1941. 1 vol. (Letteratura VI).
Contiene una traducción y algunas poesías de F.G.L.: Cazador, Canción de Jinete, La casada infiel, Romance sonámbulo, Ciudad sin sueño, Oda a Salvador Dalí, Oda al Santísimo Sacramento del Altar.

550. FALQUI, Enrico, ed. Poesía (1946), no. V.
Contiene 11 pianto, Arietta di Málaga, Poema doppio del lago Edem, Ballata dell'acqua di mare, Gazzella della presenza terribile, traducidas por Vittorio Bodini; Canzone della morte piccina, traducida por L. Panarese.

551. BARDI, Ubaldo, trad. Poesie di Federico García Lorca, en Carte Parlanti. Mensile d'Informazione Letteraria e Artistico. Firenze: Vallecchi, (maggio 1948). 27cm.
Contiene: Passando, Crocicchio.

552. REGINI, Gino, trad. En Orfeo, il tesoro della lirica
universale interpretato in versi italiani. A cura di
Vicenzo Errante e di Emilio Mariano. Firenze:
Sansoni, 1950. XXII + 1853pp.
      4a. ed. Firenze: Sansoni, 1954. XXII + 1853pp.
      Con traducciones de algunas poesías de F.G.L.

553. MACRI, Oreste, trad. Poesía spagnola del novecento.
A cura di ... Parma: Edit. Guanda, 1952, pp. 250-
277.
      Con traducciones de: La sombra de mi alma, El
      diamante, Los álamos de plata, Mar, Las gentes iban,
      Cancioncilla del primer deseo, Normas, Soledad, El
      poeta pide a su amor que le escriba, Soneto, Noctur-
      no del hueco, Huída de Nueva York, Pequeño vals
      vienés, Vals en las ramas, Casida del herido por el
      agua, Casida de las palomas oscuras.

2. Poemas sueltos/Single Poems

554. MACRI, Oreste, trad. Oda a Salvador Dalí, Corrente
(15 giugno 1939), p. 3.

554a. SOLMI, Sergio, trad. Poesie di Federico García
Lorca, Lettura (12 luglio 1946)
      Contiene: Rissa, Canzone, Morto d'amore,
      Spagna.

555. FORTINI, Franco, trad. Scena del Tenente Colonello
della Guardia Civile di Federico García Lorca., en
Avanti, a. LI (1947), n. 122.

556. BARDI, Ubaldo, trad. "Poesie di Federico García
Lorca," en Avanti [Roma] (22 aprile 1949).
      Contiene: Passando, Crocicchio.

556a. OLIVIERO, Luigi, trad. "Poesie di Federico García
Lorca," en FL (4 febbraio 1951)
      Contiene: Tre storielle del vento, Stampa del
      cielo.

556b. BO, Carlo, trad. Poeta a Nuova York. Introd. e
versioni di... Parma: Guanda, 1965. 115pp.
(Piccola Fenice, 21)

3. Prosa/Prose

557. ANONIMO. "Federico García Lorca, Discorso agli
attori," NCor (27 maggio 1948), p. 3.

558. BO, Carlo, trad. Prose. A cura di ... Firenze:
Vallecchi, 1954. 176pp. 21cm. (Collana Cederna)
Contiene: Santa Lucia e San Lazzaro, Decolla-
zione del Battista, Granata, Monastero di Silos, Il
Convento, Città perduta (Baeza), Settimana Santa in
Granata, Parole sul teatro, La Certosa, Clausura,
Un grido nel pomeriggio, I Crocifissi, Granata-
Albaycín, L'immagine poetica di Louis de Gongora,
Le ninnananne, Teoria e gioco del demone.

4. Teatro--antologías/Anthologies of Plays

559. BODINI, Vittorio, trad. Teatro. Prefazione e traduzione di ... Torino: Einaudi, 1952. XVII +
590pp. 22cm. (I Millenni, 20)
Contiene: Mariana Pineda, La calzolaia ammi-
revole, L'amore di don Perlimplino, Teatrino di don
Cristóbal, Aspettiamo cinque anni, Il pubblico, Nozze
di sangue, Yerma, Donna Rosita nubile, La casa di
Bernarda Alba.
2a. ed. Torino: Einaudi, 1961. XXIII + 593pp.
22cm.
3a. ed. Torino: Einaudi, 1961. XXIII + 595pp.
22cm.
4a. ed. Torino: Einaudi, 1968. XX + 552p.
22cm.

560. _____ . Tutto il teatro di Federico García Lorca,
tradotto da ... Milano: Mondadori, 1959. 448pp.
22cm. Edición distinta de la anterior.

561. BARDI, Ubaldo, trad. Teatro 1927-1928 [i.e. mille
novecento ventisette - mille novecento ventotto]. A
cura di ... Parma: Edit. Battei, 1959. 102pp.
22cm.
Contiene cuatro comedias.

5. Teatro--obras sueltas/Plays--Single Works

562. BALDO, Albertina, trad. Marina Pineda. A cura

di..., con un saggio di Oreste Macrí. Modena:
Edit. Guanda, 1942. 160pp. (Collana del Teatro
Universale)
   2a. ed. Modena: Edit. Guanda, 1946. 160pp.
(Collana del Teatro Universale)

563. LANGUASCO, Nardo, trad. Mariana Pineda. Versione
      di ... en Dramma (15 maggio 1946), nos. 12-13.

564. VITTORINI, Elio, trad. Nozze di sangue. A cura
      di ... Milano: Bompiani, 1942. 186pp. 18cm.
      (Corona. Collezione Universale Bompiani, vol. 14)
      Traducción de Bodas de sangre.
      Contiene también Lamento per Ignacio Sánchez
      Mejías, Dialogo dell'Amaro.

565. VALENTINI, Giuseppe, trad. Nozze di sangue, en
      Dramma (1 ottobre 1943), nos. 410-411, a. 19.

566. BALDO, Albertina, trad. Donna Rosita nubile di
      Federico García Lorca. A cura di..., con un
      saggio di Oreste Macrí. Modena: Edit. Guanda,
      1943. 188pp. 20cm. (Il Castello, 6)

566a. BODINI, Vittorio, trad. Il linguaggio dei fiori; ossia
       Donna Rosita nubile... Versione italiana di ...
       Milano: Ricordi, 1963. 56pp. 16cm.

567. BO, Carlo, trad. Yerma. Traduzione di ... Milano:
      Rosa e Ballo Editori, 1944. 106pp. 16cm. (Colla-
      na Teatro Moderno)

568. JACOBBI, Ruggero, trad. Yerma; dramma in 3 atti
      e 6 quadri. Traduzione e introduzione di... Roma:
      Edizioni del Secolo, 1944. 98pp. 17cm. (Ridotto.
      Serie: Teatro Straniero, 2)

568a. PICCHIO, Luciana Stengano, trad. Yerma, en Corrado
       Pavolini. Tutto il teatro di tutti i tempi, a cura di
       ... Roma: Edit. Gherardo Casini, 1953, vol. III,
       p. 657 y siguientes.

569. BODINI, Vittorio, trad. Retablillo di Don Cristobál.
      Versione italiana di ... Roma: Edit. Aretusa, 1945.
      1 vol.

570. CHIRONE, Dimma, trad. Quadretto di Don Cristobál.

Farsa per marionette. Versione italiana di..., en
Dramma, a. XXII (15 maggio 1946), nos. 12-13.

571. LANGUASCO, Nando, trad. La calzolaia amichevole.
Versione italiana di..., en Dramma, a. XXII (15
maggio 1946), nos. 12-13.

572. CHIRONE, Dimma, trad. Amore di Don Perlimplin
con Belisa nel suo giardino. Versione italiana di...,
en Dramma, a. XXII (15 maggio 1946, nos. 12-13.

572a. RECANATI, Amedeo, trad. La casa di Bernarda Alba.
Versione di..., en Dramma (1 settembre 1946), no.
14.

573. _____. La casa di Bernarda Alba. Traduzione
dallo spagnolo di... Prefazione di Vito Pandolfi.
Roma: Edit. Leo, Libreria Editrice Organizzazione,
1955. 80pp. 16cm. (Coll. "Teatro Universale")

573a. BODINI, Vittorio, trad. La casa di Bernarda Alba.
Torino: Einaudi, 1965. 63pp.

N) JAVANESAS/JAVANESE

1. Teatro--obras sueltas/Plays--Single Works

574. RAMADHAN, K. H., trad. Yerma. Drama tragis da-
lam tiga babak dan enam adegan (1934). Terdjemahan
... Dihiasi 9 vignet oleh Dahlan Djazh. Djakarta:
Balai Pustaka, 1960, 83pp. Ilustraciones.

O) NORUEGAS/NORWEGIAN

1. Poesías/Poems

575. KAURIN, Solveíg, trad. Spanake digt. Introdukojon
og utvalg av ... Oslo: J.G. Tanum, 1946. 61pp.
26cm. Ilustraciones.

P) POLACAS/POLISH

1. Poesías/Poems

576. FICOWSKI, Jerzy, trad. Poesje wybrane. Wybór

opracowý i przełożyý ... Wstepem opatrzý Stanisław
Zembrzuski. Warszawa: Pánstwowy Instytut Wydaw-
niczy, 1958. 152pp. 18cm. (Biblioteka Poetów)

2. Teatro--antologías/Anthologies of Plays

577. JASTRUM, Mieczysław y SZLEYEN, Sofia, trad.
Dramaty. Przeý: Zbigniew Biénkowski. Kraków:
Wydawnictwo Literackie, 1968. 557 + 2pp.
Contiene: Mariana Pineda, Czarujaca Szewcowa,
Kiedy minie piéc lat, Krwawe gody, Yerma czyli
Bezplodna, Panna Rosíta czyli Mowa kwiatów, Dom
Bernardy Alba.

3. Teatro--obras sueltas/Plays--Single Works

578. SLEYEN, Sofia, trad. Yerma. Warszawa, 1953.

579. _____. Panna Rosita... Warszawa, 1953.

Q) PORTUGUESAS/PORTUGUESE

1. Poesías/Poems

580. ANDRADE, Eugenio de, trad. Antología poética.
Selecção e tradução de..., cum um estudo de Andrée
Crabbé Rocha e um poema de Miguel Torga. Coim-
bra: Coimbra Editora, 1946. 167pp. port. 19cm.
Texto bilingüe

581. [ANONIMO]. Poemas, en Confronto (1947), no. 1.

582. SOUSA, Alfonso Félix de, trad. Antología poética.
Traducão e seleção de ... Río de Janeiro: Editôra
Leitura. 1966. 103pp. 23cm.

583. ANDRADE, Eugenio de, trad. Trinta e seis poemas
e uma aleluia erótica. Tradução de... Oporto:
Editorial Inova, 1968. 174pp. (Colecção as mãos
e os frutos, 1)
Vid. también no. 965.

2. Teatro--obras sueltas/Plays--Single Works

584. DRUMMOND DE ANDRADE, Carlos, trad. Dona Rosita,
       a solteira; ou a linguagem das flores. Poema gra-
       nadino do novecentos, dividido em vários jardines,
       com cenas de canto e danca. Tradução de ... Capa
       de Mílton Ribeiro. Río de Janeiro: AGIR, 1959.
       145pp. 20cm. (Teatro Moderno, 9)

585. MEIRELES, Cecília, trad. Bodas de sangue. Tragédia
       em 3 atos e 7 quadros. Tradução de ... Capa de
       Mílton Ribeiro. Río de Janeiro: AGIR, 1960.
       158pp. 20cm. (Teatro Moderno, 10)

586. CABRAL DE MELO, João, trad. A sapateira prodigiosa.
       Tradução de ... Bahia: Escola de Teatro da Univer-
       sidade de Bahia, c.1960. 59pp. 33cm.
       Mimeografiado.

587. ANDRADE, Eugenio de, trad. Amor de dom Perlimplín
       com Belisa em seu jardim. Prefácio e tradução de
       ... Porto: Delfos, 1961. 64pp. 20cm. (Collecção
       Prisma, 1)

588. MEIRELES, Cecília, trad. Yerma. Poema trágico en
       trés atos e seis quadros (1934). Tradução de ...
       Capa de Mílton Ribeiro. Río de Janeiro: AGIR,
       1963. 128pp. 20cm. (Teatro Moderno, 17)

R) RUMANAS/RUMANIAN

1. Teatro/Plays

589. 4 PIESE de teatru. Bucaresti, 1959. 451pp. 8o.

S) RUSAS/RUSSIAN

1. Antologías y selecciones/Anthologies and Selections

590. KELIN, Fedor y FEVRALSKI, A., trad. Izbrannye
       sochineniia. Moscú, 1944. 333pp. 17cm.

591. SENKEVICH, M., ASEER, N., y KELIN, F., trad.
       Teatr. [Notas de N. Medvedev y Z. Plavskin. Intro-
       ducción por F. Kelín] Moscú: "Iskusstvo," 1957.
       526pp. 23cm.

Selección de obras poéticas y dramáticas.

592. KOSTETSKII, Ihor H., ed. Vybrani Harsiiâ L'orka.
Poeziiâ Proza, Drama. [Ed. de ...] N. Ul'm: Na
hori, 1958. 131pp. port. 21cm. (Seriia "Dliâ
Amatoriv")

2. Poesías/Poems

593. [VARIOS TRADUCTORES]. Izbrannaia lirika. Moscú...,
1960. 430pp. Ilustraciones. 18cm.

594. [VARIOS TRADUCTORES]. Lirika. Perevod s Ispansko-
go. Moskva: "Khudozh. lit-ra," 1965. 182pp. port.
18cm. (Sokrovishcha Liricheskoĭ Poezii)

595. LUKASH, Mykola, trad. Liryka. Pereklav z ispans'koi
i sklav prymitki ... Kyiv: "Dnipro," 1969. 318pp.
15cm.

3. Teatro--obras sueltas/Plays--Single Works

596. KELIN, Fedor y FEVRALSKI, A., trad. Krovavaia
svad'ba. Moscú-Leningrado: "Iskusstvo," 1939.
106pp. port. 15cm. Trad. de Bodas de sangre.

597. KAGARLITSKI, A. y KELIN, Fedor, trad. Chudesnaia
bashmachnitsa. Moscu..., 1940.
Trad. de La zapatera prodigiosa.

598. KELIN, Fedor, trad. Mariana Pineda. Moscú-Leningrado: "Iskusstvo," 1944.

599. KELIN, Fedor, trad. Ierma. Moscú-Leningrado:
Iskusstvo," 1944.

T) SUECAS/SWEDISH

1. Poesías/Poems

600. LUNDKVIST, Artur, trad. Klagosäng över en tjufäkta-
res död, BLM (octubre 1939), pp. 621-626.
Trad. de Llanto por Ignacio Sánchez Mejías.

601. _____. Zigenarbalader, Horisont (1941), pp. 122-130.
Traducciones de La casada infiel, Preciosa y el aire, Romance de la Guardia Civil española.

602. KALZEN, J., trad. Antoñito el camborio, Lundagard (24 de abril de 1944), no. 6, 113ff.

603. LUNDKVIST, Artur, trad. Poet i New York i svensk tolkning och med inledning av ... Stockholm: FIB: s lyrikklubb, 1959. 91pp. port. 20cm. (FIB: s lyrikklubbs bibliotek, no. 54)

2. Teatro / Plays

604. GULLBERG, Hjalmar R., trad. Sången om en son... Stockholm: P.A. Norstedts + Söner, 1944. 107pp. + 1p. 23cm.
Contiene selecciones de Bodas de sangre.

605. _____. Blodsbröllop. Ur ett Drama Federico García Lorca, BLM (mayo de 1944), pp. 375-382.
Traducción parcial de Bodas de sangre.

606. _____, y ALIN, Karin, trad. Blodsbröllop, Yerma, Bernardas Hus. I oversattning av ... Stockhol: P.A. Norstedts + Söner, 1947. 303pp. 23cm.
Vid. también no. 1315.

U) YUGOESLAVAS / YUGOSLAVIAN

1. Poesías / Poems

607. IVANIŠEVIC, Drago, trad. Knjiga pjesama. Zagreb: Zora, 1950. 166. Ilustraciones. 17cm. (Mala Biblioteka, 65)

608. OLERINY, Vladimír, trad. Spanielske romance (výber z diela) PreloZili Stefan Zdry a Vladimír Oleriny. Slovenský: Spísovatel', 1955. 155pp.

609. KOSUTIC, Vladeta R., trad. Igra pesca i mesetza. Belgrad: Prosveta, 1969. I vol.

IV.   ESTUDIOS / STUDIES

A)   Generalidades/General

610.   TORRE, Guillermo de. Literatura europeas de van-
       guardia. Madrid: Caro Raggio, 1925. 390pp.
       20cm.
       Fuente básica para la historía del ultraísmo.

611.   COSSIO, F. de. "Ensayos. Una lectura," NdC (11
       de abril 1926).

612.   FERNANDEZ ALMAGRO, M. "Nómina incompleta de
       la joven literatura," VyP, I (1927), no. 1.

613.   GASCH, Sebastián. "Una exposició i un decorat," LA
       (31 de julio de 1927), no. 16.

614.   SUCRE, J.M. "Federico García Lorca," Ciutat (junio
       de 1927), pp. 111-112.

615.   TORRE, Guillermo de. "Federico García Lorca
       (Boceto de un estudio crítico inconcluso)," VyP, I
       (1927), no. 1.

616.   DALI, Salvador. "Manifest antiartistic," LA (marzo
       de 1928). En colaboración con Federico García
       Lorca, S. Gasch y L. Montanya.
       Traducción castellana en Gallo (abril de 1928),
       no. 2.

616a. GASCH, Sebastián. "Lorca dibujante," GL (15 de
       marzo de 1928), no. 30.

617.   GIMENEZ CABALLERO, E. "Itinerarios jóvenes de
       España: Federico García Lorca," GL (15 de junio
       de 1928).
       Entrevista

618.   SOLANA, Daniel. "Federico García Lorca," Alhambra
       (Agosto de 1929), p. 24.

619. CERNUDA, Luis. "Notas eludidas: Federico García Lorca," HM (26 de noviembre de 1931).

620. GIL BENUMEYA, Rodolfo. "Estampa de García Lorca," GL (15 de enero de 1931).

621. BARGA, Corpus. "Amor místico y amor pagano," Nación (abril de 1933).

622. Vid. VALDES, F. Letras. Notas de un lector. Madrid: Espasa-Calpe, 1933, pp. 137-138.

623. ONIS, Federico de. "García Lorca folklorista," en su Antología de la poesía española e hispanoamericana (1882-1923), por... Madrid: Centro de Estudios Históricos, 1932. XXXV + 1212pp. 20cm.
    Ref.: en RHM, VI (1940), pp. 369-371.

624. AZORIN. "Los cuatro dones," Crisol (2 de julio de 1931).
    Ref.: en Rep. A (23 de febrero de 1935).

625. Vid. BARJA, César. Libros y autores contemporáneos. New York: Stechert, 1935. VII, pp. 246-247.

626. CUCHI COLL, Isabel. Del Madrid literario - 1933-1934. San Juan: Imp. Venezuela, 1935, pp. 79-83.

627. Vid. GENTILE, Giovanni. Enciclopedia Italiana di Scienze, Lettere e Arti. Milano: Treccani, 1935, vol. XXXII, pp. 270-271.
    Contiene: Spagna, Letteratura contemporanea, García Lorca, lett. Sod-Suo.

628. HESPELT E.H. "A Survey of Spanish Literature in 1935," MLJ, XX (1936), no. 8, p. 946.

629. NOVO, Salvador. Continente vacío. Madrid: Espasa-Calpe, 1935. 252pp. 20cm.
    Sobre Federico García Lorca en Buenos Aires.

630. ORS, Eugenio D'. "Federico García Lorca," Conferencias, a.III (1935), no. 27, pp. 2 y s.

631. RIVERA, Modesto. "Federico García Lorca: Motivos naturales, Sevilla, Córdoba, Granada," Brújula, I (1935), nos. 3-4, pp. 29-34.

632. CARDOSA Y ARAGON, Luis. "Federico García
Lorca," Nacional (30 de septiembre de 1936)
Reimp.: Rep. A (7 de noviembre de 1936)

633. CASTROVIDO, R. ["García Lorca"] Liberal (29 de
septiembre de 1936)
Reimp.: Verdades (1937).

634. CHABAT, Carlos H. "Federico García Lorca,"
IndiceG (1936), no. 3, pp. 33-36.

635. "FEDERICO García Lorca," en Palabra, I (1936),
no. 2, p. 13. Poesía de Emilio Champion y prosa
de José María Argüedas, Augusto Tamayo Vargas,
José Alvarado Sánchez y Alberto Tauro.

636. "GARCIA Lorca, inmortal," en Claridad, XV, (1936)
nos. 306-307, 1 p. sin numerar.

637. "FEDERICO García Lorca y Gabriel Celaya," en
Rafael Múgica Journal Intime (8 de marzo de 1936).
Cit. por M. Laffranque, "Conférences, déclarations et interviews oubliées," BH, LX (1958), no. 4,
p. 536.

638. GONZALEZ CARBALLO [sic]. "García Lorca," Pan
(14 de octubre de 1936).
Reimp.: Verdades (enero de 1936), pp. 11-12.

639. LATCHAM, Ricardo A. "Notas sobre García Lorca,"
Atenea, XXXVI (1936), no. 136, pp. 13-22.

640. SOUVIRON, J.M. "Federico García Lorca," Hoy (1
de octubre de 1936).

641. SAENZ, Carlos Luis. "Federico García Lorca,"
Rep. A, (29 de septiembre de 1936).
Reimp.: SECH, I (1936), no. 3, p. 9.
En Poema del cante jondo. Madrid,
1937, pp. 125-28.
En Antología selecta de Federico García
Lorca. Buenos Aires, 1937. Vid.
no. 18.
En Rep. A, (15 de marzo de 1941), p.
70.

642. TORRES RIOSECO, A. "García Lorca," Rep. A (17
de noviembre de 1936).

643. ABRIL, X "Federico García Lorca," en Descubri-
miento del alba. Lima, 1937, pp. 30-31.

644. ACHURY VALENZUELA, D. "Devoción y meditación
de Federico García Lorca," RI (1937), no. 5, pp.
35-40.

645. AGUIRRE GALNSBORG, J. "Federico García Lorca
verídico," Pan, III (1937), no. 113, pp. 6-7.

646. ALCAIDE SANCHEZ, Juan. "Enterramiento del conde
de Orgaz. García Lorca," RABA, LXX (1937),
pp. 148-149.

647. ALDUNATE PHILLIPS, Arturo. Federico García
Lorca a través de Margarita Xirgu. Santiago de
Chile: Edit. Nascimiento, 1937. 74pp.

648. ALEIXANDRE, Vicente. "Federico," HdE, VII (1937),
pp. 43-45.
Reimp.: Orto, XXVI (1937), pp. 138-140.

649. ALEX URRUTIA ARTIEDA, M. "Federico García
Lorca," Claxón, IV (1937), no. 41.

650. ASSAF, J.E. "García Lorca," Criterio, XXXIII
(1937), p. 333.

651. BARELLA IRIARTE, C. "Federico García Lorca,"
TyL (1937), no. 10, pp. 45-58.

652. BARRERA, Claudio. "La corona de García Lorca,"
Tegucigalpa, CXLII (1937), no. 566, p. 7.

653. BENGE, Frances Lemoyne. "Federico García Lorca,"
NDem, XVIII (1937), no. 5, pp. 21-22.

654. BIANCO, José. "García Lorca en el Odeón," Sur,
XXXII (1937), pp. 75-80.

656. CAMINO, Juan del. ["Federico García Lorca"] Rep.
A (2 de octubre 1937).

657. [ANONIMO] "Federico García Lorca," Estudios, XV
(1937), no. 164, pp. 16-17.

658. FERRE, G. "Federico García Lorca," NRC, XXI
(1937), pp. 24-32.

659. HERNANDEZ CATA, A. "El ayer y el mañana en la obra de Federico García Lorca," Ultra, III, (1937), pp. 197-198.

660. IBANEZ, Roberto. "Federico García Lorca," Ensayos, II (1937), no. 16.

661. MONCAYO, Hugo. Conferencias - Federico García Lorca. Quito: Edit. Grupo América, 1937. 79pp. (Publicación del Grupo América, 2)
    Contiene también selecciones de Romancero gitano, Cante jondo, Canciones, Llanto por Ignacio Sánchez Mejías, Bodas de sangre etc.

662. PEÑA BARRENECHEA, R. "Estructura y contenido del texto de García Lorca," La Crónica (17 de enero de 1937), pp. 19-20.

663. PORTOGALO, José. "Centinela de sangre (A Federico García Lorca)," Buenos Aires, 1937. [Vid. P. Palant], en Conducta (1939), no. 5, pp. 29-30.

664. ORIBE, Emilio. "Federico García Lorca," AA, a. XXVI (1937), no. 301.

665. ROA, R. "Federico García Lorca," Rep. A (12 de diciembre de 1936).
    Reimp.: RI (marzo de 1937), no. 5, pp. 42-45.

666. SAENZ, Vicente. "Consideraciones sobre la civilización occidental a propósito de Federico García Lorca," Rep. A (18 de diciembre de 1937).

667. SANCHEZ BARBUDO, A. "García Lorca," HdE (1937), no. 5, pp. 71-72.

668. SPITZER, Leo. "Nota sobre la poesía y el teatro de Federico García Lorca," Atenea, XXXVIII (1937), no. 143.

669. SUERO, Pablo. "La madre," en Antología selecta de Federico García Lorca. Buenos Aires, 1937.
    Vid. no. 18.

670. URIBE-ECHEVARRIA, Juan. "Notas sobre la poesía y el teatro de Federico García Lorca," Atenea, XXXVIII (1937), no. 143, pp. 162-177.

Estudios

671. _____ . "Poesía y teatro de Federico García Lorca," Universidad, IV (1937), no. 19, pp. 12-15.

672. TZARA, Tristán. "Por el camino de las estrellas de
mar," HdE, (1937) no. 10, pp. 35-40.

673. VALBUENA PRAT, A. Historia de la literatura
española. Barcelona, 1937, t. II, pp. 969-970.

674. VERDADES. San Juan, Puerto Rico, 1937. 34pp.
_____ Contiene artículos críticos y biográficos y selecciones de la obra del poeta.

675. ARIEL. "García Lorca, el poeta del pueblo," La
Voz (1 de septiembre de 1938).

676. ARZARCELLO, Sofía. "Federico García Lorca,"
Alfar, XVI (1938), no. 78.

677. PEREDA VALDES, I. "García Lorca y la muerte,"
NDem, XIX (1938), no. 9, p. 22.
Reimp.: Tegucigalpa, CLIII (1938), no. 612,
p. 13.

678. PRAMPOLINI, Giacomo. Storia Universale della
Letteratura. Torino: Unione Tipografica Editrice
Torinesa, 1938, XVI, vol. III, pp. 278-286.
Contiene un ensayo sobre F.G.L.

679. BABIN, María Teresa. "La metáfora y la imagen en
García Lorca," Isla, I (1939), no. 3, pp. 11-12.

679a. _____ . Federico García Lorca y su obra. Diss.
San Juan, Puerto Rico, 1939. 279pp.
Disertación para el grado de Maestro en Artes,
Universidad de Puerto Rico.

680. BAUS, F. "Apreciación sobre Federico García
Lorca," UniversalC (23 de abril de 1939).

681. CHIRRE DANOS, R. "Federico García Lorca,"
Sustancia, I (1939), no. 2, pp. 212-234.

682. JUNCO, A. "Tercia de Ases," UniversalM (30 de
diciembre de 1939).

683. LAZARO, A. "Federico García Lorca," en su La

verdad del pueblo español. San Juan, P.R., 1939,
pp. 103-108.
Artículo publicado anteriormente en RGC (noviembre de 1936).

684. PANDOLFI, Vito. "Lorca creatore di un'atmosfera
viva," en su Spettacolo del secolo. Pisa: Nistri
e Lischi, 1939.

685. VIAN, Cesco. "Note sulla poesia e il teatro di
Federico García Lorca," VeP (febbraio 1939).

686. WILLIAMS, William C. "Federico García Lorca,"
KR, I (1939), pp. 148-158.

687. HERNANDEZ, J.A. "El lenguaje y el poeta," Tres
(1940), no. 6, pp. 74-79.

688. RIVAS SAINZ, Arturo. "García Lorca y la metáfora,"
Prisma (1 de abril de 1940)

689. _____. "Poesía y destrucción," Prisma (1940).

690. ALBERTI, Rafael. "Federico García Lorca en Sevilla," Saber, II (1941), no. 14, pp. 12-13.
Reimp.: en Heraldo (17 de noviembre de 1941).

691. _____. "Federico García Lorca y la Residencia de
Estudiantes (Madrid)," RI (1941), no. 30, pp. 5-13.

692. BERENGUER CARISOMO, A. "Las máscaras de
Federico García Lorca," RAPE, XIII (1941), no.
154, pp. 11-16; no. 155, pp. 17-24; no. 156, pp.
20-27; no. 157, pp. 24-30; no. 158, pp. 16-24;
no. 161, pp. 21-24; no. 162, pp. 21-24; no. 165,
pp. 20-24; no. 168, pp. 29-32.
Reimp.: Buenos Aires: Talls. Gráficos Ruiz
Hermanos, 1941. 211pp.
2a. ed. Buenos Aires, 1969. 175pp.

693. CAMPUZANO, J.R. "La sensibilidad infantil de
García Lorca," LMex, III (1941), no. 2, p. 4.

694. KOENENKAMPF, Guillermo. "Reflexiones sobre
García Lorca," Atenea, a. SVII, t. LXU (1941),
no. 195, pp. 440-447.

695. RUKEYSER, Muriel. "Lorca in English," KR (Winter 1941), pp. 123-127.

696. SALINAS, Pedro. Literatura española del siglo XX. México: Edit. Séneca, 1941. 352pp. (Colección Lucero)

697. SUAREZ CALIMANO, E. [Sobre Arturo Berenguer Carisomo: Las mascaras de Federico García Lorca] Nosotros, VI (1941), no. 67, pp. 108-111.

698. TORRE, Guillermo de. "La literatura española contemporánea," en Prapolini: Historia Universal de la Literatura. Buenos Aires: Utheu, 1941, t. VI.

699. VIAN, C. y BOSELLI, C. Storia della Letteratura Spagnola. Milano: Lingue Estere, 1941, pp. 253-255.

700. BAREA, Arturo. "Notes on Federico García Lorca," Horizon (March 1942), pp. 190-209; (April 1942), pp. 276-293.

701. DALI, Salvador. The Secret Life of Salvador Dalí, by..., Translated by Haakon Chevalier. New York: Dial Press, 1942. VII + 400pp.
Reimp.: New York: Dial Press, 1961. 417pp. 26cm.

702. MORENO VILLA, José. "Instantes musicales con García Lorca," RMM, I (1942), no. 10, pp. 223-224; no. 11, pp. 245-246.

703. ANDRADE, Raúl. Gobelinos de niebla. Tres ensayos literarios. Quito: Tall Gráfs. de Educación, 1943. 131pp.
Contiene un ensayo sobre: "García Lorca: "Alegoría de España yacente."

704. KELIN, Fedor. "Federico García Lorca," LI, II (1943), no. 9, pp. 50-55.

705. PRESENCIA de García Lorca. Prólogo y selección de Agustín Bartra. "Oda a Federico García Lorca," por Pablo Neruda.
Vid. no. 129.

706. [ANONIMO] "García Lorca en la Unión Soviética,"
     Cervantes, XIX (1944), no. 4, pp. 11 y 86.

707. CARDOZA Y ARAGON, L.   Apolo y coathcue - Ensa-
     yos.   México: Edit. "La Serpiente Emplumada,"
     1944.   202pp.

708. GALLEGO MORELL, Antonio.   "Gallo, revista de
     Granada.   Vanguardistas y 'putrefactos' y gallo y
     contragallo," EL (30 de abril de 1944).

709. PEERS, E. Allison.   "Aspects of the Art of Lorca,"
     BSS, XXI (1944), no. 81, p. 19.

710. BABIN, María Teresa.   "Narciso y la esterilidad en
     la obra de García Lorca," RHM, XI (1945), nos.
     1-2, pp. 48-51.

711. LORENZONI, Piero.   Letteratura Spagnola.   Firenze:
     Universitaria, 1944-45, pp. 98-107.
          Contiene: "La poesía moderna; Poesía de Fede-
     rico García Lorca" y algunas traducciones de Carlo
     Bo.

712. TORRE, Guillermo de.   "Expansión de Lorca y el
     problema de las traducciones," Nación (21 de octubre
     de 1945).

713. CASTILLO, Abel Romeo.   "Federico García Lorca,"
     LdE, II (1946), no. 15, pp. 3-4.

714. PANDOLFI, Vito.   "Poesia e dramma nell'opera di
     Lorca," Dramma (1946), nos. 19-20.

715. VITTORINI, Elio.   "Federico García Lorca," Lettura
     (13 luglio 1946).

716. VIAN, C. y BOSELLI, C.   Storia della Letteratura
     Spagnola.   Milano: Ediz. Lingue Estere, 1946,
     pp. 253-255.

717. FEDERICO García Lorca.   Une étude, par Louis
     Parrot, avec la collaboration de Marcelle Schveitzer
     et Armand Guibert.   Paris: Seghers, 1947.   216pp.
     Ilustraciones.   16cm.   (Poètes d'aujourd'hui, 7)
          Reimp.: Paris: Seghers, 1949.   216pp.   16cm.;
     Paris, 1952.

718. FORTINI, Franco. "García Lorca," Avanti [Roma]
      (1947), a. LI, no. 122.

719. TORRENTE BALLESTER, G. Literatura española
      contemporánea (1898-1936). Madrid: A. Aguado,
      1947. 464pp.

720. VIGORELLI, Giancarlo. "Lorca nostra leggenda,"
      Sipario, a. II (1947), no. 20.

721. AUBRUN, Charles V. "Sur Federico García Lorca,"
      Iberia a. III (Mars 1948), fasc. VIII, pp. 10-14.

722. BEMBERG, Lydia. "Federico García Lorca," Hon-
      durasR (julio de 1948), pp. 12, 19-20.

723. BO, Carlo. Carte Spagnole. Firenze: Marzocco,
      1948, p. 87.
      Contiene un ensayo sobre F. G. L.

724. DIONISIO, Mario. "Lorka em Lisboa," Itinerario,
      VIII (1948), pp. 75-76.

725. TORRE, Guillermo de. La aventura del orden.
      Buenos Aires: Edit. Losada, 1948. 190pp.

726. YOUNG, Stark. Immortal Shadows. New York: Hill
      et Wang, 1948. 270pp.

727. APARICIO, Antonio. "Federico García Lorca y su
      época," Atenea, XCIII (1949), no. 286, pp. 41-61.

728. AZPURUA AYALA, Ricardo. "Palabras sobre Fede-
      rico García Lorca," CU (1949), nos. 14-15,
      pp. 111-115.

729. BOWRA, Sir Cecil M. The Creative Experiment.
      London: Macmillan and Co., 1949. 255pp.
      Vid. pp. 189-253.

730. CORREA, Gustavo. "Estudios estilísticos sobre
      Federico García Lorca," RI, XXXIV (1949), no.
      197, pp. 185-196.

731. CARRILLO, José. Ensayos literarios y didácticos.
      México: Tip. Mercantil, 1949. 303pp.

731a. PRIETO, Gregorio. "Historia de un libro," CHA
      (1949), no. 10.
      Poemas de F.G.L. y dibujos de Gregorio Prieto
      que no se llego a publicar.

732. SCHVEITZER, Marcelle. Souvenir sur Federico
      García Lorca, musicien. Paris: Seghers, 1949.

733. TORRES RIOSECO, A. New World Literature. Los
      Angeles: University of California Press, 1949.
      250pp. 23cm.

734. BECK, Enrique. "Der Dichter un sein Werk.
      Ubersetzung - Probleme bei Federico García
      Lorca," Monat, III (1950), pp. 269-280.

735. CUARTAS ARBOLEDA, Conrado. "Símbolo en la
      poesía de Federico García Lorca," UdA, XXIV
      (1950), pp. 541-547.

735a. DE ANGELIS, R.M. "García Lorca," NI (30 de no-
      viembre de 1950).

736. DEVOTO, D. "Notas sobre el elemento tradicional en
      la obra de García Lorca," RdF, II (1950), no. 3,
      pp. 292-341.

737. TAYLOR, Leticia S. "Federico García Lorca,"
      Hispania, XXXIII (1950), pp. 33-36.

738. TREND, J.B. "Federico García Lorca," BIE (1950),
      no. 10, pp. 12-16.

739. BODINI, Vittorio. "Lorca," FL (4 febbraio 1951).

740. BRENAN, Gerald. The Face of Spain. New York:
      Grove Press, 1951. 310pp. 21cm.
      Reimp.: New York: Grove Press, 1957. 310pp.
      21cm. (An Evergreen Book, E - 51)

741. COHEN, Pincus. Federico García Lorca: An Analy-
      sis of his Major Themes in Relation to his Poetry
      and Drama. Rochester, New York, 1951. vi +
      133pp.
      Tesis de la Universidad de Rochester, N.Y.

742. COUFFON, Claude. "Federico García Lorca," FLit
      (16 de agosto de 1951).

743. DIAZ PLAJA, Guillermo. Modernismo frente a no-
venta y ocho. Madrid: Espasa-Calpe, 1951. 366pp.
2a. ed. Madrid: Espasa-Calpe, 1966. 366pp.

744. GARCIA LORCA, Francisco. "El mundo de Federico
García Lorca," Ddh (26 de agosto de 1951).

745. HATZFELD, H.A. Superrealismo. Observaciones
sobre pensamiento y lenguaje del superrealismo en
Francia. Buenos Aires: Edit. Argos, 1951. 159pp.
21cm. (Biblioteca Argos. La Crítica Literaria)

746. HESPELT, E. Herman. An Outline History of Spanish-
American Literature. New York: Crofts and Co.,
1951. 170pp.

747. PAPINI, Giovanni. Il Libro Nero. Firenze: Vallecchi,
1951, pp. 209-212.
Reimp.: Firenze: Vallecchi, 1957.
Contiene un ensayo sobre F.G.L.

748. VIAN, Cesco. Federico García Lorca Poeta e
Drammaturgo. Milano: Università Cattolica, 1951.
144pp.
Tesis. Litografiada.

749. TORRE, Guillermo de. La aventura del orden.
Buenos Aires: Losada, 1951. 322pp.
Ensayos sobre Unamuno, Ortega, García Lorca,
Machado, León Felipe, etc.

750. ALONSO, Dámaso. "Federico García Lorca y la
expresión del español," en Poetas españoles contemporáneos. Madrid: Edit. Gredos, 1952, pp. 271-
280.
Reimp.: Madrid: Gredos, 1958.
Ref.: en su Antología crítica. Selección, prólogo y notas de Vicente Gaos. Madrid: Escelicer,
1956. 334pp. 19cm. (Col. 21, 9)

751. COUFFON, Claude. "Federico García Lorca," ELib,
(6 de junio de 1952), no. 13.
Reimp.: NDem, XXXIII (1953), no. 3, pp. 64-81.
Anales, LXXXI (1953), pp. 297-323.

752. GALLO, Ugo. Storia della Letteratura Spagnola. Milano: Accademia, 1952, pp. 657-669.

753. PAPPARATTI, Giovanni. "Federico García Lorca,"
      GdI (11 novembre 1952).

754. BENTLEY, Eric. "El poeta en Dublín," Asomante,
      VIII (1953), no. 2, pp. 44-58.

755. DIDDI, Mario. "La fiera di Federico García Lorca,"
      II (ottobre 1953), p. 55.

756. LAFFRANQUE, Marie. Federico García Lorca.
      Estudio sobre su estética. Toulouse: Faculté des
      Lettres, 1953.
      Tesis inédita.

757. PRADAL RODRIGUEZ, G. "Las cosas de Federico
      García Lorca," CA, XII (1953), no. 5, pp. 271-
      280.

758. SOUCHERE, E. de la. "Panthéisme de García Lorca,"
      Simoun (1953), nos. 11-12.

759. [ANONIMO]. "Obras completas de García Lorca,"
      NacionalC (31 de julio de 1954).
      Reimp.: PE (1954), no. 36.

760. Vid. ALEIXANDRE, Vicente. "Federico," en Fe-
      derico García Lorca: Obras completas. Madrid:
      Aguilar, 1954, pp. 1509-1511.

761. CANO, José Luis. "Federico García Lorca: Obras
      completas," Insula (noviembre de 1954).

762. DIETERICH, A. "Eine spanische Lorca - Gesamtausga-
      be," Aachenen (16 de diciembre de 1954).
      Reimp.: RPost (16 de noviembre de 1954).
      Presse (12 de enero de 1954).

763. Vid. HEINEY, Donald. Contemporary Literature.
      New York: Barron's Educ. Series, 1954. 553pp.

764. LO PRESTI, Liliana. "García Lorca en Italia,"
      Alcalá (10 de noviembre de 1954).

765. MORALES, Rafael. "Federico García Lorca: Obras
      completas," Ateneo (15 de agosto de 1954).

766. OSTERTAG, Hansjörg. "Die Erste Lorca-Gesamtausgabe, in Spanien," Dokumente (diciembre de 1954), no. 6.

767. PILLEMENT, G. [Sobre Guillermo de Torre: Tríptico del sacrificio] CCLC (mayo-junio de 1954), no. 6, pp. 166-167.

768. SANTOS TORROELLA, R. "Federico García Lorca," NumeroF, a. III (16 gennaio 1954), no. 1.

769. TITONE, Virgilio. "Federico García Lorca," LMod (settembre-dicembre 1954).

770. Vid. VIAN, Cesco y BOSELLI, C. Storia della Letteratura Spagnola. Firenze: Valmartina, 1954, pp. 245-256.

771. ALMULY, Camille. "Lorca, poète andalou, espagnol, universel," ICE, a. X (1 de febrero de 1955), no. 109.
    Conferencia.

772. AYAX. "Federico García Lorca: Obras completas," Tiempo (28 de marzo de 1955).

773. CAMP, Jean. La Letteratura Spagnola. Milano: Garzanti, 1955, pp. 106-107. (Coll.: "Saper tutto")

774. ELIADE, Mircea. Imágenes y símbolo. Ensayos sobre el simbolismo mágico-religioso. Versión española de C. Castro. Madrid: Taurus, 1955. 196pp. 22cm. (Ensayistas de hoy, 1)
    Trad. inglesa por Philip Mairet. Images and Simbols. Studies in Religious Simbolism. London: Harvil Press, 1961. 189pp.

775. FALQUI, Giuseppe Carlo. "Tutto García Lorca," Idea, a. VII (10 aprile 1955), no. 115.
    Reimp.: LdI (14 aprile 1955).

776. MUÑOZ CORTES, M. y GIMENO CASALDUERO, J. "Notas sobre el diminutivo en García Lorca," Archivum, IV (1954), pp. 277-304.

777. TORRE, Guillermo de. "Federico García Lorca en una nueva edición," NacionalC (31 de marzo de 1955).

778. VALVERDE, José María. Storia della Letteratura
      Spagnola. Roma: Radio Italiana, 1955, pp. 295-
      303.
      Contiene un ensayo sobre F.G.L. y algunas
      poesías traducidas por Francesco Tentori.

779. VEGA PICO, J. "Federico en tres dimensiones,"
      España (4 de marzo de 1955).

780. VON KUEHNEL-LEDDIHN, Erick. "Letter," Common-
      weal, LXII (September 23, 1955), p. 615.

781. ALEIXANDRE, Vicente. ["Federico García Lorca"]
      VU (1956), no. 240.

782. BARTOLON, Liliana. "Si parla di García Lorca,"
      VeP (ottobre 1956), p. 718.

783. CALTOFEN, R. "Der Sänger des Volkes Federico
      García Lorca," DRdsch, LXXXII (1956), pp. 766-
      770.

784. GIL, PASCUAL. "García Lorca en la poesía y en el
      teatro españoles," CCLC (septiembre-octubre de
      1956), no. 20, pp. 36-40.

785. HORNSTEIN, Lillian. The Readers Companion to
      World Literature. New York: Mentor Books, 1956.
      493pp.

786. HORST, K.A. Beiträge zum Bild Federico García
      Lorcas," Merkur, X (1956), pp. 493-496.

787. I. I. "Federico García Lorca," CCLC (septiembre-
      octubre de 1956), no. 20, p. 32.

788. LAFFRANQUE, Marie. "L'engagement de Lorca,"
      FO (16 de agosto de 1956).

789. _____. [Res.: Sobre Federico García Lorca:
      Obras completas. Madrid: Aguilar, 1954]. BH,
      LVIII (1956), no. 3, pp. 366-372.

790. MACRI, Oreste. "García Lorca," Caffè (aprile 1956),
      no. 4.

790a. _____. "L'ultimo scritto di Lorca," QIA, III
      (1956), no. 19-20, p. 244.

Ref.: NCor (13 gennaio 1956); Caffè (febbrario 1956).

791. PUCCETTI, Roland. "Lorca and Arab Andalusia," MEF, XXXI (July 1956), pp. 22-25.

792. TORRE, Guillermo de. Las metamorfosis de Proteo. Buenos Aires: Edit. Losada, 1956. 334pp. 19cm.

793. ANDERSON IMBERT, E. "Que el caballo no quiere beber," Sur (1957), no. 244, pp. 58-59.

794. CAHN, Alfredo. "García Lorca en alemán," Nación (3 de marzo de 1957).

795. GARCIA-ABRINES, Luis. "Sobre un caso de laísmo en García Lorca," RHM, XXIII (1957), pp. 305-306.

796. MORA GUARNIDO, José. "El juglar," Entregas, IV (1957), nos. 9-10, pp. 147-154.

797. PRADAL RODRIGUEZ, G. "La paloma y el leopardo o lo humano y lo inhumano en la obra de Federico García Lorca," CA, XVI (1957), no. 4, pp. 193-207.

798. RIVAS CHERIF, C. "Poesía y drama del Gran Federico," Excelsior (6 y 27 de enero de 1957). Suplemento dominical.

798a. GUEREÑA, J. L. "Federico García Lorca et les lettres françaises: 1936-1956," LMod (Marzo-Aprile 1958), pp. 50-52.

799. POMES, Mathilde. "Le paganisme de Lorca," Europe (Jan.-Feb., 1958), pp. 167-169.

800. SALINAS, Pedro. Ensayos de literatura hispánica, del "Cantar de mío Cid" a García Lorca. Edic. y prólogo de Juan Marichal. Madrid: Aguilar, 1958. 440pp. (Ensayistas Hispánicos)

801. BARDI, Ubaldo. "La fortuna di Federico García Lorca in Italia dal 1935 al 1958," RLC, a. XXXIII (1959), no. 3, pp. 422-425.

802.   . "Dove va la cultura spagnola?," Palcosce-
     nico (marzo-aprile-maggio 1959), no. 73.

803.   . "García Lorca ('Taccuino')," PL (17
     ottobre 1959), a. V, no. 19. Suplemento Corriere
     dell'Adda. Lodi.

804. DEVOTO, D. "Lecturas de García Lorca," RLC, a.
      XXXIII (1959), no. 4, pp. 518-528.

805. MCVAN, Alice Jane. Antonio Machado. New York:
      Hispanic Society, 1959. 256pp.

806. NERUDA, Pablo. Discurso al Alimón sobre Rubén
      Darío y Federico García Lorca. [Nicaragua]
      Semana Dariana, 1959. 15pp.

807. SPERATTI PINERO, Susana Ema. "Los niños en la
      obra de F. García Lorca," RUSP, I (1959), no. 4.

808. [ANONIMO]. "Lorca Cycle Set for Bow," JA (15 de
      noviembre de 1960), p. 17.

809. BARDI, Ubaldo. "Federico García Lorca," Ridotto
      (settembre 1960), no. 9, pp. 54-55.

810.   . "García Lorca in Italia," FLit (27 novem-
      bre 1960), no. 48, p. 5.

811. GRANELL, Eugenio F. "Idea de escritores y pintores
      españoles." New York: Columbia University, 1960.
      Conferencia del 20 de julio de 1960, Hispanic In-
      stitute, New York.

812. SOMMAVILLA, Guido y COLOMBO, Achille. "Dei e
      demoni di Federico García Lorca," Letture, XV
      (1960), pp. 163-182.

813. SPERATTI PINERO, Susana Ema. "La frustración en
      la obra de Federico García Lorca," RUSP, II (1960),
      no. 1.

814. STARKIE, Walter F. "The Demons of García Lorca,"
      SRev, XLIII (November 26, 1960), p. 49.

815. TELLO, Jaime. "La literatura española vista por un
      inglés," RNC, XXIII (1960), nos. 142-143, pp. 64-
      77.

Idem: CHA (1958), no. 34, pp. 102-112.
Sobre el libro de J.B. Trend: Lorca and the
Spanish Poetic Tradition. New York-Oxford: Mac-
millan, 1956. 178pp.

816. CANO, José Luis. [Artículo sin título]. Gaceta
(agosto de 1961).

817. COMINCIOLI, Jacques. "En torno a García Lorca."
Vid. no. 10.

818.   . "Federico García Lorca y el folklore,"
CHA (junio de 1961), no. 138, pp. 47-58.

819. CHANDLER, Richard E. y SCHWARTZ, K. A New
History of Spanish Literature. Baton Rouge: Loui-
siana State Univ. Press, 1961. 696pp.

820. FALCES, A. "Lo religioso en la obra de García
Lorca," HyD (1961), no. 305, pp. 275-282.

821. FRATTONI, Oreste. La forma en Góngora y otros
ensayos. Rosario: Univ. Nacional del Litoral.
Fac. de Filosofía y Letras, 1961. 145pp. 23cm.
Ensayos sobre Góngora, Herrera, Cervantes,
García Lorca y Dante.

822. KOVACCI, Ofelia y SALVADOR, Nélida. "García
Lorca y su Leyenda del tiempo," Filología, VII
(1961) [pub. 1963], pp. 77-105.

823. LOPEZ MORILLAS, Juan. Intelectuales y espirituales:
Unamuno, Machado, Ortega, García Lorca, Marías.
Madrid: Rev. de Occidente, 1961. 255pp. 20cm.

824. MAGARINOS, Santiago. "García Lorca y la muerte,"
RNC, XXIV (1961), no. 148, pp. 107-115.

825. TORRENTE BALLESTER, C. Panorama de la literatura española contemporánea. Madrid: Edit.
Guadarrama, 1961. 882pp.

826. TYNAN, Kenneth. Curtains. New York: Atheneum,
1961. 496pp.

827. BAYON, Danián C. "García Lorca en Francia,"
Asomante, (1962), no. 1, pp. 94-101.

828.   BELLINI, Giuseppe. "Lorca en Italia," Asomante,
       XVIII (1962), no. 1, pp. 102-105.

829.   DORESTE, Ventura. "Lorca, redivivo," Insula, XVII
       (1962), no. 191, p. 3.
       Sobre José Luis Cano: García Lorca...

830.   DURAN, Manuel. "García Lorca, poeta entre dos
       mundos," Asomante, XVIII (1962), no. 1, pp. 70-77.

831.   _____. Lorca. A Collection of Critical Essays.
       Englewood Cliffs, New Jersey: Prentice-Hall, 1962.
       181pp.

832.   GUILLEN, Jorge. "Federico García Lorca," Merkur,
       XVI (1962), pp. 816-834.

833.   HONIG, Edwin. "Lorca to Date," TDR, VII (1962),
       no. 2, pp. 120-126.

834.   MARTINEZ LOPEZ, E. "Aljibe y surtidor o la
       Granada de Federico García Lorca," LT (1962),
       no. 40, pp. 11-45.

835.   TORRE, Guillermo de. La aventura estética de
       nuestra edad. Barcelona: Seix Barral, 1962.
       350pp. 18cm. (Biblioteca Breve)

836.   VELAR, Sergio. "Los toros, el sexo y la muerte
       (Apuntes a modo de introducción al tema)," Sur
       (septiembre-diciembre de 1962), no. 278, pp. 36-
       43.

837.   ALVAREZ DE MIRANDA, A. La metáfora y el mito.
       Madrid: Taurus, 1963. 70pp. 19cm. (Cuadernos
       Taurus, 49)

838.   BODINI, Vittorio. I poeti surrealisti spagnoli. Saggio
       introduttivo e antologia. Torino: Edit. Einaudi,
       1963. CXXIII + 508pp. 23cm.

839.   CANNABRAVA, Euryalo. Estética da crítica. Río
       de Janeiro: Ministério da Educaçao e cultura.
       Serviço de documentaçao, 1963. 323pp. (Letras e
       Artes, 13)
            Ensayos sobre Renault, G. Rosa, J. de Lima,
       García Lorca, etc.

840. SESE, B. "Le sang dans l'univers imaginaire de
     Federico García Lorca," LNL (1963), no. 163.

841. BOSCH, R. "El choque de imágenes como principio
     creador de García Lorca," RHM, XXX (1964),
     pp. 35-44.

842. DALI, Salvador. Journal d'un génie. Paris: La
     Table Ronde, 1964, pp. 81-87.

843. FEDERICO García Lorca. Etudes par Armand Guibert
     et Louis Parrot, poèmes, documents bibliographie,
     dessins de Federico García Lorca. Paris: Seghers,
     1964. 221pp. 16cm. (Poètes d'auhourd'hui, 7)
     Bibliografía, pp. 211-215.

844. GONZALEZ CLIMENT, A. Flamencología, toro, cante
     y baile. Madrid: Escelicer, 1964. 461pp. 19cm.
     (Colección 21, 36).
        Prólogo de José María Peman.

845. OLIVER, William I. "The Trouble with Lorca," MD,
     VII (1964), pp. 2-15.

846. PEREZ DE CALLEJA, A. "El sentido de la honra
     en García Lorca," NE (1964), no. 29, pp. 247-252.

847. RIO, E. Del. "Dios en García Lorca," RyF, CLXX
     (1964), pp. 490-494.

848. SAMATAN, M.E. "El tema de la mujer en García
     Lorca," USF (1964), no. 60, pp. 55-69.

849. [ANONIMO]. "Sketches of the Banned," Time, LXXXVI
     (August 20, 1965), p. 50.
        Sobre los dibujos de García Lorca.

850. ASTURIA, Miguel A. "Federico García Lorca y los
     putrefactos," HC, XXII (agosto de 1965), p. 20.
        Reimp. Día (19 de septiembre de 1965), p. 9.

851. BONESCHI, Francesco. "Federico García Lorca,"
     Idea, XXI (1965), pp. 112-115.

852. FRAZIER BRENDA, D. "La mujer en la obra de
     Federico García Lorca," RUM, XIV (1965), pp. 204-
     205.
        Resumen de su tesis doctoral.

853. LICHTMAN, Celia Schmukler. Federico García Lorca: A Study in Three Mythologies. New York, 1965. DA, XXVII, p. 777-A.

854. MARINELLO, Juan. "Du nouveau sur Federico García Lorca," Europe (1965), nos. 437-438, pp. 133-155.

855. SANTARENO, Bernardo. "Federico García Lorca e O segundo século de oiro," Espiral (1965), nos. 6-7, pp. 106-114.

856. SERRANO PONCELA, Segundo. "Lorca y los unicornos," Insula, XX (1965), no. 231, p. 3.

857. WALLIS, Peter. "Lorca," TLS (7 de octubre de 1965), p. 899.

858. ZARDOYA, Concha. "Reflexiones en torno a una antología crítica sobre Federico García Lorca," Hispano (1965), no. 24, pp. 55-59.

859. AVILA, Pablo L. "Este año cumple treinta años," QIA, IV (1966), no. 30, p. 2.

860. COMBARROS, M. "Santanismo e irreligiosidad en Federico García Lorca," PN (1966), no. 16, pp. 2-6.

861. LAFFRANQUE, Marie. "1936-1966: Lorca, trente ans après," DM (19 juin 1966).

862. SALINAS, Pedro. "Federico," NRF, XIV (1966), pp. 331-333.

863. SOPENA IBAÑEZ, A. El concepto de la mujer española en la obra de García Lorca. Madrid: Liade, 1966. 38pp. 23cm. (Monografía "Liade")

864. DEHENNIN, Elsa. "Federico García Lorca: Sociaal kunstenaar," TVUB, IX (1966-67), pp. 55-67.

865. DIAZ PLAJA, Guillermo. "Federico García Lorca y su duende," en su Historia general de las literaturas hispánicas, vol. VI. Barcelona: Edit. Vergara, 1967, pp. 526-538.

866. GORMAN, John A. The Reception of Federico García

Lorca in Germany (1927-1966). Baltimore, Md.,
1967.
DA, XXVII (1967), p. 1818A.
Tesis doctoral inédita de la Johns Hopkins University.

867. GUEREÑA, Jacinto Luis. "El agua y Federico García
Lorca," CHA, LXX (1967), pp. 392-406.

868. HUBER, E. García Lorca. Weltbild und meta-
phorische Darstellung. München: Wilhelms Fink
Verlag, 1967. 187pp.

869. LAFFRANQUE, Marie. Les idées esthétiques de
Federico García Lorca. Paris: Centre de Recherches Hispaniques, Institut d'Etudes Hispaniques,
1967. 367pp. 25cm. (Thèse, Memoires et Tra-
vaux, 7) Bibliographie, pp. 349-346.

870. _____. "Lorca: Etudes, souvenirs et documents,"
BH, LXIX (1967), pp. 195-197.

871. BRION, Marcel. "Le mystère Lorca élucidé," NL,
XVIII (avril 1968), p. 3.

872. FERNANDEZ GALIANO, M. "Espejos de vida y
muerte en García Lorca," Insula, a. XXIII (1968),
no. 259, p. 7.

873. GARCIA Lorca Federico. Poesía, teatro, artículos.
Barcelona: Circulo de Lectores, 1968. 1 vol.
20cm. (Clásicos de la literatura universal)

874. GARCIA Lorca Federico. Federico García Lorca.
Madrid: Civilización Hispana, 1968. 4 hojas
11.5cm.

875. HECKER, Paulo, Filho. "Lorca e nós," ESPSL (2
de noviembre de 1968), p. 4.

876. HIERRO, José. "El primer Lorca," CHA (1968),
nos. 224-225, pp. 437-462.

877. ILIE, P. The Surrealist Mode in Spanish Literature.
An Interpretation of Basic Trends from Post-Ro-
manticism to the Spanish Vanguard. Ann Arbor:

University of Michigan Press, 1968. 288pp. 24cm.
Trad. española, Madrid: Taurus, 1972. 323pp.
(Col. "Persiles")

878. LUNDKVIST, Artur. "Federico García Lorca," SKDA,
II (1968), pp. 585-603.

879. UMBRAL, Francisco. "Sexo y muerte en García
Lorca," EL (13 de enero de 1968), no. 387, pp. 16-17.

880. DESCOLA, Jean. Historia literaria de España (De
Seneca a García Lorca). Madrid: Edit. Gredos, 1969
406pp. (Billioteca Universitaria Gredos).

881. GUIBERT, Armand. "Lorca de soleil et d'ombre,"
Preuves (1969), no. 218, pp. 89-91.

882. KULIN, Katalin. "Tolnai Gábor: Federico García
Lorca (Akadémiai, 1968)," Irodalömtörténet, I
(1969), pp. 945-948.

883. TAMARLI, G.I. "P'esa Federiko Garsia Lorki 'Kogda
projdet Pjat' let'," FN, XII (1969), no. 3, pp. 33-
42.
Sobre "La leyenda del tiempo."

884. ZELENY vítr. Ze span. originálu vybral, přel.,
úvod Zavražkěný básník naps., citáty F.G. Lorky,
citály o Lorkovi, výtvarný materiál i závěrečný
přehl. o básníkové živote a díle pořidíl Lumír
Čivrný. 1. vyd. Praha: Cs. Spis, t. Rudé právo
1969. 144pp. ports. 21cm.
Bibliografía, pp. 142-145.
Antología y estudio.

885. COMINCIOLI, Jacques. Federico García Lorca.
Textes inédits et documents critiques de ... Edition
bilingue. Lausanne: Editions Rencontre, 1970.
345pp. 18cm (Collection Poésie)
Bibliografía, pp. 309-341.

885a. DONAHUE, Francis. "Hacia un credo lorquiano,"
LT, a. XVIII (1970), no. 69, pp. 105-114.

886. GONZALEZ-GERTH, Miguel. "The Tragic Symbolism
of Federico García Lorca," TQ, XIII (1970), no. 2,
pp. 56-63.

Estudios   147

887. HALLIBURTON, C. L. Lorca's Rejection of Mechanical
      Civilisation. Baton Rouge, Louisiana, 1970.
      Tesis doctoral de la Louisiana State University.

888. HIGGINBOTHAM, V. "Lorcas's apprenticeship in Sur-
      realism," RRev, LXI (1970), pp. 109-122.

889. MARTINEZ MIRA, Jesús. "García Lorca en el banquillo,"
      EL (15 de noviembre de 1970), no. 456, pp. 8-10.

890. QUATTRUCCI, Carlo. España 1936-19- . Roma-
      Siena: La Sfera Jacopo della Quercia, 1970. 1 vol.

891. CUEVAS GARCIA, Cristóbal. Lorca y su relativismo
      estético religioso. Madrid, 1971. 27pp. 21cm.
      (Col. Renard, 2)

892. HULME, P. "Federico García Lorca: The Last Ten
      Years," ML, LII (1971), pp. 77-79.

893. ALLEN, Rupert C. The Symbolic World of Federico
      García Lorca. Albuquerque: The University of New
      Mexico Press, 1972. IX + 205pp.

894. BURTON, Jolianne. Society and the Tragic Vision in
      García Lorca. New Haven, Conn., 1972.
      Tesis doctoral de la Yale University.

895. GOMEZ GALAN, Antonio. "García Lorca en la
      colección Austral," Arbor, LXXXII (1972), no. 323,
      pp. 145-146.

895a. SALINAS, Pedro. "Federico Garcia Lorca," MLN,
      LXXXVII (March 1972), no. 2, pp. 169-177.

896. MENA, Francisco. El tradicionalismo de Federico
      García Lorca. Riverside, Cal., 1973.
      Tesis doctoral de la Universidad de California.

      Vid. También APENDICE, nos. 2233, 2239, 2243.

B) Poesía/Poetry

897. SALAZAR, A. "Un poeta nuevo, Federico García
      Lorca," Sol (30 de julio de 1921).

898. FERNANDEZ ALMAGRO, M. "El mundo lírico de
      García Lorca," EspañaM (13 de octubre de 1923).

899. DIEZ-CANEDO, E. "Los poetas jóvenes. García
      Lorca," DG (25 de noviembre de 1924).

900. GALLEGO BURIN, A. "Nuestra cultura. Algo sobre
      literatura granadina," DG (18 de enero de 1925).

901. DIEZ-CANEDO, E. "Nuevos versos, nuevos poetas,"
      Nación (17 de enero de 1926).

902. TREND, John B. "A Poet of 'Arabia'," en Alfonso
      the Sage. London: Constable and Co., 1926,
      pp. 155-161.

903. FERNANDEZ MONTESINOS, J. Die moderne spanische
      Dichtung. Leipzig: Teubner, 1927, pp. 117-118;
      195-198.

904. [ARTICULO sobre Gallo]. LA (23 de marzo de 1928).

905. BLANCO FOMBONA, R. El modernismo y los poetas
      modernistas. Madrid: Edit. Mundo Latino, 1929,
      p. 42.

906. DIEGO, Gerardo. "La nueva poética española,"
      Síntesis, VII (1929), pp. 183-199.

907. DIEZ-CANEDO, E. "La poesía y los poetas," Sol
      (10 de enero de 1929).

908. CHACON Y CALVO, José María. "Lorca, poeta tra-
      dicional," RA, V (1930), pp. 101-102.

909. JIMENEZ, Juan Ramón. "Poetas de antro y diantre,"
      GL (15 de noviembre de 1930)

910. MARCONI, A. "Poeti nuovi di Spagna," RNaz, III
      (dicembre 1930).

911. VALBUENA PRAT, A. La poesía española contempo-
      ránea. Madrid: C.I.A.P., 1930, pp. 88-96.

912. COSSIO, José María de. Los toros en la poesía
      castellana. Madrid: C.I.A.P., 1931, vol. I,
      pp. 333-335 y 336-339; vol. II, pp. 371-374.

913. FRIAS, J.D. "Un poeta popular," Crisol, VIII (1932),
      pp. 52-54.

914. MASSA, Pedro. "Federico García Lorca. El ro-
     mancillo popular y 'La Argentinita,'" Crónica (20
     de marzo de 1932).

915. RUMAZO RODRIGUEZ, J. El nuevo clasicismo en la
     poesía. Quito: Tall. Gráfs. Nac., 1932, pp. 12-
     13.

916. SOUVIRON, José María. La nueva poesía española.
     Santiago de Chile: Nascimento, 1932. 53pp.

917. ALBERTI, Rafael. La poesía popular en la lírica
     española contemporánea. Jena-Leipzig: Gronau,
     1933, pp. 17-19. (Vom Leben und Wirken d. Ro-
     manen, 1, 2).

918. LASSAIGNE, J. "Poètes espagnols," Figaro (21 de
     enero de 1933).

919. LUNA, J.R. "El poeta que ha estilizado los romances
     de plazuela," Debate (1 de octubre 1933).

920. RAMIREZ, Octavio. "El poeta en tres tiempos,"
     Nación (19 de noviembre de 1933).

921. ONIS, Federico de. Antología de la poesía española
     e hispanoamericana (1882-1932). Madrid: Centro de
     Estudios Históricos, 1934, pp. 1101-1118, 1194.

922. RODRIGUEZ CANOVAS, J. "Poetas españoles: Fede-
     rico García Lorca," Verdad (22 de noviembre de
     1934).

923. JIMENEZ, Juan Ramón. "Caricatura lírica de Fede-
     rico García Lorca," RHM, I (1935), p. 185.

924. PROEL-GALERIA. "Federico García Lorca, el poeta
     que no se quiere encadenar," Voz (18 de febrero de
     1935).

925. RIO, Angel del. "El poeta Federico García Lorca,"
     RHM, I (1935), pp. 174-184.
        Idem. en ArI, II (1935-1936), nos. 19-21, pp. 750-
     766; en Homenaje al poeta..., Valencia-Barcelona,
     1937, pp. 171-198.

926. MORALES, María Luz. "La poesía popular de García
     Lorca," Vanguardia (22 de septiembre de 1936).

Reimp.: <u>Verdades</u> (enero de 1937), pp. 13-14.

927. ABREU GOMEZ, E. "García Lorca," FF (1937), no. 7, p. 5.
Sobre los versos de García Lorca publicados por Juan Marinello.
Vid. no. 16.

928. BAQUERO, Gastón. "Los poemas póstumos de Federico García Lorca," <u>Verbum</u> I (1937), no. 3, pp. 53-56.
Sobre los poemas publicados en la revista <u>Sur</u>, VII (1937).
Vid. no. 112.

929. BOLIVAR, José Elías. "Hallazgo de Federico. Dos poemas." Prólogo de M. Ahués, en <u>Mentor</u>. Concepción, 1937.

930. DIAZ-PLAJA, Guillermo. <u>La poesía lírica española.</u>
Barcelona: Edit. Labor, 1937. 456pp.
Reimp.: Barcelona: Edit. Labor, 1948. 456pp.

931. GOMEZ BAS, J. "Romance para García Lorca," en <u>Antología selecta de Federico García Lorca.</u> Buenos Aires, 1937.

932. GUILLEN, Nicolás. "Momento en García Lorca," en su <u>España, poema en cuatro angustias y una esperanza.</u> México: Edit. México Nuevo, 1937. 26pp. 31cm.

933. MANRIQUE CABRERA, F. "Breve canción," <u>Verdades</u> (enero de 1937), p. 24.

934. MARCONI, A. "Poesia Spagnola contemporanea," <u>Letteratura</u> (aprile 1937).

935. MORALES, María Luz. "La poesía española y García Lorca," HdE (1937), no. 4, p. 59.
Reimp.: EM, II (1937), no. 1, pp. 101-103.

936. MOREIRA, Carlos. "Dos sonetos," <u>Columna,</u> I (1937), no. 5, p. 20.
Contiene un soneto dedicado a F.G.L.

937. PINILLA, Norberto. "Lírica de García Lorca," en

Cinco poetas. Santiago de Chile: Edit. Manuel
Barros Borgoño, 1937, pp 57-84.
  Prólogo de la Antología poética de García Lorca.
Santiago de Chile, 1937, pp. 9-27.
Vid. no. 21.

938. SIÑAN, Rogelio. "Guitarra decapitada," UdP (1937),
no. 9, pp. 39-40.

939. VALBUENA PRAT, A. "La poesía popular de Federico García Lorca," en Historia de la literatura
española. Barcelona, 1937, t. II, pp. 924-933 y
970.

940. ZALAMEA BORDO, E. "Rosas y caballos de García
Lorca," RI, I (1937), no. 5, pp. 32-33.

941. ZAMBRANO, María. "La poesía de Federico García
Lorca," Prólogo a Federico García Lorca. Antología... Santiago de Chile: Edit. Panorama, 1936,
pp. 7-14.
Vid. no. 17.

942. RAMIREZ MERCADO, G. Canto. Guadalajara,
Jalisco: Navegación poética, 1938. 1 vol.

943. SOLANA, Rafael. "Mapa de afluentes en la obra
poética de Federico García Lorca," LMex (1938),
no. 29, pp. 5-8.

944. ALTOLAGUIRRE, Manuel. "El poeta García Lorca,"
Ultra, VII (1939), pp. 85-86.

945. JACK, Peter M. "The Poetry of García Lorca,"
NYT. Section 6 (September 3, 1939), p. 2.

946. BOGAN, Louise. "Verse," NYor, XVI (1 June 1940),
pp. 73-75.

947. CARDOZA Y ARAGON, L. "Dos soledades (Canto,
Federico García Lorca)," Romance, I (15 de septiembre de 1940), no. 16, p. 9.

948. FLETCHER, John Gould. "Lorca in English," Poetry
LVI (1940), pp. 343-347.

949. HERNANDEZ, J.A. "El lenguaje y el poeta," Tres
(1940), no. 6, pp. 74-79.

950. JIMENEZ, Juan Ramón. "Crisis del espíritu en la
     poesía española," Nosotros, V (marzo-abril de
     1940), nos. 46 y 49, pp. 165-182.

951. JOLAS, Eugene. "Poets and Poetry Beyond Surreal-
     ism," LAg, CCCLIX (1940), pp. 93-95.
       Contiene también la traducción de El poeta llega
     a la Habana (The Poet Reaches Havana).

952. MACRI, Oreste. "Poesia perfetta," Prospettive (15
     ottobre 1940), no. 10.

953. RIVAS SAINZ, Arturo. "Poesía y destrucción," TN,
     I (1940), pp. 350-352.
       Lo mismo que no. 689.

954. SALINAS, Pedro. Reality and the Poet in Spanish
     Poetry. Trans. by Edith Helman. Baltimore:
     Johns Hopkins Press, 1940. 165pp.

955. SOLA GONZALEZ, A. "La adjetivación en la poesía
     de Federico García Lorca," CPP (1940), no. 1,
     pp. 29-44.

956. BEDRIÑANA, F. C. Papel de China. Tres ensayos.
     Lo vegetal en la poesía de García Lorca. Fernán-
     dez Arrondo: el poeta y el hombre. La luna en la
     poesía negra. La Habana: Edit. Antena, 1941.
     86pp.

957. HONIG, Edwin. "The Poetry of García Lorca," NMQ,
     X (1941), pp. 389-413.

958. BIETTI, O. "La poesía de García Lorca," Nosotros,
     XVII (1942), pp. 53-59.

959. SANTULLANO, José. "Romance de amigos y sombras,"
     Musicalia (1942), no. 6, pp. 16-19.

960. ESPARZA, A. "Indole y tendencia de la poesía de
     Federico García Lorca," RUP, I (1943), no. 3,
     pp. 95-98.

961. HONIG, Edwin. "Dimensions of Imagery and Action in
     the Work of García Lorca," Poetry, LXIII (October
     1943), no. 1, pp. 32-44.

962. NALE ROXLO, Conrado. Antología apócrifa. Buenos
      Aires: Edit. Hachette, 1943. 186pp.
      Con caricaturas de Toño Salazar.

963. ALONSO, Damaso. Ensayos de poesía española.
      Madrid:. Revista de Occidente, 1944. 401pp. 19cm.
      2a. ed. Buenos Aires: Revista de Occidente
      Argentina, 1946. 401pp.

964. BATES, R. "Flower in the Desert," NR, CX (April
      24, 1944), p. 570.

965. PRESENCA de García Lorca, seus mais vibrantes
      poemas. Estudos críticos, biografía, bibliografía.
      Seleção e notas de P. Núñez Arca. Estudo biográ-
      fico de Luis Amador Sánchez. Ensaio folclórico-
      musical de Federico de Onís. Lorca, trovador
      galego, de Eduardo Blanco Amor. São Paulo: Letras
      Editora Continental, 1944. XXVII + 269pp. 24cm.

966. BAREA, Arturo. "Las raíces del lenguaje poético de
      Lorca," BSS, XXII (1945), no. 1, pp. 3-15.

967. JIMENEZ, Juan Ramón. "Caricatura lirica di Federi-
      co García Lorca," Dramma (1-13 maggio 1945),
      nos. 12-13.

968. MORENO, Alfonso. La poesía española actual. Se-
      lección y prólogo de ... Madrid: Editora Nacional,
      1945. 727pp.

969. SPITZER, Leo. La enumeración caótica en la poesía
      moderna. Buenos Aires: Fac. de Filosofía y Letras
      de la Univ. de..., 1945. 98pp. (Colección de Estu-
      dios Estilisticos, Anejo I)

970. BO, Carlo. "La poesía nell'ultima lirica spagnola,"
      Politecnico (1 maggio 1946), no. 19.

971. BARDI, Ubaldo. "Poesia come verità su Federico
      García Lorca," Lavoro (1946)

972. CIRLOT, Juan Eduardo. "La vivencia lírica," EdP
      (1946), no. 19.

973. SOMOMI, Sergio. "Quattro liriche inedite in Italia,"
      Lettura (13 luglio 1946).

974. VITTORINI, Elio. "Poesia di versi e di teatro in
      Lorca," Dramma (1-15 maggio 1946), nos. 12-13.

975. Vid. CASTRO, Oscar. "Responso a García Lorca,"
      en Dudley Fitts, Ed. Anthology of Contemporary
      Latin-American Poetry. Norfolk, Conn.: New Di-
      rections, 1946. XXI + 677pp. 23cm.

976. CORREA, Gustavo. Estudios estilísticos sobre la
      poesía de Federico García Lorca. Baltimore, Md.,
      1947.
      Tesis doctoral de la Johns Hopkins University.

977. GARCIA LORCA, Francisco. "Cordoba, lejana y
      sola," CA, XXXIV (1947), no. 4.

978. MACRI, Oreste. "Un' antologia delle poesie di Lorca,"
      Convivium, V (1947), pp. 772-774.

979. VELAZQUEZ, Alberto. "Poesía y sino trágico de
      Federico García Lorca," RdG, II (1947), no. 3,
      pp. 11-44.

980. GARCIA GOMEZ, E. Silla de moros y nuevas escenas
      andaluzas. Madrid: Revista de Occidente, 1948.
      262pp. 19cm.
      Sobre el Divan del Tamarit.

981. McCARTHY, Francis B. "From the Vulgate to Lyric
      Grandeur," SRev (April 1948), p. 23.

982. FERNANDEZ ALMAGRO, M. "Primeros versos de
      García Lorca," ABC (octubre de 1949).

983. _____. "Seis poemas y dos dibujos inéditos," ABC
      (18 de octubre de 1949).

984. GARCIA LORCA, Federico. "Siete poemas y dos
      dibujos inéditos," CHA (1949), no. 10, pp. 9-18.
      Las seis primeras composiciones pertenecen al
      libro inédito La suite de los espejos.

985. PEREZ MARCHAND, Monelisa Lina. "La inquietud
      existencial en la poesía de Federico García Lorca,"
      Asomante, V (1949), no. 3, pp. 72-86.

986. TAURO, Alberto. "García Lorca, poeta campesino,"
      NDem, XXIX (1949), no. 2 pp. 22-27.

987. CARRIER, Warren. "Meaning in the Poetry of Lorca," Accent, X (Spring 1950), no. 3, pp. 159-170.

988. CIRRE, José Francisco. Forma y espíritu de un lírica española. México: Gráfica Panamericana, 1950. 180pp.

989. CUARTAS ARBOLEDA, Conrado. "Símbolo en la poesía de Federico García Lorca," UdA, XXIV (enero-febrero de 1950), no. 96, pp. 541-547.

990. D'AMICO, Silvio. "La poesía di García Lorca," NI (22 gennaio 1950).

991. BABIN, María Teresa. El mundo poético de Federico García Lorca. New York: Columbia University, 1950. 315pp.
    Tesis doctoral de la Columbia University. Publicada bajo el mismo título en San Juan, Puerto Rico: Biblioteca de Autores Puertorriqueños, 1954. 316pp.

992. FRIEDRICH, Hugo. Estructura de la lírica moderna, de Baudelaire hasta nuestros días. Trad. española de Juan Petit. Barcelona: Seix Barral, 1959. 414pp. 18cm. (Biblioteca Breve, 127)

993. INFIESTA, Roberto. "Itinerario lírico de Federico García Lorca," La Habana, Cuba (30 de octubre de 1951), "Club Femenino de Cuba." Conferencia.

994. LEIVA, Raúl. "Federico García Lorca: Aspectos de su poesía," RdG, I (1951), no. 2, pp. 124-146.

995. CAMPBELL, Roy. Lorca. An Appreciation of His Poetry. London, New Haven: Yale University Press, 1952. 79pp.
    Reimp.: New Haven: Yale University Press, 1959. 102pp.

996. CIRRE, José Francisco. "El caballo y el toro en la poesía de García Lorca," CA, LXVI (noviembre-diciembre 1952), pp. 231-245.

997. FLECNIAKOSKA, Jean Louis. L'univers poetique de Federico García Lorca. Essai d'exégèse. Bordeaux: Biere, 1952. 147pp.

998. RILEY, Edward C. "Consideration on the Poetry of
      García Lorca," DMag (1952), no. 2, pp. 14-22.

999. ALVAREZ DE MIRANDA. "Poesía y religión," RIE
      (1953), no. 11, pp. 221-251.
      Sobre el tema de la luna y la muerte.

1000. ANDRADE, Eugenio de. "Nota sobre dos poemas
      inéditos de Federico García Lorca," Arvore, II
      (1953), fasc. 1o., no. 4.

1001. CORREA, Gustavo. [Sobre Flecniakoska, Jean Louis,
      L'univers poétique...] HR, XXI (1953), pp. 246-
      248.

1002. SCARPA, Roque Estéban. Poetas españoles contempo-
      ráneos. Santiago de Chile: Zig-Zag, 1953. 320pp.

1003. XIRAU, R. "La relación metal-muerte en los poemas
      de García Lorca," NRFH, VII (1953), pp. 364-371.

1004. GALLEGO MORELL, A. "La revista de los poetas:
      Gallo, Granada, 1928," MdP (primavera de 1954).

1005. GULLON, Ricardo. "García Lorca y la poesía,"
      Insula, a. IX (30 de abril de 1954), nos. 100-101.

1006. _____. "Motivos en la poesía de Lorca, (La
      luna)," Insula, a. IX (1 de julio de 1954), no. 103.

1007. ZARDOYA, Concha. "La técnica metafórica de
      Federico García Lorca," RHM, IV (1954), pp. 295-
      326.
          Reimp.: en Poesía española contemporánea.
      Estudios temáticos y estílisticos. Madrid, 1961,
      pp. 335-396.

1008. FLYS, Jaroslaw M. El lenguaje poético de Federico
      García Lorca. Madrid: Edit. Gredos, 1955.
      243pp.

1009. GALLEGO MORELL, A. "Un poeta reunido," ABC
      (20 de enero de 1955).

1009a. [GARCIA LORCA, F.] "La musa, el ángel y el
      duende: Interpretación lorquiana," SO (1955), no.
      536.

1009b. GONZALEZ, J. "El universo poético de Federico
        García Lorca," Orfeo, II (1955), no. 4.

1009c. GONZALEZ GUZMAN, Pascual. "Geografía folkló-
        rica: A propósito de la Balada triste de García
        Lorca," en Miscelánea Griera, I (Barcelona 1955),
        pp. 305-315.

1010.   IGLESIAS RAMIREZ, M. García Lorca, el poeta
        universal. Barcelona: Dux, 1955. 265pp. 16
        lams.

1011.   KELLERMAN, Wilhelm. "Spanische Dichtung des 20
        Jahrhunderts," ICE, a. X (1 de febrero de 1955),
        no. 109.

1012.   LLOP CASANOVA, R. Estudio de la poesía de Fe-
        derico García Lorca. Barcelona: Alcor, 1955.
        (Col. Alcor de Autores, 3)

1012a. MASEO ENGUIDANOS, A. "La nota religiosa en la
        poesia de Lorca," Clarín (1955), no. 15.

1013.   RIZZO, Gino L. "Poesía de Federico García Lorca
        y poesía popular," Clavileño, VI (1955), no. 36,
        pp. 44-51.

1013a. VASQUEZ, P. "Los niños en la poesía de García
        Lorca," UniversalC XVII (septiembre de 1955). -

1013b. CORREA, Gustavo. "El simbolismo religioso en
        la poesía de Federico García Lorca," Hispania,
        XLIX (1956), no. 1, pp. 41-48.
        Idem en ALet, II (1959), no. 2, pp. 19-30.

1014.   MASINI, Ferruccio. "Poesia come verità in Federico
        García Lorca," PL, Sup. Corriere dell'Adda, a.
        IV (1956), no. 10.

1015.   ROJO, A.J. "Die Lyrik Federico García Lorcas,"
        Die Sammlung (Göttingen), a. XI (September 1956),
        no. 9, pp. 425-441.

1016.   TREND, J.B. Lorca and the Spanish Poetic Tradi-
        tion. New York, Oxford: Macmillan, 1956.
        178pp.

Reimp.: New York, Oxford: Macmillan, 1971.
178pp.

1017. BODINI, Vittorio. "La formazione poetica di Federico García Lorca," LMod, a. VII (1957), no. 1,
p. 60.

1018. CASTELLTORT, Ramón. La poesía lírica española
del siglo XX. Barcelona: Spica, 1957. 225pp.
17cm.

1019. CERNUDA, Luis. Estudios sobre poesía española.
Madrid: Edics. Guadarama, 1957. 234pp. 20cm.
(Colección Guadarama de Crítica y Ensayo, 11)

1020. CORREA, Gustavo. "El simbolismo de la luna en la
poesía de Federico García Lorca," PMLA, LXXII
(1957), pp. 1060-1084.

1021. _____. La poesía mítica de Federico García
Lorca. Eugene, Oregon: University of Oregon
Press, 1957. 174pp. (University of Oregon Mono-
graphs. Studies in Literature and Philology, 7)
Reimp.: Eugene, Oregon: Univ. of Oregon
Press, 1958. IV + 174pp. Madrid: Edit. Gredos,
1970. 250pp.
Res.: Murciano, Carlos, PE (1970), no. 214,
pp. 19-20.

1022. CUNA, I. "El mito de Narciso en la poesía de
Lorca," CSur (junio de 1958), pp. 3-23.

1023. EICH, Cristoph. Federico García Lorca, poeta de la
intensidad. Madrid: Edit. Gredos, 1958. 200pp.
Reimp.: Madrid: Edit. Gredos, 1967.
Res.: IAL, XII (1960), no. 140, p. 23.

1024. PHILLIPS, W. Allen. "Sobre la poética de García
Lorca," RHM, XXIV (1958), no. 1, pp. 36-48.

1025. SANCHEZ MERINO, M.R. La poesía de Federico
García Lorca. Madrid: Univ. de Madrid, 1959.
Tesis doctoral de la Univ. de Madrid.
Vid. RUM, VIII (1959), p. 616.

1025a. KRAUSS, W. "García Lorca und die spanische

Dichtung," en su Studien und Aufsätze... Berlin:
Rütten und Loening, 1959, pp. 155-178.

1026. CORREA, Gustavo. "El simbolismo del sol en la
poesía de Federico García Lorca," NRFH, XIV
(1960), pp. 110-119.

1027. DEVOTO, D. "¿Oda a Sesostris, o al Santísimo
Sacramento?," BH, LXI (1960), no. 4, pp. 444-
447.

1028. CANGIOTTI, Gualtiero. "Federico García Lorca poeta
del desengaño," LMod, a. XI (1961), no. 1, pp. 34-
55.

1029. GUILLEN, Jorge. Language and Poetry. Cambridge:
Harvard Univ. Press, 1961. 293pp.

1030. SCARPA, Roque Estéban. El dramatismo en la poesía
de Federico García Lorca. Santiago de Chile:
Edit. Universitaria, 1961. 108pp. 19cm. (Col El
Espejo de Papel)
Reimp.: Santiago de Chile: Edit. Universitaria,
1970. 108pp.

1031. SIEBENMANN, G. "Zur Bedeutung einiger Pghanzenna-
men in der Lyrik Lorcas," VR (1961), pp. 39-46.

1032. TERRACINI, B. "Intorno a due liriche di García
Lorca," QIBA, I-II (1961), pp. 307-312.

1033. TURCATO, Bruno. "Struttura ed evoluzione delle
prime metafore lorchiane," QIA (1961), no. 27,
pp. 129-142.

1034. XIRAU, R. "Federico García Lorca," en Poesía
hispano-americana y española. Ensayos. México:
Impr. Universitaria, 1961. 169pp. 19cm.

1035. BOSCH, R. "Los poemas paralelísticos de García
Lorca," RHM, XXVIII (1962), pp. 36-44.

1036. GICOVATE, Bernardo. "Serenidad y conflicto en la
poesía de Federico García Lorca," Asomante,
XVIII (1962), no. 1, pp. 7-13.

1037. HOTTINGER, Arnold. Das volkstümliche Element in

der modernen spanischen Lyrik. Zürich: Atlants
Verlag, 1962. 77pp. 22cm.

1038. MARCILLY, C. "Notes pour l'étude de la pensée
religieuse de F. García Lorca," en Mélanges Offerts
a Marcel Bataillon par les Hispanistes Français, BH,
LXIV (1962), pp. 507-525.

1039. MARTINEZ LOPEZ, Enrique. "Aljibe y surtidor o la
Granada de Federico García Lorca," LT, X (1962),
no. 40, pp. 11-45.

1040. ZARDOYA, Concha. "Los espejos de Federico García
Lorca," Asomante, XVIII (1962), no. 1, pp. 14-45.

1041. GARCIA BLANCO, M. "La primera redacción de tres
poemas de García Lorca," ROEDHP, 1963, pp. 189-
193.

1042. QUADRI, G. "La poesia di Federico García Lorca,"
Cenobio, XII (1963), no. 4, pp. 365-382.

1042a. RAMOS GIL, C. "El eco de la'canción aneja' en la
lírica de Lorca," ROEHP (1963), pp. 150-188.

1043. YAHNI, R. "Algunos rasgos formales en la lírica de
García Lorca: función del paréntesis," BH, LXVI
(1964), pp. 106-124.

1044. BOSCAN, L. "La muerte en la poesía de Lorca (la
luna, el jinete, símbolos representativos)," AdF,
IV (1965).

1044a. CANO BALLESTA, J. "Una veta reveladora en la
poesía de García Lorca (Los tiempos del verbo y
sus matices expresivos)," RF, LXXVII (1965),
pp. 75-107.
Sobre el Romancero gitano.

1045. SIEBENMANN, G. Die moderne Lyrik in Spanien.
Ein Beitrag zur Ihrer Stilgeschichte. Stuttgart:
W.: Kohlhammer, 1965. 318pp. 21cm. (Sprache
und Literatur, 22)
Vid. pp. 27-37; 81-107; 170-200.

1046. ALLEN, R. (Jr.) "Una explicación simbológica de

Iglesia abandonada de Lorca," Hispano (1966), no.
26, pp. 33-44.

1047. AVILA, Pablo L. "Tres variantes en Divan del
Tamarit," QIA (1966), no. 33, p. 3.

1048. BATES, Margaret. "García Lorca's San Rafael.
Córdoba," Explicator, XXIV (1966), item. 42.

1049. FORSTER, Jeremy C. "A Prodigy of Passion:
Lorca's Last Book of Verse," QQ LXXIII (1966),
pp. 261-268.

1050. _____. "Aspects of Lorca's Saint Christopher,"
BHS, XLIII (1966), pp. 109-116.

1051. GENNARO, Giuseppe de. La poesia di Federico
García Lorca. Napoli: A. Fiory, 1966. 181pp.
22cm.
Pp. 111-173 contienen algunas traducciones.

1052. GUILLEN, R. "Tres poemas apócrifos de García
Lorca," Insula (1966), no. 239, p. 10.

1053. ZALAMEA, J. "Federico García Lorca, hombre de
adivinación y vaticinio," BCB (1966), no. 9, pp.
1507-1513.

1054. FISHER, A.W. The Poetic Concepts of Federico
García Lorca. M.A. Sheffield, 1967.
Tesis inédita.

1055. GALLEGO MORELL, A. "El primer poema publicado
por Federico García Lorca (Granada: elegía hu-
milde)," BH, LXIX (1967), pp. 487-492.

1056. RAMOS GIL, Carlos. Claves lírica de García Lorca.
Ensayos sobre la expresión y los clímax poéticos
lorquianos. Madrid: Aguilar, 1967. 334pp.
Res.: Chávarri, Raul. CHA, LXXXII (1970),
pp. 722-724; Laffranque, Marie, BH, LXXI (1969),
pp. 711-712.

1057. ROBERT, G. "La intuición poética del tiempo finito
en las Canciones de Federico García Lorca," RHM,
XXXIII (1967), pp. 250-261.

1058. SIEBENMANN, G. "Elevación de lo popular en la poesía de Lorca," ASCIH (1967), pp. 599-609.

1059. SPILIOTOPOULOS, Stathis. "Saranta chronia: To xekinima tou Lorka," NeaH, LXXXII (1967), pp. 1552-1555.
Contiene traducciones de cinco poemas de F.G.L.

1060. CARUBBA, Giuseppe. "Magia nella lirica lorchiana," Lucerna, XXIII (1968), no. 6, pp. 37-38.

1061. FERNANDEZ GALIANO, M. "Los dioses de Federico," CHA (enero de 1968), no. 217, pp. 31-43.

1062. GERSHATOR, David. "Federico García Lorca's 'Trip to the Moon,'" RNot, IX (1968), no. 2, pp. 213-220.

1063. HIERRO, José. "El primer Lorca," CHA, LXXV (1968), pp. 437-462.

1064. HIGGINBOTHAM, V. "El viaje de García Lorca a la luna," Insula, a. XXIII (enero de 1968), no. 254, pp. 1 y 10.

1065. NAVARRO, Tomás. "La intuición rítmica en Federico García Lorca," RHM, XXXIV (1968), pp. 363-375.

1066. DONAHUE, Moraima de Semprún. La homosexualidad en la poesía de García Lorca. Rochester, New York: Univ. of Rochester, 1969. II + 46pp.
Tesis de la Universidad de Rochester, N.Y.

1067. GIBSON, Ian. "Lorca's Balada triste: Children's Songs and the Theme of Sexual Disharmony in Libro de poemas," BHS, XLVI (1969), pp. 21-38.

1068. LOPEZ LANDEIRA, R. "La zeugma, figura de dicción en la poesía de Federico García Lorca," RNot, XI (1969), no. 1, pp. 21-25.

1069. LORENCINI, A. "O epíteto e o epíteto de côr na poesía de García Lorca," RLSP, XII (1969), pp. 9-24.

1070. QUER ANTICH, S. "El sentido de la muerte y de lo religioso en la poesía de Federico García Lorca," Stylo (1969), no. 8, pp. 85-143.

1071. LOUGHRAM, D. K. The Anchored City: A Study of
Existence and its Limits in the Poetry of Federico
García Lorca. Baltimore, Md., 1969.
Tesis doctoral de la Johns Hopkins University.
DA, XXX (1969), p. 2536-A

1072. FORSTER, Jeremy C. "Posibles puntos de partida
para dos poemas de García Lorca," RNot, XI
(1970), no. 3, pp. 498-500.

1073. [ANONIMO]. "Un soneto olvidado de Federico García
Lorca," Insula, a. XXV (enero de 1970), no. 278,
p. 2.
Se reproduce un soneto de F. G. L., publicado en
la revista Litoral (1968), no. 1, que dirigen en
Torremolinos José María Amado y Manuel Gallego
Morell.

1074. MOLINA FAJARDO, E. "Lorca inédito: un soneto a
Falla, dos dibujos, una carta," EL (15 de noviembre
de 1970), no. 456, pp. 5-7.

1075. FORRADELLAS FIGUERAS, J. "Un poema desconocido
de García Lorca," Insula, a. XXVI (1971), no. 290,
p. 3.

1076. GOMEZ, J. "La presencia de la muerte en un poema
de Federico García Lorca," BFUC, XXII (1971).

1077. PREDMORE, Richard L. "Simbolismo ambiguo en la
poesía de García Lorca," PSA, LXIV (1971),
pp. 229-240.

1078. CANO BALLESTA, Juan. La poesía española entre
pureza y revolución (1930-1936). Madrid: Edit.
Gredos, 1972. 284pp.

1079. ROZLAPA, Anita. El vanguardismo en la poesía
precoz de García Lorca. Chicago, 1972.
Tesis doctoral de la Universidad de Chicago.

1080. WALKER, Sandra. La tierra, la ciudad y la muerte
en la poesía de Federico García Lorca. Atlanta,
Ga., 1973.
Tesis doctoral de la Emory University.

Vid. También APENDICE, nos. 2235, 2237, 2242, 2244,
2246.

1. Sobre/On the Poema del cante jondo

1081. A. E. [Poema del cante jondo] GL (1 de agosto de
1931).

1082. DIEZ-CANEDO, E. [Poema del cante jondo] Sol (28
de junio de 1931).

1083. GASCH, S. "Un libro de García Lorca, Poema del
cante jondo," Mirador (20 de octubre de 1931).

1084. MONTES, E. [Poema del cante jondo] Sol (18 de julio de 1931).

1085. RUIZ DE LA SERNA, E. [Poema del cante jondo]
HM (20 de junio de 1931).

1086. GARCIA, Manuel (Hijo). Trattato completo dell'arte
del canto. (Scuola di García) Traduzione dal
Francese di Alberto Mazzuccato. Parte Prima.
Milano: G. Ricordi E.C., 1942. 67pp.

1087. _____. Trattato completo dell'arte del canto.
(Scuola di García) Traduzione dal Francese di
Alberto Mazzuccato. Parte Seconda. Milano:
G. Ricordi E.C., 1943. 123pp.

1088. DRAWS-TYCHSEN, H. "Federico García Lorcas
Cante jondo," WuW, XII (1957), p. 72.

1088a. KROLOW, K. "Grazie des Geistes (Dichtung vom
tiefinneren Gesang)," NDH, IV (1957-58), pp. 457-
458.

1089. GALLEGO MORELL, A. "El concurso de cante jondo
en la Granada de de 1922," ABC (5 de noviembre
de 1960).

1090. MOLINA, Ricardo y MAIRENA, A. Mundo y formas
del cante flamenco. Madrid: Revista de Occidente,
1963. 326pp. 23cm.

1091. YOUNG, Howard T. "Lorca and the Deep Song,"
ClareQ, XI (1964), no. 2, pp. 5-14.

1092. UMBRAL, Francisco. "Poema del cante jondo,"
CHA, LXXIV (1968), no. 220, pp. 49-57.

1093. QUIÑONES, Fernando. "Mundo de Federico: Los
       cafes de cante," EL (15 de noviembre de 1970),
       no. 456, pp. 11-13.

1094. RIOS RUIZ, Manuel. "El cante y los cantores de
       Jerez, 'ciudad de los gitanos'," EL (15 de noviem-
       bre de 1970), no. 456, pp. 14-16.

1095. MILLER, Norma Curtis. An Analysis of Federico
       García Lorca's "Poema del cante jondo." Berkeley,
       Cal., 1972.
       Tesis doctoral de la Universidad de California.

1096. STANTON, Edward. Federico García Lorca and "cante
       jondo." Los Angeles, Cal., 1972.
       Tesis doctoral de la Universidad de California.

       2. Sobre/On the Canciones

1097. DIEGO, G. [Sobre Canciones] RO, XVII (1927),
       pp. 380-384.
             Ref.: RI, I (1937), no. 5, pp. 53-54.

1098. DIEZ-CANEDO, E. [Canciones] Nación (28 de agosto
       de 1927).

1099. MONTANYA, Lluis. "Panorama. Canciones de
       Federico García Lorca," LA, II (15 de junio de
       1927).

1100. SALAZAR Y CHAPELA, Y. [Canciones] Sol (20 de
       julio de 1927.

1101. RIO, Angel del. [Canciones] REHis, I (1928),
       pp. 176-180.

1102. MEZA FUENTES, R. [Canciones] Atenea, VI (1929),
       pp. 643-646.

1103. NELA, Eda. "¿Despertara la canción?," UdP (1937),
       no. 9, p. 41.

1104. GRASS, Roland. "Lorca's Canción de Jinete," Ex-
       plicator, XIX (1960), Item 19.

1105. SCHNEIDER, Franz. "Lorca's Canción de Jinete,"
       Explicator, XX (1962), Item 74.

1106. CIRRE, José Francisco. "Algunos aspectos del jardín cerrado en las Canciones de Federico García Lorca," CA, a. XXIII (1964), no. 132, pp. 206-217.

1107. ROBERTS, G. "La intuición poética del tiempo finito en las Canciones de Federico García Lorca," RHM, XXXIII (1967), pp. 250-261.

1108. FOSTER, David W. "Literary Structure and the Study of Poetic Language," Hispania, LII (1969), pp. 222-230.
    Sobre Canción de jinete

3. Sobre/On the Romancero gitano

1109. ALONE [DIAZ ARRIETA, H.]. "Romancero gitano, poesías de Federico García Lorca," Nación [Santiago de Chile] (4 de noviembre de 1928).

1110. BAEZA, R. "Poesía y gitanismo," Sol (3 de agosto de 1928).

1111. _____. "Los Romances gitanos de Federico García Lorca," Sol (29 de julio de 1928).

1112. _____. "Los Romances gitanos de Federico García Lorca," Rep. A (22 de septiembre de 1928).

1113. COLLANTES DE TERAN, A. "Andalucía," GL (15 de agosto de 1928), no. 40.

1114. CHABAS, Juan. "Resumen literario. Romancero gitano," Libertad (4 de agosto de 1928).

1115. FERNANDEZ ALMAGRO, M. [Romancero gitano] RO, XXI (1928), pp. 337-378.
    Ref.: RI, I (marzo de 1937), no. 5, pp. 50-52.

1116. MONTANYA, Lluis. "Romancero gitano," LA (31 de octubre de 1928), no. 29.

1117. ORTIZ DE MONTELLANO, B. "Romancero gitano de Federico García Lorca," Contemporáneos, II (1928), no. 4, pp. 104-108.

1118. VALDEAVELLANO, L.G. de. "Un Romancero gitano,"
       Epoca (28 de julio de 1928).

1119. ANDRENIO [E. GOMEZ DE BAQUERO]. Pen Club, I:
       Los poetas. Madrid: C.I.A.P. [1929], pp. 89-97.

1120. GIL BENUMEYA, Rodolfo. "La luna y la nueva
       poesía," GL (1 de julio de 1929).

1121. CAMINO, Luis Felipe. [Romancero gitano] REHisp,
       II (1929), pp. 193-197.

1122. OLIVERA, A. "La nueva poesía española," RA, IV
       (1929), pp. 303-304.

1123. SERRANO PLAJA, A. "El andaluz y el gitano," Sol
       (15 de mayo de 1932).
           Sobre García Lorca y R. Alberti.

1124. PEREZ FERRERO, M. "Actualidad literaria. Otra
       vez el Romancero gitano," HM (10 de mayo de
       1934).

1125. ROSALES, Luis. "La Andalucía del llanto. (Al
       margen del Romancero gitano.)," CyR (1934), no.
       14, pp. 39-70.

1126. PELORSON, G. [Chansons gitanes] NRF, XLVI
       (1936), pp. 431-432.

1127. RICHARD, E. "Frédéric García Lorca, l'auteur du
       Romancero gitano," NL (26 de septiembre de 1936).

1128. CASTAÑEDA ARAGON, G. "García Lorca, el moro
       y el gitano," RI, I (1937), no. 5, p. 40.

1129. CERNUDA, Luis. [Sobre el Romancero gitano] HdE
       (1937), no. 9, pp. 67-69.

1130. KLAPPENBACH, H.R. "Romance," en Antología
       selecta de Federico García Lorca. Buenos Aires,
       1937.
           Vid. no. 18.

1131. NAVAS, Eugenio. "El cantor de la luna y los gitanos,"
       en Antología selecta de Federico García Lorca.
       Buenos Aires, 1937.
           Vid. no. 18.

1132.   LARS, Claudia. "Romance del Romancero gitano,"
        Rep. A (16 de enero de 1937).
        Idem en Al, VII (1938), no. 139, p. 53.

1133.   MIRANDA ARCHILLA, Graciany. "Romancillo a los
        gitanos de Federico García Lorca," AL, VIII
        (1937), no. 110, p. 24.

1134.   PEREZ, Emma. "Romance," Mediodía, III (1938),
        no. 82, p. 12.

1135.   PEREZ FERRERO, M. "Un libro de García Lorca:
        Romancero gitano," GL (15 de agosto de 1938),
        no. 40.

1136.   ARIAS, Augusto. "El romance García Lorca,"
        América, XII (1939), pp. 24-28.
           Idem en NDem, XVIII (1939), no. 2, pp. 24 y
        29.

1137.   CROW, John A. "Federico García Lorca en Hispa-
        noamérica," RIA, I (1939), no. 2, pp. 307-319.
           Sobre el Romancero gitano y Llanto por Ignacio
        Sánchez Mejías.

1138.   LAMARCUE, J.B. "Lamentación gitana," La Voz
        (12 de enero de 1939).

1139.   ONTAÑON, E. de. "Lorca en su ciclo gitano,"
        UniversalC (3 de septiembre de 1939).

1140.   SPITZER, Leo. "Notas sintáctico-estilísticas. A
        propósito del español que," RFH, IV (1942), no.
        2, pp. 125-126; 253-265.

1141.   D.M. "La primera edición del Romancero gitano
        consta de un solo ejemplar," EL (15 de noviembre
        de 1944.
           Se trata de la edición hecha por Jaime Torner
        y Luis Ponce, en la Gaceta de los gitanos, Grana-
        da, Jueves Santo, 1943.

1142.   FORTINI, Franco. "Lorca poeta gitano," Lettura
        (13 luglio 1946). Sup. della Lettura.

1143.   GALLO, Lidia N. "García Lorca y el Romancero
        español," Logos, (1946), no. 8, pp. 168-174.

1144. LUNARDI, Giovanni G. [Sobre: El martirio de Santa Olalla] EdP (1946), no. 21.

1145. BOWRA, Sir Cicil M. The Creative Experiment. London, 1949, pp. 189-253. Vid. no. 729.

1146. MACRI, Oreste. "Romancero gitano," FL (13 giugno 1949).

1147. SORIA, Andrés. "Gitanismo de Federico García Lorca," Insula, IV (1949), no. 45.

1148. BODINI, Vittorio. "Rivive nelle danze gitane la poesia del Romancero," FL (4 febbraio 1951).

1149. MACRI, Oreste. "Interpretazione del Romancero gitano. L'andalusismo di Lorca dalle Prime poesie al Divan del Tamarit, Demone e arte in Federico García Lorca," en F.G.L. Canti gitani e andalusi. Parma: Edit. Guanda, 1951. Vid. no. 548.

1150. BAYO, Marcial J. [Sobre el Romance de Santa Olalla], Clavileño, III (enero-febrero 1952), no. 13, pp. 20-24.

1151. BO, Carlo. "Gitanismo e religiosità nell'opera di Federico García Lorca," NCor (19 marzo 1953).

1152. ROMERO MURUBE, J. "Una variante en el Romancero gitano. (Sobre Burla de don Pedro a caballo)," Insula, VIII (15 de octubre de 1953), no. 94.

1153. SWAN, Michael. "Lorca's Gypsy," Atlantic (September 1954), pp. 35-38.

1154. _____. "La gitana di Lorca," Minerva (dicembre 1954), p. 399.

1155. GONZALEZ MUELA, J. "La monja gitana," [Estudio estilístico] ML, XXXVI (1955), pp. 90-101.

1156. DARMANGEAT, P. "Essai d'interpretation du Romance sonámbulo," LNL, L (1956), no. 136, pp. 1-11.

1157. DEVOTO, D. "García Lorca y los romanceros,"
QIA, III (dicembre 1956), nos. 19-20, p. 240.

1158. D.S. "Cikánské romance F.G. Lorcy v D. 34
[Sobre el Romancero gitano de Lorca en el D 34]
Práce (24 de mayo de 1956).

1159. FLEISCHMANN, Ivo. "Lorcovy verše na jevišti [Los
versos de Lorca en las tablas] Lnov (24 de mayo de
1956).

1160. G.M. [= PAVEL GRYM] "Lorcovy Cikánské romance
na scéně," (Romancero gitano de Lorca en las
tablas) LDem (23 de mayo de 1956).

1161. MACRI, Oreste. "García Lorca e i gitani," Critone
(dicembre 1956).

1162. RIVAS CRESPO, Josefa. "Comentario a la poesía de
García Lorca... Romance de la luna luna," Hispania, XXXIX (1956), p. 97.

1163. SEMRAD, Vladimír. "Cikánske romance v D 34"
[Romancero gitano en el teatro D 34], Vp (25 de
mayo de 1956).

1164. SWAN, Michael. "La gitana di Lorca," Minerva
(dicembre 1956).

1165. T. "F.G. Lorca v D 34" [F. García Lorca en el
teatro D. 34] Ss (23 de mayo de 1956).

1166. MARCILLY, Charles. Essai d'interpretation de "La
burla de don Pedro a caballo" de Federico García
Lorca. Paris: Librarie des Editions Espagnoles,
1957. 35pp.
Reimp.: 1962.
Idem en LNL (mars 1957), no. 141.

1167. GICOVATE, Bernardo. "El Romance sonámbulo de
García Lorca," Hispania, XLI (1958), pp. 300-302.

1168. TERRACINI, Lore. "Acerca de dos Romances gitanos," QIA, IV (1958), no. 22, pp. 429-443.

1169. ALVAR, M. "García Lorca en la encrucijada:
Erudición y popularismo en el Romance de Thamar,"
Archivum, IX (1959), pp. 228-235.

1170. LEIGHTON, Charles H. "The Treatment of Time and Space in the Romancero gitano," Hispania, XLIII (1960), pp. 378-383.

1171. NIMS, John Frederick. [Interpretación de cinco poemas de F.G.L.: Preciosa y el aire; Romance sonámbulo; La casada infiel; Romance de la pena negra; Despedida] en The Poem Itself (Ed. Stanley Burnshaw) New York: Rinehart and Winston, 1960. 337pp. 24cm.

1172. LOPEZ - MORILLAS, Juan. "García Lorca y el primitivismo lírico: Reflexiones sobre el Romancero gitano," en Intelectuales y espirituales, pp. 195-216.
        Vid. no. 823.

1173. FLORIT, Eugenio. "Apostillas al Romancero gitano," Asomante, XVIII (1962), no. 1, pp. 46-48.

1174. BLANQUAT, J. "La lune manichéene dans la mythologie du "Romancero gitano," RLC, XXXVIII (1964), pp. 376-399.

1175. GLASSER, D.M. "Lorca's Burla de don Pedro a Caballo," Hispania, XLVII (1964), pp. 295-301.

1176. MONLEON, J. "El Romancero gitano, revelación y ocultamiento," AdF, IV (1965).

1177. PETERSEN, F. "La vida corta pero eterna de Antonio el Gitano," Hispano, (1966) no. 28, pp. 39-47.

1178. AGUIRRE, J.M. "El sonambulismo de Federico García Lorca," BHS, XLIV (1967), pp. 267-285.

1179. COBB, Carl W. "Federico García Lorca and the Dedication of La casada infiel," RNot, VIII (1967), no. 2, pp. 165-169.

1180. DE LONG, B.J. "Romancero gitano: "Traditionality and Modernity. Iowa City, Iowa, 1967.
        Tesis doctoral de la University of Iowa.
        DA, XXVIII (1967), pp. 3177A-3178A.

1181. FORSTER, Jeremy C. "El Caballista de Lorca," RNot, IX (1967), no. 1, pp. 28-30.

Federico García Lorca

1182. ALLEN, R. "An Analysis of Narrative and Symbol in Lorca's Romance sonámbulo," HR, XXXVI (1968), pp. 338-352.

1183. CHAMBERLIN, Vernon A. "Symbolic Green: A Time-Honoured Characterizing Device in Spanish Literature," Hispania, LI (1968), no. 1, pp. 29-37.
Se alude vagamente al Romancero gitano.

1184. BARY, David. "Preciosa and the English," HR, XXXVII (1969), pp. 510-517.

1185. CREMER, V. "Los mundos oscuros de Federico García Lorca y el Romancero gitano," (I parte) EL (15 de julio de 1969), no. 424, pp. 4-7; (II parte) (10 de octubre de 1969), no. 429, pp. 4-7; (III parte) (15 de noviembre de 1969), no. 432, pp. 17-19.

1186. DE LONG, B.J. "Mythic Unity in Lorca's Camborio Poems," Hispania, LII (1969), no. 4, pp. 840-845.

1187. _____. "Sobre el desarrollo lorquiano del Romance tradicional," Hispano (1969), no. 35, pp. 51-62.

1188. [GARCIA LORCA, Federico] "Comentarios al Romancero gitano." (Conferencia inédita) RO (1969), no. 77, pp. 129-137.

1189. SZERTICS, J. "Federico García Lorca y el romancero viejo (Los tiempos verbales y su alternancia)," MLN, LXXXIV (1969), pp. 269-285.

1190. ALLUE Y MORER, Fernando. "Federico García Lorca y los Romances gitanos," RO (1971), no. 95, pp. 229-239.

1191. _____. De Jorge Manrique a Jorge Guillén. Edic. de Caffarena. Málaga: Librería Antiquaria El Guadalhorce, 1971. 91pp. (Col. Almoradui, 11)

1192. DE LONG-TONELLI, Beverly J. "The Lyric Dimension in Lorca's Romance sonánbulo," RNot, XII (1971), no. 2, pp. 282-295.

1193. FEAL-DEIBE, Carlos. "Romance de la luna, luna: Una reinterpretación," MLN, LXXXVI (1971), pp. 284-288.

1194. KNOWLTON, John F. "The Image of the Anvils in García Lorca's Romance de la pena negra," RNot, XIII (1971), no. 1, pp. 38-40.

1195. LOUGHRAN, David. "Myth, the Gypsy, and two Romances históricos," MLN, LXXXVII (1972), no. 2, pp. 253-271.

4. Sobre/On the Seis poemas gallegos

1196. MARTINEZ BARBEITO, Carlos. "García Lorca, poeta gallego," Español (julio de 1946).

1197. BLANCO-AMOR, E. "Los poemas gallegos de Federico García Lorca," Insula (julio-agosto de 1959), nos. 152-153, p. 9.

1198. NEIRA VILAS, J. "García Lorca y sus poemas gallegos," Islas, VI (1964), no. 2, pp. 109-123.

1199. FEAL-DEIBE, Carlos. "Los Seis poemas gallegos de Lorca y sus fuentes rosalianas," RF, LXXXIII (1971), pp. 555-587.

5. Sobre/On the Poeta en Nueva York

1200. DIAZ-PLAJA, Guillermo. "García Lorca y su Nueva York," Luz (28 de diciembre de 1932).

1201. GUIRAO, Ramón. Orbita de la poesía afrocubana, 1928-1937. Selección, notas biográficas y vocabulario por... La Habana: Talleres do Ucar, García y cía, 1938. 4pp. + 196pp. 18cm.

1202. ALBERTI, Rafael. [Sobre Poeta en Nueva York] Sur, X (1940), no. 75, pp. 147-151.

1203. CARDOZA Y ARAGON, L. "Federico en Nueva York," Romance, I (1940), no. 13, pp. 1-2. Idem en CAme, (1940), no. 37.

1204. GOMEZ, M.A. "El poeta en Nueva York," ALib (7 de noviembre de 1940).

1205. HONIG, Edwin. "Translator' note," en The Poet in New York and Other Poems. New York: Norton, 1940, pp. 16-19.
Vid. no. 483.

1206. LARREA, Juan. [Federico García Lorca] EP, I (1940), pp. 251-256.
Idem en LMex, III (1941), no. 1.

1207. LACAU, María Hortensia [Poeta en Nueva York]. CyC, XI (1943), pp. 452-457.

1208. FLYS, Jaroslaw M. "Poeta en Nueva York. La obra incomprendida de Federico García Lorca," Arbor, XXXI (1955), no. 114, pp. 247-257.

1209. SENDER, Ramón J. "Lorca y su Poeta en Nueva York," UniversalC (24 de septiembre de 1955).

1210. LEIVA, R. "Un libro incomprendido: Poeta en Nueva York," Novedades (16 de septiembre de 1956).

1211. CORREA, Gustavo. "Significado de Poeta en Nueva York," CA, CII (1959), no. 1, pp. 224-233.

1212. MARCILLY, Charles. Ronde et fable de la solitude à New York. Prélude à "Poeta en Nueva York" de Federico García Lorca par ... Paris: Edics. Hispano-Americans, 1962. 81pp. 23cm.

1213. SAEZ, R. "The Ritual Sacrifice in Lorca's Poet in New York," en Durán, Manuel, Lorca: A Collection of Critical Essays, pp. 108-129.
Vid. no. 831.

1214. FRANCONIERI, F. "Lorca, New York e il surrealismo," VeP, XLVI (1963), pp. 192-199.

1215. ANEZ, N.E. "Interpretación de algunos aspectos de Poeta en Nueva York," AdF, IV (1965).

1216. AVILA, Pablo L. Poeta en Nueva York, 1929-1930.

Selección y estudio por ...   Milano: La Goliardica,
1965. 73pp. 17cm. (Biblioteca de Studi e Testi
Universitari, 10)

1217. BARTRA, Agusti. "New York: Two Poetic Impressions," Américas, XVIII (1966), no. 10, pp. 15-
22.

1217a. RIO, Angel del. "Poeta en Nueva York: pasados
veinticinco años," en su Estudios sobre literatura
española contemporánea. Madrid: Gredos, 1966,
pp. 251-293.

1218. DEVLIN, J. "García Lorca's Basic Affirmation in
Poet in New York," SHSMW (1969), pp. 131-140.

1219. VIDAL, Hernán. "Paisaje de la multitud que vomita:
Poema de Ruptura de la Visión Mítica en García
Lorca," RNot, X (1969), no. 2, pp. 226-232.

1220. BOSCAN DE LOMBARDI, L. "La muerte en Poeta
en Nueva York," AdF, VIII-IX (1969-1970).

1221. HIGGINBOTHAM, Virginia. "Reflejos de Lautréamont
en Poeta en Nueva York," Hispano (1972), no. 46,
pp. 59-68.

1222. MARTIN, Eutimio. "¿Existe una versión definitiva de
Poeta en Nueva York, de Lorca?," Insula, a.
XXVIII (1972), no. 310, pp. 1 y 10.

6. Sobre/On the Llanto por Ignacio Sánchez Mejías

1223. PEREZ FERRERO, M. [Llanto por Ignacio Sánchez
Mejías] HM (9 de mayo de 1935).

1224. SALINAS, Pedro. "Dos elegías a un torero," ILit,
IV (1935), pp. 193-197.
Idem en su Literatura española del siglo XX.
México: Séneca, 1941, pp. 303-313.
Sobre Llanto... y Verte y no verte, de Rafael
Alberti.

1225. WALTON, Eda Lou. "The Last Poems of Federico
García Lorca," NYT (February 27, 1938).

1226. WHEELWRIGHT, J. "The Poetry of Lorca," Poetry, LI (1937-1938), pp. 167-170.
Sobre el Llanto....

1226a. GAY, Alice. "L'obsession de soi et la hantise du meurtre dans quelques poèmes de García Lorca," Iberia (mai 1947), pp. 10-13.

1227. CORREA, Gustavo. "Llanto por Ignacio Sánchez Mejías," RI, XXXIII (1948), no. 104, pp. 179-202.

1228. PAREDES, Pedro Pablo. "Un poema sinfónico: Llanto por la muerte de Ignacio Sánchez Mejías," RNC, X (1949), no. 74, pp. 53-69.

1229. SALINAS, Pedro. "Lorca and the Poetry of Death," HRev, V (1952), pp. 5-12.
Idem en TDR, I (1956-1957), no. 2, pp. 14-21.

1230. RIVAS CHERIF, C. "La muerte y la pasión de Federico García Lorca," Excelsior (6-27 de enero de 1957).
3 artículos.

1231. PEREZ GOMEZ, A. "Insigne fortuna gramofónica de un bello libro," [El Llanto por Ignacio Sánchez Mejías] RLit, XIV (1958), pp. 227-230.

1232. PEÑALOSA, Joaquín Antonio. "Llanto por Ignacio Sánchez Mejías, de García Lorca: Comentario y simpatía," Estilo (julio-diciembre de 1959), nos. 51-52, pp. 137-152.

1233. PONTE, Elena B. del. "Lo sensorial en el Llanto por Ignacio Sánchez Mejías," ULit, XL (abril-junio de 1959), pp. 135-150.

1234. MACRI, Oreste. "Una lettera di O. Macrí e un biglietto di L. Sciascia [Risposta a L. Sciascia, del tradurre: Il lamento per Ignacio Sánchez Mejías]," ApL, VII (aprile-settembre 1961), no. 1, pp. 14-15.
Idem en Rendiconti, II-III (giugno-settembre 1961), n. 111, pp. 106-110.

1235. CARAVAGGI, G. "Il Llanto por Ignacio Sánchez Mejías," RLMC, XV (1962), pp. 116-145.

1236. CANNON, C. "Lorca's Llanto por Ignacio Sánchez Mejías and Elegiac Tradition," HR, XXXI (1936), pp. 229-238.

1237. LOREIS, Hector Jan. "Waarom de Llanto van Lorca
       opnieuw vertaald?," VLG, XLIX (1965), pp. 30-41.
       Contiene traducciones.

1238. SOLINAS, Pier Nico. "In morte di un amico: Llanto
       por Ignacio Sánchez Mejías," Fenarete, XX (1968),
       no. 3, pp. 1-8.

1239. COSSIO, J.M. de. "El tema taurino y la generación
       del '27," EL (1 de junio de 1971), no. 469, pp. 4-
       6.

C) Prosa/Prose

1240. SOSTENIDO. "Conferencia del Centro Artístico,"
       DG (22 de febrero de 1922).

1241. [ANONIMO] "Un rato de charla con F.G.L. Para el
       gran poeta español, soñar es mejor que vivir,"
       CdG (22 de octubre de 1933).

1242. ROSSI, Giuseppe Carlo. "El Góngora di García
       Lorca," Idea (20 febbraio 1955).

1243. GULLON, Ricardo. "Los prosistas de la generación
       de 1925," Insula, XII (1957), no. 126, p. 1 y 8.

1244. BELAMICH, André. "Cartas inédita de García
       Lorca," Insula, a. XV (1960), no. 162, p. 1.

1245. COLE, Toby. Playwrights on Playwriting. New
       York: Hill and Wang, 1960. 299pp.
            Contiene traducciones de dos intervistas y un
       artículo de F.G.L.

1246. COMINCIOLI, Jacques. "Federico García Lorca.
       Un texto olvidado y cuatro documentos," CHA
       (octubre de 1960), no. 130.

1247. ZAMBRANO, María. "Lettere e disegni di F.
       García Lorca," FL (14 febbraio 1960)
            Contiene los textos y los dibujos publicado en
       Insula (diciembre de 1959), no. 157.

1248. BABIN, María Teresa. La prosa mágica de García
       Lorca. Santander: La Isla de los Ratones, 1962.

69pp. (Colección Narración y Ensayo)
Ref.: Asomante, XVIII (1962), no. 1, pp. 49-69.

1249. LAFFRANQUE, Marie. "Un nouveau pas dans les recherches lorquiennes: Publications de documents nouveaux et essais de classements," BH, LXV (1963), nos. 1-2, pp. 129-132.

1250. _____. "Quelques billets de Federico García Lorca," BH, LXV (1963), nos. 1-2, pp. 133-136.

1251. OTERO SECO, A. "Sobre la última interview de García Lorca," LT, XII (1964), pp. 55-63.

1252. MARRAST, Robert. "Cinco cartas inéditas de Federico García Lorca," Insula, a. XX (1965), nos. 228-229, p. 13.

1253. GIBSON, Ian. "Federico García Lorca: Un pequeño texto olvidado," BH, LXVIII (1966), no. 1-2, pp. 116-117.

1254. _____. "Federico García Lorca, su maestro de música, y un artículo olvidado," Insula, a. XXI (1966), no. 232, p. 14.

1255. MARRAST, Robert. "Deux lettres inédits, presentées par Robert Marrast," LFP (1966), no. 1120. Epistolario.

1256. PALM, Erwin Walter. "Kunst jenseits der Kunst Federico García Lorcas Theorie vom Duende," Akzente, XIII (1966), pp. 255-270.

1257. GIBSON, Ian. "Federico García Lorca en Burgos: Mas artículos olvidados," BH, LXIX (1967), nos. 1-2, pp. 179-195.

1258. _____. "Los primeros escritos impresos de Federico García Lorca: Dos artículos más," BH, LXX (1968), nos. 1-2, pp. 116-121.

1259. GALLEGO MORELL, Antonio. "Los primeros escritos impresos de Federico García Lorca: Dos artículos más. (Impresiones del viaje. Santiago. Letras. Granada. 10 - XII - 1917. Impresiones del viaje,

II. Baeza: La ciudad. Letras. Granada. 30 -
XII - 1917)," BH, LXX (1968), no. 1, pp. 116-121.

1260. NEUREUTHER, Heide. "A propósito de cinco cartas
inéditas de Federico García Lorca," Insula, a.
XXIII (junio de 1968), no. 259, p. 7.

1261. PRIETO, G. Lorca en color. Epistolario. Madrid:
Edit. Nacional, 1968. 229pp.
Contiene 62 cartas.
Res.: Insula, a. XXIII (1968), no. 268.

1262. AVILA, Pablo L. "Una lettera inedita di Federico
García Lorca," SCrit (17 febbraio 1972), pp. 80-
85.
Vid. además nos. 164-168; 172-195; 197-261a.

D) Teatro/Theatre

1263. DIEZ-CANEDO, Enrique. "El teatro universitario,
La Barraca," Sol (22 de agosto de 1932).

1264. RIVAS CHERIF, C. "Apuntaciones. Por el teatro
dramático nacional," Sol (22 de julio de 1932).

1265. DIEGO, G. "El teatro musical de Federico García
Lorca," Imparcial (16 de abril de 1933).

1266. CHABAS, Juan. "Vacaciones de la Barraca," Luz
(3 de septiembre de 1934).

1267. _____. "Federico García Lorca y la tragedia,"
Luz (3 de julio de 1934).

1268. DIAZ-PLAJA, Guillermo. L'evolucio del teatre.
Barcelona: Edit. Barcino, 1934. 62pp.

1269. LEVI, Ezio. "La Barraca di García Lorca," Sce-
nario, X (1934).

1270. Vid. STAGE Design Throughout the World Since
1935. London, Toronto: Harrap & Co., 1935.
1 vol.
Contiene dibujos y fotos de las producciones
teatrales de La casa de Bernarda Alba, Amor de
Don Perlimplín, Yerma y Doña Rosita la soltera.

1271. D'AMICO, Silvio. "Teatro sulla sabbia," Tribuna
       (18 settembre 1935).
       Idem en GPop (17 settembre 1935).

1272. MURIEDA, P. "García Lorca y La Barraca," Can-
       tábrico (18 de agosto de 1935).

1273. [ANONIMO] "El teatro de Federico García Lorca,"
       ALCIL, V (1936), no. 37, pp. 25-31.

1274. GONZALEZ MENA, J. "El teatro de Federico
       García Lorca," Todo (12 de marzo de 1936).

1275. ORCAJO ACUÑA, Federico. Teatro de hoy. Buenos
       Aires-Montevideo: Sociedad Amigos del Libro
       Rioplatense, 1936. vol. XXVI.

1276. ALDUNATE, R. "El teatro de Federico García
       Lorca," Mercurio (11 de abril de 1937).

1277. ALTOLAGUIRRE, M. "Nuestro teatro," HdE (1937),
       no. 9, pp. 32-37.

1278. ASSAF, José E. "Federico García Lorca y José
       María Pemán," en El teatro argentino como
       problema nacional. Buenos Aires: Edit. Criterio,
       1937. 196pp.
       Vid. pp. 157-171.

1279. BERNADETE, M.J. "García Lorca," NR, XCIII
       (1937), pp. 25-26.

1280. DE MARIA Y CAMPOS, A. Presencia de teatro
       (Crónicas 1934-1936). México: Edit. Notas,
       1937. 316pp.

1281. DURAND, L. [Sobre "A. Aldunate Phillips: Federico
       García Lorca a través de Margarita Xirgu,"] Ate-
       nea, XL (1937), pp. 339-341.

1282. LUISI, Luisa. "El teatro de García Lorca," Ensayos,
       II (1937), no. 16.

1283. ZAÑARTU, S. "Teatro de García Lorca," SurC (22
       de agosto de 1937).

1284. DIEZ-CANEDO, Enrique. "Panorama del teatro

español desde 1914 a 1936," HdE (1938), no. 16,
pp. 44-48.

1285. CARRILLO URDANIVIA, G. "El teatro de Federico
García Lorca," Inquietud, I (1939), no. 2, pp. 43-
50; III (1940), no. 6, pp. 79-81.

1286. CASSOU, Jean. "Coup d'oeil sur le théâtre," NL (7
de enero de 1939), p. 6.

1287. MONNER SANS, José María. Panorama del nuevo
teatro. La Plata: Biblioteca de Humanidades,
1939. 273pp.
    Reimp.: Buenos Aires: Edit. Losada, 1942.
255pp.

1288. D'AMICO, Silvio. Storia del teatro drammatico.
Milano: Garzanti, 1939-1940. 3 vols.

1289. SAENZ DE LA CALZADA, C. "El teatro universitario
español, La Barraca," AméricaM (agosto de 1940),
pp. 35-37.

1290. USIGLI, Rodolfo. Itinerario del autor dramático.
México: La Casa de España, 1940. 172pp.

1291. EICHELBAUM, Samuel. "Lola Membrives repondra
obras de Lorca," ALib (30 de enero de 1941).

1292. LOPEZ ARANGUREN, Dolores. "Federico García
Lorca, su paisaje y sus tipos," AEsp, XI (1941),
no. 37, pp. 13-26.

1293. MORTON, F. [Sobre la traducción de algunas comedias de F.G.L. por R.L. O'Connel y James
Graham-Luján (Vid. no. 508)] TAM, XXV (1941),
pp. 920-923.

1294. SALINAS, Pedro. "Dramatismo y teatro de Federico
García Lorca," en Literatura española del siglo
XX. México: Edit. Séneca, 1941, pp. 289-302.

1295. YOUNG, Stark. "Theatre Song," NR, CV (October
13, 1941), p. 477.

1296. _____. "Foreword," en R.L. O'Connel y James

Graham-Luján: From Lorca's Theatre, New York:
Scribner's, 1941.
Vid. no. 508.

1297. ARAI ESPINOSA, María del Rosario Sachi. El teatro
poetico de Federico García Lorca. México, 1942.
88pp.
Tesis inédita de la Universidad de México.

1298. NAVAS, Eugenio. García Lorca (el crimen fue a
Granada). Tres actos de Eugenio Navas. Comentario por Angel Ossorio y Gallardo. Buenos
Aires: Edit. Teatro del Pueblo, 1943. XI +
126pp.

1299. DIAZ-PLAJA, Guillermo. Esquema de la historia
del teatro. Barcelona: Instituto del Teatro, 1944.
79.

1300. ETCHEPARE, Alberto. "Margarita Xirgú, esencia y
presencia de la España eterna," MUrug (11 de enero
de 1945).

1301. GASSNER, John. Masters of the Drama. New York:
Dover Publications, 1945. 804pp. 21cm.
Reimp.: New York: Dover Publications, 1954.
XXI + 890pp. 22cm.

1302. TRIAS MONJE, José. "La mujer en el teatro de
García Lorca," Asomante, I (1945), no. 1, pp. 66-
68.

1303. MACRI, Oreste. "Teatro di Federico García Lorca,"
RdI, I (5 maggio 1946), pp. 30-39.

1304. PANDOLFI, Vito. "Lorca, dalla poesia al dramma,"
Lettura (13 luglio 1946).

1305. CLARK, Barret H. y FREEDLEY, George. A
History of the Modern Drama. New York: Apple-
ton-Century, 1947. 832pp.

1306. GARCIA LORCA, Francisco. Vid. "Prologue" a
Three Tragedies of Federico García Lorca. New
York: New Directions, 1947.
Vid. nos. 512-516.

1307.   GERGERES, J. Paul. "Los temas de la mujer y de
        la muerte en el teatro de Federico García Lorca,"
        Iberia (mars 1947).

1308.   J.N. "Zas jednou dobré divadlo" [Otra vez un buen
        teatro], Mfro (30 de octubre de 1947).

1309.   PANDOLFI, Vito. "García Lorca dalla poesia al
        dramma," RdI (septiembre-octubre 1947).

1310.   MANTLE, Burns, ed. The Best Plays Series. Vols.
        18, 28, 32. New York: Dodd, Mead and Co.,
        1947-1950. 1 vol. 21cm.
            Vid. vol. 18, pp. 449-450; vol. 28, p. 442;
        vol. 32, p. 426.

1311.   PANVLOVSKY, Miroslav. "Problematika inscenace
        F.G. Lorcy," [Problemática de la puesta en
        escena de F. García Lorca] PBrno, III (1947-
        1948), no. 4, pp. 116-118; no. 5, p. 151.
            Sobre La casa de Bernarda Alba.

1312.   BABIN, María Teresa. "García Lorca, poeta del
        teatro," Asomante, IV (1948), no. 2, pp. 48-57.

1313.   GUERRERO ZAMORA, Juan. El teatro de Federico
        García Lorca. Madrid: Tip. Edics. Jura, 1948.
        2 hojas + 19pp. (Colección Raíz, 2)

1314.   PEREZ MARCHAND, Monelisa Lina. "Apuntes sobre
        el concepto de la tragedia en la obra dramática de
        García Lorca," Asomante, IV (1948), no. 1, pp.
        86-96.

1315.   GULLBERG, Hjalmar R. Den heliga vägen, och
        andra tolkningar av främmande lyrik. Stockholm:
        Norstedts, 1949. 110pp. 24cm.
            Contiene notas sobre Yerma, Doña Rosita la
        soltera, Bodas de sangre y traducciones de algunos
        pasajes.

1316.   HILLESTRÖM, Gustav. "Federico García Lorca som
        Dramatiker," SOF, VI (1949), pp. 486-494.

1317.   MANCINI, G. Figure del teatro spagnolo contempora-
        neo. Lucca: Circolo Culturale Serra, 1949, pp.
        117-141.
            Contiene un ensayo sobre el teatro de F.G.L.

1318. NATHAN, George Jean. Theatre Book of the Year
       1948-1949. New York: Knopf, 1949. 363pp.

1319. SANCHEZ, Roberto Garza. The Theatre of Federico
       García Lorca. Madison: Univ. of Wisconsin,
       1949.
            Tesis doctoral de la University of Wisconsin.
            Resumen en Summaries, XI, p. 375.

1320. D'AMICO, Silvio. Storia del teatro drammatico.
       Milano: Garzanti, 1950. 4 vols.
            Vid. pp. 185-187.

1321. HONIG, Edwin. "Toward a Lorca Theatre," NMQ,
       XX (1950), no. 1, pp. 94-98.

1322. SANCHEZ, Roberto Garza. Lorca - Estudio sobre
       su teatro. Madrid: Edit. Jura, 1950. 166pp.
            Tesis doctoral de la University of Wisconsin.
            Vid. no. 1319.

1323. CUEVA TAMARIZ, Agustín. "Contenido del teatro
       de García Lorca," LdE (1951), no. 68.

1324. GARCIA-LUENGO, Eusebio. Revisión del teatro de
       Federico García Lorca. Madrid: Imp. Aga, 1951.
       34pp. (Cuadernos de Política y Literatura, 3)

1325. MACHADO BONET, Ofelia. Federico García Lorca.
       Su producción dramática. Montevideo: Imp.
       Rosagal, 1951. 229pp.

1326. NATHAN, George Jean. Theatre Book of the Year
       1950-1951. New York: Knopf, 1951. 294pp.

1327. BORDIER, Roger. "A propos de Lorca et de théâtre,"
       Iô, II (1952), no. 7.

1328. GARCIA-LUENGO, Eusebio. "Carta sobre revisión
       del teatro de Federico García Lorca," Indice, a.
       VII (15 de marzo de 1952), no. 49.

1329. RAMIREZ DE ARELLANO, Rafael. "García Lorca
       y su positiva influencia sobre nuestro teatro,"
       Ateneo (30 de agosto de 1952).
            Sobre Condenados, de Suárez Carreño.

1330. SURCHI, Sergio. "Rilettura del teatro di Lorca,"
      NCor (22 de novembre 1952).

1331. BENTLEY, Eric. In Search of Theatre. New York:
      Knopf, 1953. 411pp. (A Vintage Book K6).
      25cm.
      Reimp.: New York: Knopf, 1954, 1957. 385pp.

1332. BIANCHI, Sarah. El guiñol en García Lorca. Bue-
      nos Aires: Cuadernos del Unicornio, 1953. 14pp.

1333. LAMM, Martin. Modern Drama. Trans. by Karin
      Elliott. New York: Philosophical Library, 1953.
      359pp. 22cm.

1334. PANDOLFI, Vito. Spettacolo del secolo - Il teatro
      drammatico. Pisa: Nistri-Lischi. 414pp. 25cm.

1335. PEREZ-MINIK, Domingo. Debates sobre el teatro
      español contemporáneo. Santa Cruz de Tenerife:
      Edit. Goya, 1953. 286pp.

1336. SURCHI, Sergio. "Sulla natura popolare del teatro
      di García Lorca," Sipario (gennaio 1953), no. 81.

1337. COLECCHIA, Francesca Maria. The Treatment of
      Woman in the Theater of Federico García Lorca.
      Pittsburgh, 1954.
      Tesis doctoral de la University of Pittsburgh.
      DA, XIV, p. 1406.

1338. GASSNER, John. "Federico García Lorca," en su
      The Theatre of Our Times. A Survey of the Men,
      Materials, and Movement in the Modern Theatre.
      New York: Crown Publishers, 1954, pp. 224-226.
      Reimp. New York: Crown, 1960. 588pp.

1339. STEPHENS, Frances. Theatre World Annual (1953-
      1954). New York-London: Macmillan Co., 1954.
      176pp.

1340. ARATARI, Anthony. "The Tragedies of García
      Lorca," Commonweal, LXII (August 12, 1955),
      pp. 472-475.

1341. FRESEDO, Orlando. "Complejos psico-sexuales en
      el teatro de Federico García Lorca," DH (22 de
      mayo de 1955).

1342. GARCIA LORCA, Federico. "Quatre interviews
      sur le theâtre," ThP (1955), no. 13, pp. 3-14.

1343. HABART, Michel. "A la recherche d'un théâtre,"
       Critique, IX (1955), no. 96.
       Sobre Büchner, García Lorca y B. Brecht.

1344. HOYO, Arturo de. Teatro mundial. Madrid: Agui-
       lar, 1955. 1270pp.
       Contiene resúmenes de Bodas de sangre, Doña
       Rosita, La casa de Bernarda Alba y Yerma.

1345. NAVARRO MONTOLIU, J. "La mujer en el teatro
       de Federico García Lorca," UniversalC (14 de
       junio de 1955).

1346. NOURISSIER, François. Federico García Lorca,
       dramaturge. Paris: Éditions de l'Arche, 1955.
       158pp. (Collection Les Grands Dramaturges)

1347. SAMACHSON, Dorothy and SAMACHSON, Joseph.
       The Dramatic Story of the Theatre by... New
       York-London: Abelard-Schuman, 1955. 168pp.
       25cm.

1348. ZDENEK, Joseph W. "La mujer y la frustración en
       las comedias de García Lorca," Hispania, XXXVIII
       (1955), no. 1, pp. 67-69.

1349. DRAWS-TYCHSEN, H. "Die Dramen García Lorcas,"
       WuW, XI (1956), pp. 245-246.

1350. GASSNER, John. Form and Idea in Modern Theatre.
       New York: Dryden Press, 1956. 290pp.

1351. LUMLEY, Frederick. Trends in Twentieth Century
       Drama. London: Rockliff, 1956. 273pp.

1352. _____. Theatre in Review. Edinburgh: R. Pat-
       terson, Ltd., 1956. 201pp.

1353. MacGOWEN, Kenneth and MELNITZ, William. The
       Living Stage. New Jersey: Prentice-Hall, 1956.
       543pp.

1354. MARRAST, Robert. "Le mythe de Lorca," CdO, a.
       V (juillet 1956), no. 20.

1355. PATTISON, W. T. "Federico García Lorca," TDR,
       I (1956), no. 2, pp. 39-46.

1356. SHIPLEY, Joseph T. Guide to Great Plays. Washington, D.C.: Public Affairs Press, 1956. 867pp.

1357. VALBUENA PRAT, A. Historia del teatro español. Barcelona: Edit. Noguer, 1956. pp. 633-651.

1358. WILLIAMSON, Audrey. Contemporary Theatre, 1953-1956. London: Rockliff, 1956. 195pp. 23cm. Vid. pp. 149-150.

1359. FERGUSSON, Francis. The Human Image in Dramatic Literature. Essays. New York: Doubleday, 1957. 217pp. 18cm.

1360. HARTNOLL, Phyllis, ed. The Oxford Companion to the Theatre. New York-London: Oxford Univ. Press, 1957. 888pp.

1361. LAFFRANQUE, Maria. "Federico García Lorca. Encore trois textes oubliés: Teatro para el pueblo. Después del estreno de Yerma. Galeria. Federico García Lorca el poeta que no se quiere encadenar [de Proel]," BH, LIX (1957), no. 1, pp. 62-71.

1362. McCOLLOM, William G. Tragedy. New York: Macmillan Co., 1957. 254pp.

1363. NIEVA, F. "García Lorca, metteur en scène: les Intermèdes de Cervantes," en su La mise en scène des oeuvres du passé. Paris: Editions C.N. R.S., 1957, pp. 81-91.

1364. PARKER, Jack Horace. Breve Historia del Teatro Español. México: Edics. De Andres, 1957. 214pp.

1365. PEACOCK, Ronald. The Art of the Drama. London: Routledge & Kegan Paul Ltd., 1957. 263pp.

1366. TREPANIER, E. Le théâtre d'essai de Lorca. Paris: Faculté des Lettres, 1957. Tesis inédita de la Universidad de Paris.

1367. VALBUENA PRAT, A. "El teatro de Federico García Lorca," Osservatore, II (1957), nos. 3-4, pp. 35-51.

1368. BARDI, Ubaldo. "Primi e secondi piani del teatro
       spagnolo," Palcoscenico (1958), no. 70.

1369. D'AMICO, Silvio. Storia del teatro drammatico.
       Milano: Garzanti, 1958, vol. IV, pp. 127-128.

1370. DIAZ-PLAJA, Guillermo. El teatro. Barcelona:
       Edit. Noguer, 1958. 645pp. 25cm.

1371. FEDERICO García Lorca Exhibit. New York:
       Columbia University Dramatic Museum. February-
       March 1958.
       Microfilm: New York: Public Library, ZC-20.

1372. LAFFRANQUE, Marie. "Federico García Lorca,
       expérience et conception de la condition du drama-
       turge," en Le théâtre moderne - Hommes et
       tendances. Paris: C.N. R.S., 1958, pp. 276-
       299.

1373. MACHUCA-PADIN, Arturo H. Three Spanish Plays:
       A Translation and Adaptation. Denver, Colorado,
       1958.
           Tesis doctoral inédita de la University of Colora-
       do.
           Contiene: The Mermaid's Tail (La cola de la
       sirena) por Conrado Nalé Roxlo; In Ardent Darkness
       (En la ardiente obscuridad) por Antonio Buero
       Vallejo; When Five Years Pass (Así que pasen
       cinco años) por Federico García Lorca.

1374. TORRENTE BALLESTER, G. Teatro español con-
       temporáneo. Madrid: Madrid: Edics. Guadarra-
       ma, 1958. 348pp.

1375. BARDI, Ubaldo. "García Lorca scenografo di se
       stesso," GdM (22 febbraio 1959), no. 45.

1376. BENITEZ CLAROS, Rafael. Figuras representativas
       en el drama del siglo XX. Universidad de Oviedo,
       1959.
       Conferencia.

1377. ESPINA, Antonio. Las mejores escenas del teatro
       español e hispanoamericano. Madrid: Aguilar,
       1959. 680.

1378. HOYOS RUIZ, A. de. Las mujeres de García Lorca.
Genova, 1959. Conferencia en la "Associación
Cultural Feminina," Genova, 1959.

1379. _____. Las obras dramáticas de García Lorca.
Roma, 1959.
Conferencia pronunciada en la "Asociación Amici
della Spagna," Roma, 1959.

1380. LAFFRANQUE, Marie. "Federico García Lorca,
Interviews sur le théatre contemporain," BH, LXI
(1959), no. 4, pp. 437-441.

1381. LAZARO CARRETER, F. Las obras de Federico
García Lorca. Salamanca: Univ. de Salamanca,
1959.
Conferencia.

1382. _____. Veinte años de teatro español. Tangiers,
Casablanca, Rabat y Tetuan, 1959.
Conferencia.

1383. MARIOTTI, A. "La Barraca di García Lorca:
Omaggio al poeta andaluso," GdM (19 agosto 1959).

1384. OLIVER, William Irvin. Spanish Theatre: A Study
in Dramatic Discipline. Ithaca, New York, 1959.
2 vols.
Tesis doctoral de la Cornell University. Vid.
no. 540.
DA, XX, p. 2434.
Contiene Blood Wedding (Bodas de sangre).

1385. POESIO, Paolo Emilio. "La Barraca di Lorca si è
fermata a Fiesole," NSer (20 agosto 1959).

1386. SHARPE, Robert Boies. Irony in the Drama. Chapel
Hill: Univ. of North Carolina Press, 1959. 22pp.

1387. SOBEL, Bernard. The New Theatre Handbook and
Digest of Plays. New York: Crown, 1959. 749pp.

1388. GASSNER, John. A Treasury of the Theatre. From
Ibsen to Eugene Ionesco. New York: Simon and
Schuster, 1960. 1275pp. 26cm.

1389. GOMEZ LANCE, Betty R. "Muerte y vida en el

drama de Federico García Lorca," Hispania,
XLIII (1960), pp. 376-377.

1390. LAFFRANQUE, Marie. "Federico García Lorca.
Le théâtre et la vie," en Réalisme et poésie au
théâtre. Paris: Editions C.N.R.S., 1960,
pp. 147-171.

1391. LAZARO CARRETER, F. "Apuntes sobre el teatro
de García Lorca," PSA, XVIII (1960), no. 52,
pp. 9-33.

1392. LITTLE, Stuart W. "Lorca Cycle Due," NYHT
(November 8, 1960), p. 14.

1393. OLMOS GARCIA, F. "García Lorca y el teatro
clásico," LNL, LIV (1960), pp. 36-67.
Idem en RUMex, XVI (1960), no. 6, pp. 3-13.

1394. _____. "Las ideas dramáticas de García Lorca,"
CU (1960), nos. 72-73, pp. 56-80.

1395. ESSLYN, Martin. The Theatre of the Absurd. New
York: Doubleday Anchor, 1961. 364pp.

1396. LAMBRY, J. Histoire interne et externe du Théatre
Universitaire La Barraca dirigé par Federico
García Lorca et Eduardo de 1931 à 1936. Paris,
1961.
Tesis inédita de la Universidad de Paris.

1397. O'BRIEN, Robert. "Modern Drama Bibliography,"
La Voz (abril de 1961), pp. 8-9.

1398. LIMA, Robert. The Complete Theatre of Federico
García Lorca: A Critical Analysis. Villanova,
Pa., 1961.
Tesis de la Villanova University.

1399. SALAS, Alvaro. "El teatro de García Lorca de nuevo en Madrid," CCLC (1961), no. 46, pp. 109-111.

1400. [ANONIMO] "Una encuesta de Insula: El teatro de
García Lorca," Insula, a. XV (1962), no. 168,
p. 8.
Comentarios sobre el teatro de F.G.L. por V.

Aleixandre, Torrente Ballester, Perán, Buero
Vallejo, Gabriel Celaya, A. Sastre, Castellet,
José Ma. de Quinto y C. Bousoño.

1401. CANO, José Luis. "De El maleficio de la mariposa
a Mariana Pineda: Los años 1921 a 1927 de la
vida de García Lorca," CA, a. XXI (1962), no.
123, pp. 201-213.

1402. CIESIELSKA-BORKOWSKA, S. Teatr Federika
García Lorki. Lódz, 1962. 66pp. 21cm.
(Lódzkie Towarzystwo Naukowe. Wydz I, no. 53)

1403. DOMENECH, Ricardo. "Apuntes sobre la joven
literatura dramática," Insula, a. XVI (1962), no.
178, p. 4.

1404. GASSNER, John. "Spanish Drama in the World
Theatre," en Flores, Angel, Spanish Drama.
New York: Bantam Books, 1962. pp. 1-12.

1405. GEORGESCU, Ileana. "Caraterul popular al teatrului
lui Federico García Lorca," RFRG, V (1961), pp.
241-255.

1406. LOPES, O. O teatro poético de Lorca. Oporto:
Estrada Larga, 1962. 1 vol.

1407. OLIVEIRA, C. Lobo de. Federico García Lorca
e o seu teatro de marionettes. Oporto: Estrada
Larga, 1962. 1 vol.

1408. OLIVER, William I. "Lorca: The Puppets and the
Artist," TDR, VII (1962), no. 2, pp. 76-95.

1409. CARRIER, Warren. "Poetry in the Drama of Lorca,"
DramS, II (1963), no. 3, pp. 297-304.

1410. LIMA, Robert. The Theatre of García Lorca. New
York, 1963.
Vid. no. 12.

1411. [ANONIMO] "Tenses of the Truth," Time, LXXXIII
(April 17, 1964), pp. 138-140.
Sobre cinco obras dramáticas de F.G.L.

1412. ALBIRACHED, Robert. "Retour à Lorca," Etudes,
CCCXX (1964), pp. 384-388.

1413.   GARCIA-LUENGO, Eusebio. "Revisión del teatro de
        García Lorca," PA (1964), no. 50, pp. 20-26.

1414.   ALBERICH, José. "El erotismo femenino en el
        teatro de García Lorca," PSA, XXXIX (1965),
        pp. 9-36.

1415.   CARBONELL BASSET, D. "Tres dramas existencia-
        les de García Lorca (Yerma, La casa de Bernarda
        Alba, Bodas de sangre)," CHA, LXIV (1965),
        pp. 118-130.

1416.   CLERGUE, Lucien. Naissances d'Aphrodite réalise
        par Jean Petit. Texte de Federico García Lorca.
        Translated by Grace Davis. Birth of Aphrodite.
        New York-Brussel, 1966. 45pp. 28cm.

1417.   HIGGINBOTHAM, Virginia. The Comic Spirit of
        Federico García Lorca. New Orleans, 1966.
        Tesis doctoral de la Tulane University.
        DA, XXVII, p. 1368-A

1418.   LAFFRANQUE, Marie. Federico García Lorca.
        Textes et propos de Lorca, points de vue critique,
        temoignages... Paris: Seghers, 1966. 191pp.
        (Téâtre de Tous les Temps, 3)

1419.   MAIZUS, S. "Garsia Lorka v malenkoi studii,"
        Teatr, XXVII (1966), no. 1, pp. 64-66.

1420.   MASINI, F. Federico García Lorca e la Barraca.
        Bologna: Capelli, 1966. 134pp. (Documenti di
        Teatro, 32)

1421.   SHAMBLIN, Donald G. Erotic Frustration and Its
        Causes in the Drama of Federico García Lorca.
        Minneapolis, Minnesota, 1966.
        Tesis doctoral inédita de la Universidad de
        Minnesota.
        DA, XXVIII, pp. 2263-A-2264-A

1422.   TREPANIER, E. "García Lorca et La Barraca,"
        RHT, XVIII (1966), pp. 163-181.

1423.   SOSNOWSKI, Saúl. "Tres dramas de García Lorca.
        (Bodas de sangre, La casa de Bernarda Alba y
        Yerma)," ALM, VI (1966-1967), pp. 163-167.

1424. KRINEN, J. "Lorca y la tragedia," Caravelle (1967),
       no. 7, pp. 85-95.

1425. BUSETTE, C.U. Free Will and Determinism in the
       Theater of Federico García Lorca. Los Angeles,
       Cal., 1968.
       Tesis doctoral de la Universidad de Southern
       California.

1426. LEONARDIA, A.Y. "García Lorca's Theatre Art,"
       SJ, XV (1968), pp. 190-216.

1427. PLESKOTOVA, Eva. "Pozvání do divadla" (Invita-
       ción al teatro), Práce (20 de enero de 1968).

1428. FRANKS, Gene H. The Absurd Element in the Plays
       of Federico García Lorca. Fayetteville, Arkansas,
       1968.
       Tesis doctoral inédita de la University of
       Arkansas.
       DA, XXIX, p. 259A.

1429. GEORGESCU, Ileana. "El drama de la 'claustralidad'
       en la obra de Federico García Lorca," AUB,
       XVIII (1969), pp. 105-113.

1430. LAFFRANQUE, Marie. "Federico García Lorca.
       Encore une interview sur La Barraca," BH, LXXI
       (1969), nos. 3-4, pp. 604-606.

1431. MORALES, M.W. The Farcial Mode in the Spanish
       Theater of the Twentieth Century. New York,
       1969.
       Tesis doctoral inédita de la Columbia University.
       DA, XXX (1969), p. 2452-A

1432. WILLIAMS, Raymond. Drama from Ibsen to Brecht.
       London: Chatto and Windus, 1969. 352pp. 23cm.

1433. PELLEN, René. "Federico García - un théâtre du
       temps mal veçu," en La mort de Godot, attente et
       évanescence au théâtre, ed. P. Brunel. Paris:
       Minard, 1970. 194pp. (Coll. Situation, 23)

1434. WELLS, Michel C. "The Natural Norm in the Plays
       of Federico García Lorca," HR, XXXVIII (1970),
       pp. 299-313.

194   Federico García Lorca

1435. [ANONIMO] "García Lorca's Theatre," STod (1971), no. 16, pp. 37-42.

1436. BUSETTE, Cedric U. Obra dramática de García Lorca. Estudio de su configuración. Nueva York: Las Américas. Producido por Anaya. Madrid: Imp. Eosgraf, 1971. 206pp. 22cm. Vid. no. 1425.

1437. CANO BALLESTA, Juan. "García Lorca y su compromiso social: el drama," Insula (1971), no. 290, pp. 3 y 5.

1438. GIL-ALBERT, J. [García Lorca y el teatro] Urogallo, VIII (1971), pp. 60-63.

1439. KALLMAYER, W. Die Einsamkeit im dramatischen Werk Federico García Lorcas. Bensberg: Schäuble, 1971. 178pp. 23cm. (Theater unserer Zeit, 11)

1440. ROSENLITHE, Anita. "El triunfo de la ilusión en cuatro dramas de Lorca: Un realismo artístico," REH, V (1971), pp. 243-255.

1441. SANCHEZ, Roberto. "La última manera dramática de García Lorca (Hacia una clarificación de lo 'social' en su teatro)," PSA, LX (1971), pp. 83-102.

1442. BURTON, Jolianne. Society and the Tragic Vision in Federico García Lorca. New Haven, Conn., 1972.
Tesis doctoral inédita de la Yale University.

1443. JOSEPH, Fredrick Allen. An Analysis of Dramatic Technique in García Lorca's Early Theater. New Brunswick, New Jersey, 1972.
Tesis doctoral inédita de la Universidad de Rutgers.

Vid. También APENDICE, no. 2240.

1. Sobre/On the El maleficio de la mariposa

1444. GUARDIA, Alfredo de la. "La primera obra dramática de Federico García Lorca," Nación (17 de noviembre de 1940).

1445. FERNANDEZ ALMAGRO, Melchor. "El primer
       estreno de Federico García Lorca," ABC (12-13
       de junio de 1952).
       Vid. también nos. 1332, 1408.

       2. Sobre/On the Los títeres de Cachiporra...

1446. MORA GUARNIDO, J. "Crónicas granadinas. El
       teatro cachiporra de Andalucía," Sol (18 de enero
       de 1923).

1447. GUERRERO ZAMORA, Juan. "Una obra inédita de
       Federico García Lorca," Raíz (1948-1949), no. 3-
       4.

1448. TORRE, Guillermo de. "Federico García Lorca y
       sus orígenes dramáticos," en Cinco farsas breves.
       Buenos Aires: Edit. Losada, 1953.
       Vid. no. 264.

1449. MANE, Bernardo. "Retablillo titiritero bajo el cielo
       español," Prensa (14 de noviembre de 1954).

       3. Sobre/On the Mariana Pineda

1450. MESA, Enrique de. Apostillas a la escena. Madrid
       [s.a], pp. 338-342.

1451. AYALA, Francisco. "Un drama de García Lorca -
       Mariana Pineda," GL (1 de julio de 1927), no. 13.

1452.   . "Mariana Pineda," GL (15 de octubre de
       1927), no. 20.

1453. DIEZ-CANEDO, Enrique. "Mariana Pineda de García
       Lorca," Sol (13 de octubre de 1927).

1454. FERNANDEZ ALMAGRO, M. "Mariana Pineda,"
       Voz (13 de octubre de 1927).

1455. FLORIDOR. "Mariana Pineda," ABC (13 de octubre
       de 1927).

1456. "HOMENAJE a García Lorca," (por el estreno de
       Mariana Pineda) GL (1 de noviembre de 1927),
       no. 21.

1457. M. R. C. "Mariana Pineda," Vanguardia (27 de junio
       de 1927).

1458. MACHADO, A. "Mariana Pineda," Libertad (13 de
       octubre de 1927).

1459. NAVARRO PARDO, J. "Glosa - Algo más sobre
       Mariana Pineda: El mito," DG (15 de mayo de
       1929).

1460. ORTIZ DE VILLA, C. G. Doña Mariana Pineda. Su
       vida. Su muerte. Madrid: Renacimiento, 1931.
       226pp. 24cm. Retratos y láminas.

1461. LAVANDERO, R. "La heroína y su poeta," Verdades
       (enero de 1937), pp. 20-21.

1462. R. G. "Representación de Mariana Pineda," HdE
       (1937), no. 8, pp. 75-76.

1463. [ANONINO] "Mariana Pineda," TLS (August 9, 1938).

1464. [ANONIMO] "García Lorca y su obra Mariana Pineda,"
       ELib, IV (1942), no. 14.

1465. MACRI, Oreste. "Federico García Lorca e il teatro
       spagnolo contemporaneo. Saggio premesso a F.
       García Lorca. Mariana Pineda," en Baldo,
       Albertina, Mariana Pineda. A cura di... Modena:
       Edit. Guanda, 1942, pp. 7-14.
       Vid. no. 562.

1466. DHOMME, Silvan. "Mariana Pineda grido di libertà,"
       Dramma (1-5 maggio 1946), no. 12-13.

1467. CARLESI, Dino. "Mariana Pineda a Pontedera,"
       Tirreno (3 settembre 1950). Crónica.

1468. MATAS GRAUPERA, Julio. "Mariana Pineda en la
       Universidad de la Habana," VUniv (septiembre de
       1950).

1469. SCHACHERI, Bruno. "La romantica storia di Ma-
       riana Pineda rivive nella piazza di Pontedera,"
       NCor (3 settembre 1950).

1470. [ANONIMO] "Uspěšná premiéra Lorcovy Mariany

Pinedové," (Exito del estreno de Mariana Pineda),
Ss (10 de mayo de 1957).

1471. GRYM, Pavel. "Pokus o Lorcovu lidovou romanci,"
(Tratando de poner en escena el romance popular
de Lorca), LDem (11 de mayo de 1957).

1472. K.N. "Básnická o svobode a lásce" (Drama poético
sobre la libertad y el amor), Ss (5 de mayo de
1957).

1473. KOLUS, B.M. "Nĕkolik divadelnich otázek a adpové-
di" (Unas preguntas y respuestas teatrales), Hdd
(junio de 1957).

1474. MARTINEC, Jan "Romance granadská" (Romance
granadino), Práce (15 de mayo de 1957).

1475. MACHONIN, Sergej. "G. Lorca Mariana Pinedova,"
Rp (14 de mayo de 1957).

1476. POPP, Ota. "Kouzelná Mariana Pinedová" (La ma-
ravillosa Mariana Pineda), (13 de mayo de 1957).

1477. ROUBIĆEK, Zdenĕk. "Lorcova romance v UDČA"
(Un romance de Lorca en el Teatro Central del
Ejército Checoslovaco), Mfro (10 de mayo de 1957).

1478. V.B. "Mariana Pinedová," Čs.ar (13 de junio de
1957).

1479. Z.E.R. "Básnická hra a hraná básen" (Drama
poético y poesía dramatizada), Zn (19 de mayo
de 1957).

1480. GREENFIELD, Sumner M. "The Problem of Mariana Pineda," MR, I (1960), pp. 751-763.

1481. RODRIGO, Antonina. Mariana de Pineda. Madrid:
Alfaguara, 1965. 351pp. 40 ilustraciones.
Biografía de los personajes de la comedia.
Res.: Laffranque, Marie, BH, LXIX (1967),
pp. 283-284.

1482. DOMENECH, Ricardo. "A propósito de Mariana
Pineda," CHA, LXX (1967), pp. 608-613.

1483. ZARDOYA, Concha. "Mariana Pineda, romance trá-
      gico de la libertad," RHM, XXXIV (1968), pp. 471-
      497.

1484. RODRIGO, Antonina. "El estreno de Mariana Pineda,
      Margarita Xirgu y Federico García Lorca," HyV,
      II (1969), pp. 114-121.

1485. _____. "La obra de Federico García Lorca,
      Mariana Pineda, convertida en opera," EL (1 de
      septiembre de 1970), no. 451, pp. 12-13.

      4. Sobre/On the El paseo de Buster Keaton

1486. GARCIA LORCA, Federico. "Teatro desconocido de
      Federico García Lorca: El paseo de Buster
      Keaton," Anales, LXXXIII (1954), pp. 307-309.

1487. NENZIONI, Gino. "Il Teatro breve di Federico
      García Lorca," LMod, X (1960), pp. 189-198.

      Vid. También APENDICE, no. 2238.

      5. Sobre/On the La zapatera prodigiosa

1488. ANDRENIO. "La zapatera prodigiosa," Voz (25 de
      diciembre de 1930).

1489. DIEZ-CANEDO, Enrique. "La zapatera prodigiosa,"
      Sol (25 de diciembre de 1930).

1490. FERNANDEZ ALMAGRO, M. "La zapatera prodigio-
      sa," Voz (25 de diciembre de 1930).

1491. GONZALEZ RUANO, C. "Bajo la sonrisa de La
      zapatera prodigiosa," CroBA (11 de enero de
      1930).

1492. GUIBOURG, E. "La zapatera, fórmula teatral," Not.
      Gr (4 de diciembre de 1933).

1493. TEZANOS PINTO, Fausto. "La zapatera prodigiosa de
      F.G.L.," Criterio (diciembre de 1933).

1494. DIEZ-CANEDO, Enrique. "La zapatera prodigiosa,"
      Voz (19 de marzo de 1935).

1495. ESPINOSA, Agustín. "La zapatera prodigiosa," Sol (19 de marzo de 1935).

1496. F. "La zapatera prodigiosa," ABC (19 de marzo de 1935).

1497. FERNANDEZ ALMAGRO, M. "La zapatera prodigiosa," Ya (19 de marzo de 1935).

1498. OBREGON, A. "La zapatera prodigiosa de García Lorca," DdM (19 de marzo de 1935).

1499. HELMAN, Edith F. "Introduction" a La zapatera prodigiosa, New York: W. W. Norton, 1952. Vid. no. 268.

1500. BARALT, Luis A. "La zapatera prodigiosa," DdC (20 de mayo de 1954), pp. 25-26.

1501. HALE, L. "La zapatera prodigiosa - Transmission by the B. B. C.," Observer (July 27, 1954).

1502. FIALA, Miloš. "K divadlu básnikovu," (Al margen del teatro escrito por el poeta) Divadlo (1957), no. 7, pp. 585-591.

1503. GOMEZ, Pedro. "La zapatera prodigiosa," Galería, I (1957), no. 3, pp. 12-13.

1504. J. P. "Lorcovo zkrocení zlé ševcové," (La zapatera domada de Lorca) Ss (5 de noviembre de 1957).

1505. MAZZARA, Richard A. "Dramatic Variations on Themes of El sombrero de tres picos - La zapatera prodigiosa and Una viuda difícil," Hispania, XLI (1958), no. 2, pp. 186-189.

1506. GRYM, Pavel. "Lorca vtipný, vášnivý, něžný," (Lorca gracioso, apasionado, tierno) LDem (14 de junio de 1960).

1507. D. Š. "Čarokrásná ševcová," (La zapatera prodigiosa), Práce (15 de junio de 1960).

1508. KOHN, Pavel. "Čarokrásná ševcová velkého básnika," (La zapatera prodigiosa del gran poeta) Mfro (23 de junio de 1960).

1509. K. S. "Carokrásná sevcová a její manzel," (La za-
       patera prodigiosa y su marido) Vp (13 de junio de
       1960).

1510. ZER "Uspech Lorcovy vesolohry na Vinohradech,"
       (Exito de la comedia de Lorca en Vinohrady) Ss
       (15 de junio de 1960).

1511. PICCIOTTO, R. S. "La zapatera prodigiosa and
       Lorca's Poetic Credo," Hispania, LXIX (1966), no.
       2, pp. 250-257.

1512. BUNDALEK, Karel. "Čarokrásná ševcová," (La
       zapatera prodigiosa) Rovnost (4 de julio de 1967).

1513. VADLEJCHOVA, Ivana "Zápas o moderní tragédii,"
       (Lucha por la tragedia) Rp (17 de marzo de 1967).

1514. ŻAK, Rudolf. "Čarokrásná ševcová," (La zapatera
       prodigiosa) Rovnost (29 de junio de 1967)

1515. ZAVODSKY, Artur. "Lorcova poetická fraška," (La
       farsa poética de Lorca) LDem (5 de julio de 1967).

1516. RINCON, Carlos. "La zapatera prodigiosa de F.
       García Lorca. Ensayo de interpretación," IRom,
       IV (1970), pp. 290-313.

       6. Sobre/On the El amor de don Perlimplín...

1517. FERNANDEZ ALMAGRO, M. "El amor de don Per-
       limplín...," Sol (6 de abril de 1933).

1518. FERGUSSON, Francis. "Don Perlimplín: Lorca's
       Theatre-Poetry," KR, XVII (1955), pp. 337-348.

1519. _____. "Don Perlimplín," Prospetti (inverno
       1955), no. 14.

1520. _____. The Human Image in Dramatic Literature.
       New York: Doubleday Anchor, 1957, pp. 85-97.

1521. SANTANA, Emilio. "El amor de don Perlimplín...,"
       UniversalC (17 de septiembre de 1957).

1522. GONZALEZ GUZMAN, Pascual. "Los dos mundos

de Don Perlimplín," RdL, IV (diciembre de 1959),
pp. 39-59.

1523. GRANT, Helen F. "Una 'aleluya erótica' de Federico
García Lorca y las aleluyas populares del siglo
XIX," APCIH, pp. 307-314.

1524. FEAL-DEIBE, C. "Lorca's Two Farces: Don
Perlimplín and Don Cristóbal," AI, XXVII (1970),
pp. 358-377.

1525. _____. "Crommelynck y Lorca: Variaciones sobre
un mismo tema," RLC, XLIV (1970), pp. 403-409.

1526. GONZALEZ-GERTH, M. "The Tragic Symbolism of
Federico García Lorca," TQ, XIII (1970), pp. 56-
63.

7. Sobre/On the El retablillo de don Cristóbal

1527. GUIBOURG, A. "El retablillo de don Cristóbal,"
Criterio (26 de marzo de 1934).

1528. A.S. "Vitrina del libro - Cinco farsas breves," ELib
(20 de agosto de 1954).
Vid. también no. 1524.

8. Sobre/On the Así que pasen cinco años

1529. AUB, Max. "Nota sobre Así que pasen cinco años,"
HdE (1937), no. 11, pp. 67-74.

1530. DAVILA, Carlos. "García Lorca en Nueva York,"
RAme, II (1945), pp. 158-159.

1531. SEPULVEDA, Iriondo A. "Primer intento de interpretación de Así que pasen cinco años, de Federico
García Lorca," RMod (1951). 43pp.

1532. XIRAU, Ramón. "Así que pasen cinco años," Pro-
meteus, II (1952), no. 2.

1533. [ANONIMO] "If Five Years Pass," LPre (9 de abril
de 1954).

1534. ARCE, Margot. "Palabras de introducción," LT, III
       (1955), no. 9, pp. 175-178.

1535. GRANELL, Eugene F. "Esquema interpretativo,"
       LT, III (1955), no. 9, pp. 178-188.

1536. LISSENS, R. F. "Vijf uur van de middag ook voor
       García Lorca," DWB, CVII (1962), pp. 301-303.

1537. RODRIGUEZ CHICHARRO, C. Estudios literarios:
       Cide Hamete Benegeli, La novela indigenista
       mexicana, La tragedia del amor y el tiempo...
       Xalapa: Universidad Veracruzana, 1963. 167pp.
       18cm. (Cuadernos de la Facultad de Filosofía,
       Letras y Ciencias, 20)

1538. KNIGHT, R. G. "Federico García Lorca's Así que
       pasen cinco años," BHS, XLIII (1966), no. 1,
       pp. 32-46.

1539. SAPOJNIKOFF, Victor. "La estructura temática de
       Así que pasen cinco años," RNot, XII (1970), no. 1,
       pp. 11-20.

1540. ECHEVERRIA, Miriam B. El lugar de "Así que
       pasen cinco años" en la obra dramática de Federico
       García Lorca. Seattle, Washington, 1973.
          Tesis doctoral inédita de la University of Wash-
       ington.

       9. Sobre/On the El Público

1541. SURCHI, Sergio. "El Público," NCor (11, 19 gennaio
       1951).

1542. NEWBERRY, W. "Aesthetic Distance in García Lor-
       ca's El público: Pirandello and Ortega," HR,
       XXXVII (1969), pp. 276+.

1543. MARTINEZ NADAL, R. "El público." Amor, teatro
       y caballos en la obra de Federico García Lorca.
       Oxford: The Dolphin Book Co., 1970. 272pp.

1544. UMBRAL, Francisco. "Analisis y sintesis de Lorca,"
       RO, XXXII (1971), no. 95, pp. 221-229.

10. Sobre/On the Bodas de sangre

1545. [ANONIMO] "Bodas de sangre," ILit, II (1933), pp. 105-108.

1546. A.C. "Bodas de sangre," ABC (9 de marzo de 1933).

1547. E.A. "Bodas de sangre," HL (marzo de 1933), p. 9.

1548. FERNANDEZ ALMAGRO, M. "Bodas de sangre," Sol (6 de marzo de 1933).

1549. MASSA, Pedro. "El poeta García Lorca y su tragedia Bodas de sangre," Crónica (9 de abril de 1933).

1550. PACHECO, C. "Bodas de sangre," CriBA (1934).

1551. [ANONIMO] "Bodas de sangre bajo el título Bitter Oleander," LPre (8 y 13 de febrero de 1935).

1552. [ANONIMO] "Bodas de sangre gana admiradores," LPre (22 de febrero de 1935).

1553. ATKINSON, Brooks. "Bitter Oleander," NYT (12 de febrero de 1935).

1554. BROWN, J.M. "Bitter Oleander," NYEP (12 de febrero de 1935).

1555. HAMMOND, P. "Bitter Oleander," NYHT (12 de febrero de 1935).

1556. ISAACS, Edith J.R. "Bitter Oleander," TAM, XIX (1935), pp. 248-253.

1557. LOCKRIDGE, R. "Bitter Oleander," NYS (February 12, 1935).

1558. PEGO, A. "Crónica de Norteamérica - Ni Benavente ni García Lorca," Vanguardia (13 de marzo de 1935).

1559. MANTLE, Burns. "Bitter Oleander," NYDN (February 13, 1935).

1560. YOUNG, Stark. "Bitter Oleander," NR, LXXXII (1935), p. 78.

1561.   [ANONIMO] "Bodas de sangre," ILit, V (1936), no.
        37, pp. 25-31.

1562.   BRION, M.   "Noces de sang," LN (4 de julio de
        1936).

1563.   SALINAS, Pedro.   "El teatro de Federico García
        Lorca," ILit, V (1936), no. 39, pp. 23-31.
            Reimp. con el título "Dramatismo y teatro de
        Federico García Lorca," en Literatura española
        del siglo XX.   México: Seneca, 1941, pp. 289-
        302.

1564.   E. F. R.   "Margarita Xirgu," Capítulo, I (1937),
        no. 1, pp. 47-49.

1565.   DU GARD, M. M.   "Noces de sang," LN (11 de junio
        de 1938).

1566.   J. E. A.   "La traducción francesa de Bodas de sangre,
        de Federico García Lorca," Criterio, XXXV (1938),
        pp. 401-402.
            Sobre la traducción de Marcelle Auclair y J.
        Prévost.

1567.   _____.   "Del elogio inmoderado - Bodas de sangre
        como film," Criterio, XXXIV (1938).

1568.   RUIZ VILAPLANA.   "Recuerdos de F. G. L. - Bodas
        de sangre en Paris," MRev, III (1938), no. 43.

1569.   SCHMIDT, Augusto Fed.   "Muriac, Lorca e a eterni-
        dade do theatro," RdB, I (1938), no. 3, pp. 225-
        230.

1570.   [ANONIMO] "Marriage of Blood," NSta, XVII (1939),
        p. 458.

1571.   BAUS, F.   "Apreciacion sobre Bodas de sangre,"
        UniversalC (30 de abril de 1939), pp. 9, 14.

1572.   FEVRAL'SKII, A.   "Dramaturgiia García Lorka,"
        Ks (1939).

1573.   MERAC, R.   "Noces de sang," Gringoire (26 de ene-
        ro de 1939).

1574. D. F. "Blood Wedding," SRev, XXI (1940), p. 21.

1575. FLETCHER, J. G. "Blood Wedding," Poetry, LXIV (1940), p. 343.

1576. KREYMBORG, A. "Blood Wedding," LAg, CCCXIII (1940), p. 95.

1577. QUEIROZ, Rafael. "Bodas de sangre," Leitura, II (1944), no. 15.

1578. [ANONIMO] "Jindřich Honzl o Lorcově Krvavé svatbe," (Jindrich Honzl habla sobre las Bodas de sangre de Lorca) Mfro (4 de septiembre de 1946).

1579. A. P. [sin título. Sobre Bodas de sangre] Ho (20 de septiembre de 1946).

1580. GAJDOŠOVA, Drahomíra. "Krvavá svatba s efekty (Bodas de sangre efectismos) No (5 de octubre de 1946).

1581. HRBAS, Jiri. "Frederic García Lorca," Nosv (11 de septiembre de 1946).

1582. JANSKY, Em. "Zahájeni Studia Národhího divadla," (Inauguración del Estudio del Teatro Nacional) Zn (12 de septiembre de 1946).

1583. J. S. T. "F. García Lorca: Krvavá svatba," F. García Lorca: Bodas de sangre) Sn (4 de octubre de 1946).

1584. KANTOR, Vladimir. "Krvavá svatba v Brně," (Bodas de sangre en Brno) Čin (4 de octubre de 1946).

1585. K. D. "Lidskost krásy (Lo humano de la belleza) Snov (11 de septiembre de 1946).

1586. KARNET. "Krvavá svatba ve Studiu Národního divadla," (Bodas de sangre en el Estudio del Teatro Nacional) Mfro (11 de septiembre de 1946).

1587. K. P. "Španélská tragedie ve Studiu," (Tragedia española en el Estudio) Plid (11 de septiembre de 1946).

1588. MACAK, Bohumir. "Scénický kontrapunkt," (Contra-
punto escénico) Snov (5 de octubre de 1946).

1589. MILOTOVA, K. "Španélské drama ve Stavovském,"
(Drama español en el Teatro Stavovské) Práce (11
de septiembre de 1946).

1590. MORBY, Edwin S. "García Lorca in Sweden," HR.
Vid. no. 4.
Sobre las traducciones de Bodas de sangre al
sueco.

1591. P. O. P. "Básnik na divadle," (Poeta en el teatro)
Ssev (14 de septiembre de 1946).

1592. S. J. C. "Španélsky básník zemé," (Poeta de la tierra
española) LDem (11 de septiembre de 1946).

1593. SVRČEK, J. B. "Baladické drama," (Balada dramática) Rovnost (5 de octubre de 1946).

1594. TRAGER, Joseph. "Krvavá svatba," (Bodas de sangre)
SC (11 de septiembre de 1946).

1595. _____. "Dvé krásná divadelní představení," (Dos
hermosas representaciones teatrales) Ss (12 de
septiembre de 1946).

1596. ENDRIS, Zdeněk. "Federico García Lorca, Divadelní
list," (Boletín del teatro de České Budejovice), a.
1946-1947, no. 4.

1597. [ANONIMO] "Bodas de sangre," SBib, III (1948),
p. 449.

1598. GARCIA LORCA, Francisco. "From Granada to
Bleeker Street," NYT (January 30, 1949), pp. 1,
3.

1599. RILEY, E. C. "Bodas de sangre," Clavileño, II
(enero-febrero de 1951), no. 7, pp. 8-12.

1600. SCHERDER, Juan German. "Bodas de sangre en
Paris," IAL, VII (1952), no. 50.

1601. [ANONIMO] "Noces de sang de F. G. L. au Studio des
Champs Elysées," TdF, II (1953).

1602. PUJALS, Esteban. "Bodas de sangre y Campos de dafodelos," RLit, VIII (1955), pp. 57-66. Sobre The Daffodil fields de John Masefield.

1603. MRVKA, A. "Několik poznámek k poslední premiéře Horáckého divadla," (Unas observaciones al margen del último estreno en el Teatro Montañés) Jiskra (1956), no. 90.

1604. FIALA, Miloš. "Dvě spanelská dramata lásky na naší scéně," (Dos dramas de amor españoles en nuestra escena) Divadlo (1957), no. 4, pp. 335-342.

1605. ZELENKA, O. "Slavík a Krvavá svatba," (Ruiseñor y Bodas de sangre) Kultura (7 de mayo de 1957).

1606. ATKINSON, Brooks. "Theatre - García Lorca," NYT (April 1, 1958).

1607. BARNES, Robert. "The Fusion of Poetry and Drama in Blood Wedding," MD, II (1960), no. 4, pp. 395-402.

1608. DICKSON, Ronald J. "Archetypal Symbolism in Lorca's Bodas de sangre," LaP, X (1960), pp. 76-79.

1609. LISBOA, J. Carlos. Lorca e "Bodas de sangre." Río de Janeiro: Sedegra, 1961. 237pp.

1610. TAUBMAN, Howard. "Struggle to Survive," NYT (May 21, 1961).

1611. E.S. CH. "Carta de Londres: Excelente representación de Lorca," Insula, XVI (1962), no. 179, p. 15.

1612. GARCIA LORCA, Federico. Nozze di sangue. Piccolo Teatro Stabile della Città di Firenze. Stagione Teatrale, 1961-1962. Firenze 17 maggio 1962.

1613. LEWIS, Allan. "The Folklore Theatre - García Lorca," en Contemporary Theatre. New York: Crown, 1962, pp. 242-258.
    Reimp.: New York: Crown, 1971, pp. 242-258.

1614. GASKELL, Ronald. "Theme and Form: Lorca's Blood Wedding," MD, V (1963), pp. 431-439.

1615.   TOUSTER, Eva K.   "Thematic Patterns in Lorca's
        Blood Wedding," MD, VII (1964), pp. 16-27.

1616.   REMY, P.   "Le chromatisme dans Bodas de sangre,"
        RG, X (1965), pp. 43-79.

1617.   Č. K.   "Lorca na olomoucké scéné," (Lorca en la
        escena de Olomouc) Ss (24 de abril de 1966).

1618.   FLIČEK, Jiří.   "Olomoucká Krvavá svatba," (Bodas
        de sangre en Olomouc) Zn (3 de junio de 1966).

1619.   JEDLIČKA, Jaromir.   "Krvavá svatba," (Bodas de
        sangre) Slidu (26 de abril de 1966).

1620.   VADLEJCHOVA, Ivana.   "Čas pro Lorcu - jediné
        divadlo vzpomnělo," (La hora de Lorca - un solo
        teatro se ha acordado) DN (21 de septiembre de
        1966).

1621.   PALLEY, J.   "Archetypal Symbols in Bodas de san-
        gre," Hispania, L (1967), no. 1, pp. 74-79.

1622.   STRANSKA, Alena.   "Predstavení o nezbytnosti
        svobody," (Una representación sobre la necesidad
        de libertad) Ss (8 de marzo de 1967).

1623.   VILLEGAS, Juan "El leitmotiv del caballo en Bodas
        de sangre," Hispano (1967), no. 29, pp. 21-36.

1624.   VLAŠIN, Štepán.   "Lorca ve studiu JAMU," (Lorca
        en el estudio de JAMU) Rovnost (22 de noviembre
        de 1967).

1625.   ZAVODSKY, Artur.   "Uspéch na scéné JAMU,"
        (Exito en la escena de JAMU) LDem (18 de noviem-
        bre de 1967).

1626.   CIPROVA, Inka.   "Povést nelhala," (La fama no ha
        mentido) Mfro (8 de mayo de 1968).

1627.   HALLIBURTON, C. L.   "García Lorca the Tragedian:
        An Aristotelian Analysis of Bodas de sangre,"
        REH, II (1968), no. pp. 35-40.

1628.   M. L. K.   "Brnénské JAMU v Praze," (JAMU de Brno
        en Praga) LDem (3 de mayo de 1968).

1629.   RUSINSKY, Milan. "Balada o rodové cti," (Una balada
        sobre el honor de familia) Nsvo (31 de octubre de 1968).

1630.   SLIVA, Ladislav. "Šumperk," Index (1968), no. 10.

1631.   _____. "Krvavá svatba," (Bodas de sangre) Mfro
        (13 de noviembre de 1968).

1632.   UHLIROVA, Eva. "Netradiéní Lorca," (Lorca no
        tradicional) DN (22 de mayo de 1968).

1633.   VADLEJCHOVA, Ivana. "Lze žit bez lásky," (Se puede
        vivir sin el amor) Rp (2 de diciembre de 1968).

1634.   WEIMANN, Mojmír. "Krvavá svatba," (Bodas de
        sangre) Volantín publicado por el Teatro Estatal
        de Ostrava, Checoslovaquia (23 de octubre de 1968).

1635.   ZIMBARDO, R.A. "The Mythic Pattern in Lorca's
        Blood Wedding," MD, X (1968), pp. 364-371.

1636.   CUADRA PINTO, F. "Para un análisis de Bodas de
        sangre," RSdV, III (1969), no. 2, pp. 97-116.

1637.   MOREIRO, J.M. "Viaje a García Lorca. Reencuentro
        con sus personajes vivos," ABC. Suplemento Sema-
        nal, (1 de agosto de 1971), pp. 18-25.

1638.   NONOYAMA, Michiko. "Vida y muerte en Bodas de
        sangre," Arbor, LXXXIII (1972), no. 324, pp. 5-
        13.

        Vid. También APENDICE, nos. 2236, 2247.

        11.   Sobre/On the Yerma

1639.   DIEZ-CANEDO, Enrique. "Un poeta dramático,"
        Voz (31 de diciembre de 1934).

1640.   FERNANDEZ ALMAGRO, M. "Yerma," Sol (30 de
        diciembre de 1934).

1641.   HARO, E. "Yerma," Libertad," (30 de diciembre de
        1934).

1641a. MARIN ALCALDE, A. "Yerma," Ahora (21 de
        diciembre de 1934).

1642. MORI, A. "Una jornada gloriosa en El Español,"
       Liberal (30 de diciembre de 1934).

1643. OBREGON, A. "Yerma," DdM (31 de diciembre de
       1934).

1644. [ANONIMO] "Yerma," Sol (31 de enero de 1935).

1645. AVENCILLA, C.R. "Yerma," Pueblo (1 de enero
       de 1935).

1646. BARGA, Corpus. "Tragicomedia. Yerma y la
       política," Rep. A (23 de febrero de 1935).

1647. GARCIA-LUENGO, Eusebio. "Yerma y el teatro de
       Lorca," Letra (1935), no. 1.

1648. NOVAS CALVO, L. "Yerma," RCub, I (1935),
       pp. 266-269.

1649. PEDRO, Valentín. "Yerma," Hogar (15 de marzo
       de 1935).

1650. PEREZ DE LA OSSA, H. "El teatro," RevEH, I
       (1935), pp. 66-68.

1651. SENDER, Ramón J. "El poeta en la escena,"
       Libertad (5 de enero de 1935).

1652. JARNES, Benjamín. "Yerma," Vanguardia (20 de
       diciembre de 1936).

1653. GUIBERT, F. "Margarita Xirgu en Yerma," Capítu-
       lo, I (1937), no. 1, p. 46.

1654. J.E.A. "Yerma, un drama que da náuseas," CriBA,
       XXXIII (1937), pp. 259-261.

1655. ROSELL, A. "Shakespeare y García Lorca, vícti-
       mas de los taquígrafos," Pan, III (1937), no. 140,
       pp. 17, 52.

1656. SCHEINER, Rosa. "Acotaciones al margen de Yerma,
       de García Lorca," Claridad, XVI (1937), no. 315.

1657. CARRILLO URDANIVIA, Graciela. "Yerma y su
       obsesión de inmortalidad," Inquietud, I (1940), no.
       3, pp. 79-81.

1658.   E. R.   "Španélsko bude žit," (España vivirá) Rp (23
        de junio de 1946).

1659.   FIKAR, Ladislav.   "Lorcova lyrická balada v D 46,"
        (La balada lírica de Lorca en el D 46) Mfro (20
        de junio de 1946).

1660.   HRBAS, Jiří.   "Hra o lidské touze," (Drama del
        anhelo humano) Nosv (20 de junio de 1946).

1661.   K. D.   "Lidové a klasické," (Lo popular y lo clásico)
        Snov (20 de junio de 1946).

1662.   L. I. N.   "O trýzni planého života," (Sobre la angustia
        de la vida estéril) Plid (28 de junio de 1946).

1663.   MILČAN, Boh.   "Oslyšena touha mateří," (Anhelo
        maternal no respondido) SC (20 de junio de 1946).

1664.   MILOTOVA, K.   "Literaní večer v D 46," (Una ve-
        lada literaria en el D 46) Práce (22 de junio de
        1946).

1665.   V. R.   "Španélská moderní hra v D 46," (Una moderna
        pieza española en el D 46) Zn (23 de junio de 1946).

1666.   ESPINA, Antonio.   "Yerma triunfa en París," ERep
        (10 de julio de 1948).

1667.   KEMP, Robert.   "El teatro en París - Yerma, de
        Federico García Lorca," RCam, V (1948), no. 4,
        pp. 15-17.

1668.   CORREA, Gustavo.   "Yerma. Estudios estilísticos,"
        RI, XXXV (1949), no. 109, pp. 11-63.

1669.   FERRIERI, Enzo.   "Yerma," RCor (14 dicembre
        1951).

1670.   BARCENAS, Angel.   "García Lorca, su obra Yerma
        y una edición de homenaje," Nación (5 de octubre
        de 1952).

1671.   COLECCHIA, Francesca M.   "El teatro de García
        Lorca visto a través de su drama poético Yerma,"
        ERCH, I (1952), no. 3, pp. 9-17.

1672. [ANONIMO] "Yerma et la critique," ASJT (1954),
       no. 98.

1673. [ANONIMO] "García Lorca, Francisco: Yerma dans
       l'oeuvre de Federico García Lorca," ASJT (1954),
       no. 98.

1674. A.C. "Yerma," ABC (30 de diciembre de 1954).

1675. GILSON, Paul; FRANK, Nino. "Federico García
       Lorca et Alphonse Allais. Portrait de famille.
       Yerma. Le puvre bougre et le bon génie,"
       ASJT (1955). 40pp.

1676. ROUSSEAUX, André. "Après antigone et Oedipe-Roi
       de Sophocle. (Adaptés au aréole respectivement
       par Morisseau-Leroy et Franck Fouché) La grande
       pièce de Federico García Lorca [Yerma]," Optique,
       XXI (noviembre de 1955), pp. 31-34.
       Yerma, pp. 35-43.

1677. CANNON, Calvin. "The Imagery of Lorca's Yerma,"
       MLQ, XXI (1960), pp. 122-130.

1678. _____. "Yerma as Tragedy," Symposium, XVI
       (1962), pp. 85-93.

1679. CORREA, Gustavo. "Honor, Blood, and Poetry in
       Yerma," TDR, VII (1962), no. 2, pp. 96-110.
       Trad. de Rupert C. Allen Jr.

1680. VAZQUEZ ZAMORA, Rafael. "García Lorca en el
       Eslava: Yerma," Insula, XV (1962), no. 168,
       p. 19.

1681. HEDVABNY, Zdenek. "Na autora Plánky," (Sobre el
       autor de Yerma) Okz (1 de marzo de 1964).

1682. MÜLLER, Jaroslav. "Na křižovatkách," (En los
       cruces de los caminos) Čk (junio de 1964).

1683. NAVRATIL, Jiří. "Dramatická poezie," (Poesía
       dramática) Mfro (25 de febrero de 1964).

1684. LOTT, Robert E. "Yerma: The Tragedy of Unjust
       Bareness," MD, VIII (1965), no 1, pp. 20-27.

1685. SANCHEZ DIAZ, C. "Sobre la infecundidad de
      Yerma," AdF, IV (1965), pp. 247-259.

1686. RINCON, C. "Yerma, de Federico García Lorca. Ensa-
      yo de interpretación," BRP, V (1966), no. 1, pp. 66-9.

1687. SKLOOT, Robert. "Theme and Image in Lorca's
      Yerma," DramS, V (1966), no. 2, pp. 151-161.

1688. FALCONIERI, J.V. "Tragic Hero in Search of a
      Role," REH, I (1967), no. 1, pp. 17-33.

1689. FERNANDEZ SANTOS, Angel. "Yerma. Notas sobre
      una representación del poema de García Lorca,"
      Insula (1972), no. 302, pp. 14-15.

1690. SULLIVAN, Patricia. "The Mythic Tragedy of
      Yerma," BHS, XLIX (1972), no. 3, pp. 265-278.
      Vid. también no. 2228.

      Vid. También APENDICE, no. 2234.

      12. Sobre/On the Doña Rosita la soltera

1691. [ANONIMO] "Doña Rosita la soltera," Sol (23 de
      mayo de 1935).

1692. [ANONIMO] [Entrevista sobre: Destrucción de Sodoma, y
      Doña Rosita la soltera] Sol (1 de enero de 1935).

1693. BLANCO AMOR, Eduardo. "Nueva obra teatral de
      García Lorca," Nación (24 de noviembre de 1935).
      Idem en RI, I (1937), no. 5, pp. 46-19.

1694. ESPINA, A. "Estreno de la última obra de García
      Lorca en El Principal Palace de Barcelona," Sol
      (15 de diciembre de 1935).

1695. MASSA, Pedro. "Estreno de Doña Rosita la soltera
      - nueva obra de García Lorca interpretada por
      M. Xirgú," Crónica (1935).

1696. BIANCO, José. "García Lorca en El Odeón," Sur,
      VII (1937), no. 32, pp. 75-80.

1697. BLANCO AMOR, Eduardo. "Nueva obra teatral de
      García Lorca," RI, I (1937), no. 5, pp. 46-49.

1698. J. E. A. "La verdad sobre García Lorca a propósito de Doña Rosita la soltera," Criterio, XXXII (1937), no. 480, 481, pp. 43-45; 63-65.

1699. LINARES, J. "Doña Rosita la soltera," Hogar (13 de mayo de 1937).

1700. OCAMPO, Victoria. "Carta a Federico García Lorca. (Después del estreno de Doña Rosita la soltera en Buenos Aires)," Sur, VII (1937), no. 33, pp. 81-83.

1701. MACRI, Oreste. "Saggio premesso a Donna Rosita nubile," en Baldo, Albertina, trad.: Donna Rosita nubile di Federico García Lorca. Modena: Edit. Guanda, 1943, pp. 7-22.
       Vid. no. 566.

1702. VAGABOND, Jim. "Doña Rosita la soltera," CriBA, XVIII (1945), pp. 440-441.

1703. IDUARTE, Andrés. "Federico García Lorca en Nueva York," Mundo (19 de abril de 1949).

1704. [ANONIMO] "Doña Rosita ou le langage des fleurs au théâtre des noctambules," TdF, III (1953), pp. 120-122.

1705. MARIOTTI, A. "Donna Rosita nubile," GdM (8 marzo 1959).

1706. POESIO, Paolo Emilio. "Donna Rosita nubile," NI (8 marzo 1959).
       Crónica.

1707. DEVOTO, D. "Doña Rosita la soltera: estructura y fuentes," BH, LXIX (1967), nos. 1-2, pp. 407-435.

1708. COLECCHIA, Francesca. "Doña Rosita - una heroina aparte," DHR, VII (1968), no. 2, pp. 37-43.

1709. SANCHEZ, Roberto. "García Lorca y la literatura del siglo XIX: Apuntes sobre Doña Rosita la soltera," Insula, a. XXVI (1971), no. 290, pp. 1, 12-13.

13. Sobre /On the <u>La casa de Bernarda Alba</u>

1710. SALAZAR, Adolfo. "Un drama inédito de García
Lorca," <u>Carteles</u> (10 de abril de 1938).
Idem en <u>UniversalC</u> (11 de septiembre de 1938).

1711. EICHELBAUM, Samuel. "Margarita Xirgu reapare-
cerá con la última obra de Lorca," ALib (26 de
septiembre de 1940).

1712. CHICA SALAS, Francisca. "Margarita Xirgu en <u>La</u>
<u>casa de Bernarda Alba</u>," <u>Saitabi,</u> V (1944), no.
<u>52, pp. 48-49.</u>

1713. [ANONIMO] "<u>La casa de Bernarda Alba</u>," NSB, III
(1954), no. <u>10.</u>

1714. [ANONIMO] "<u>La casa de Bernarda Alba</u>," <u>InsulaBA,</u>
III (1945).

1715. BLANCO AMOR, José. "Dice Margarita Xirgu: '<u>La</u>
<u>casa de Bernarda Alba</u> es la mejor obra de García
Lorca,'" ERep (10 de marzo de 1945).

1716. GUARDIA, Alfredo de la. "<u>La casa de Bernarda</u>
<u>Alba</u>," <u>Latitud,</u> I (1945), no. 3.

1717. EICHELBAUM, Samuel. "El drama póstumo de
Federico García Lorca, <u>La casa de Bernarda</u>
<u>Alba</u>," Sur, CXXVI (abril de 1945), pp. 59-60.

1718. B.Ř.Z. "Španělská balada," (Una balada española)
Nosv (15 de noviembre de 1946).

1719. FIKAR, L. "Slavný večer Anny Iblové," (Gran velada
de Anna Iblová) Mfro (15 de noviembre de 1946).

1720. JANSKY, Em. "Hold Anně Iblové," (Homenaje a
Anna Iblová) Zn (15 de noviembre de 1946).

1721. J.H. "Básník soumraku starého Španělska," (Posta
del ocaso de la antigua España) Rp (15 de noviembre
de 1946).

1722. K.D. "Španělské harémy," (Harenes españoles) Snov
(14 de noviembre de 1946).

1723. K. P. "Dum dusného ženstvi," (La casa de la femi-
       neidad sofocante) Plid (14 de noviembre de 1946).

1724. MILOTOVA, K. "Lorcovo drama žen," (Drama de
       las mujeres escrito por Lorca) Práce (14 de noviem-
       bre de 1946).

1725. S. J. C. "Anné Iblové," (Sobre Anna Iblová) LDem (14
       de noviembre de 1946).

1726. TRÄGER, Josep. "Dvoji jubileum Anny Iblové,"
       (Doble aniversario de Anna Iblová) Ss (14 de
       noviembre de 1946).

1727. FEREBAUER, Rodovan. "Lorcovo drama touhy po
       svobodé," (Un drama de Lorca sobre el anhelo de
       libertad) Čin (25 de octobre de 1947).

1728. KANTOR, Vladimír. "Uspech dramatu... Dum doni
       Bernardy," (Exito de La casa de Bernarda Alba)
       Sn (25 de octubre de 1947).

1729. MACAK, Bohumír. "Drama marné touhy utlačenÿch,"
       (Drama del ansia vana de los oprimidos) Snov (25
       de octubre de 1947).

1730. R. P. "Dum doni Bernardy v brnénském provedení,"
       (La casa de Bernarda Alba realizada en Brno) No
       (25 de octubre de 1947).

1731. SVRČEK, J. B. "García Lorca na brnénské scéné,"
       (García Lorca en la escena de Brno) Rovnost (25
       de octubre de 1947).

1732. PASEK, Mílan. "F. G. Lorca po druhé na brnénské
       scéne," (F. G. Lorca por segunda vez en la escena
       de Brno) en Program [Boletín del Teatro Nacional
       de Brno], III (1947-1948), no. 2, pp. 51-52.

1733. [ANONIMO] "Falangistas y frailes españoles prohiben
       representación teatral de García Lorca," ELib (22
       de abril de 1949).

1734. ALZATOR. "La casa de Bernarda Alba, de Federico
       García Lorca por 'La Caratula,'" IAL, VI (1950),
       no. 28.

1735. ČEJCHAN, Vladimír. "Dum doni Bernardy," (La casa de Bernarda Alba) [Volante publicado por el Teatro Regional en České Budejovice con ocasión del estreno de La casa de Bernarda Alba] (16 de marzo de 1950).

1736. K. O. D. "Uvádi Dum doni Bernardy," (Teatro Regional presenta La casa de Bernarda Alba) Jp (7 de abril de 1950).
Idem en Ss (17 de enero de 1950).

1737. TYRL, Vladimír. "Není věcí španélských obČanu... (No es asunto de los ciudadanos españoles...) [Volante publicado por el Teatro Regional en Karlovy Vary] (14 de enero de 1950).

1738. DUGHERA, Eduardo. Un aspecto de "La casa de Bernarda Alba." Santa Fe: Univ. Nacional del Litoral, 1952. 26pp. (Instituto Social. Publicación no. 66).
Res.: ICE (octubre de 1953), pp. 1037-1038.

1739. BENTLEY, Eric. "The Poet in Dublin," en In Search of Theatre. New York: Knopf, 1953, pp. 215-232.
Versión española en Asomante, VIII (1953), vid. no. 754.

1740. GREENFIELD, Sumner M. "Poetry and Stagecraft in La casa de Bernarda Alba," Hispania, XXXVIII (1955), no. 4, pp. 456-461.

1741. BUNDALEK, Karel. "Dubnové premiéry v divadle bratří Mrštiku," (Estrenos en el Teatro Hnos, Mrštík en abril) Rovnost (1956), no. 34.

1742. J. T. J. "Dalši úspěch," (Un éxito más) Ss (18 de abril de 1956).

1743. NE PEŘIL, V. "Touha, utrpení a vzdor," (Ansia, sufrimiento y porfía) Mfro (19 de abril de 1956).

1744. PAZOUREK, Vladimír. "Divadlo bratří Mrštíku uvádí Dum Bernardy," (Teatro Hnos. Mrštík presenta La casa de Bernarda Alba) LDem (18 de abril de 1956).

1745. SRBA, Bořivoj. "Federico García Lorca a jeho Dum
      doni Bernardy," (Federico García Lorca y su obra
      La casa de Bernarda Alba) [Volante publicado por
      el Teatro Hnos. Mrstík, Brno] (13 de abril de
      1956).

1746. ZAVODSKY, Artur. "Lorcova hra v Brně," (Un
      drama de Lorca en Brno) Zn (24 de abril de 1956).

1747. CASEY, Calvert. "Notes on La casa de Bernarda
      Alba," New York: Nuevo Círculo Dramático, 1957.
      Volante inédito escrito con motivo de la repre-
      sentación de La casa de Bernarda Alba.

1748. SRNA, Zdeněk. "Divadlo, které hledá," (Teatro que
      está buscando) Divadlo (1957), no. 2, pp. 173-177.

1749. SPERATTI PIÑERO, Emma Susana. "Paralelo entre
      Doña Perfecta y La casa de Bernarda Alba," RUBA,
      IV (1959), no. 3, pp. 369-387.

1750. [ANONIMO] "The House of Bernarda Alba," TVGM,
      VIII (June 4-10, 1960), no. 23, p. A-35.

1751. [ANONIMO] "García Lorca en la escena soviética,"
      BIURSS, XVII (15 de marzo de 1960), no. 6,
      pp. 32-33.

1752. GARDELLA, Kay. "End of the Line," NYDN (June
      8, 1960), p. 75.

1753. J.N.L. "Básníkuv odkaz dnešku," (El legado del
      poeta a la actualidad) Mfro (18 de octubre de
      1960).

1754. KABELAČ, Vojtěch. "Dum doni Bernardy," (La casa
      de Bernarda Alba) [Volante publicado por el Teatro
      Estatal, Ostrava] (8 de octubre de 1960).

1755. SHANLEY, John P. "García Lorca Work on Play of
      the Week," NYT (7 de junio de 1960).

1756. GOLDFADEN, Bruce M. "Bodas de sangre and La
      Dama de Alba," Hispania, XLIV (1961), pp. 234-
      236.

1757. NOVOTŇAK, M.N. "Dum Bernardy Albové v Plzni,"

(La casa de Bernarda Alba en Plzen) Rozvoj (2 de diciembre de 1961).

1758. SHARP, Thomas F. "The Mechanics of Lorca's Drama in La casa de Bernarda Alba," Hispania, XLIV (1961), pp. 230-233.

1759. ČERNY, Jindřich. "Libeň: vesele i smutně, dobre i špatně," (Liben: alegre y tristemente, mal y bien) Kultura, I-III (1962). Sobre el estreno de La casa de Bernarda Alba en el Teatro S.K. Neumann, de Praga.

1760. _____. "Smutný dum Bernardy Albové," (La triste casa de Bernarda Alba) LDem (21 de febrero de 1962).

1761. F.E.Y. "Lorcovo drama pro vesnici," (Un drama de Lorca para el campo) Vp (10 de noviembre de 1962).

1762. J.O. [Artículo sin título] Rp (28 de febrero de 1962).

1763. LHOTOVA, O. "Dum Bernardy Albové a ostatní premiéry," (La casa de Bernarda Alba y los demás estrenos) Zn (14 de febrero de 1962).

1764. MACHONIN, Sergej. "Třikrát klasika a co s ní?," (Tres obras clásicas y ¿que hacer con ellas?) Lnov (17 de marzo de 1962).

1765. POPP, Ota. "Lorkovo dilo v Divadle S.K. Neumanna," (La pieza de Lorca en el Teatro S.K. Neumann) Vp (19 de febrero de 1962).

1766. TORRENTE BALLESTER, G. "Bernarda Alba and Her Daughters, or a World Without Pardon," TA, XIX (1962), pp. 7-18.

1767. Z.E.R. [Y] D.K. "Díla klasiku ovládla naše scény," (Obras de los clásicos han invadido nuestras escenas) Ss (27 de febrero de 1962).

1768. IGLESIAS BARBA, M.D. "La casa de Bernarda Alba," MB, IV (1965), pp. 163-165. Sobre una representación del drama en Barcelona.

1769. BLUEFARB, Sam. "Life and Death in García
       Lorca's House of Bernarda Alba," DramS, IV
       (1965), pp. 109-120.

1770. DEL MONTE, Alberto. "Il realismo di La casa de
       Bernarda Alba," Belfagor, XX (1965), pp. 130-148.

1771. RUBIA BARCIA, J. "El realismo 'mágico' de La
       casa de Bernarda Alba," RHM, XXXI (1965), pp.
       385-398.

1772. BOBKOVA, Hana. "Kruta vládkyně domu," (Una
       cruel ama de casa) Divadlo (mayo de 1967).

1773. ČERNY, Jindřich. "Lorca očima Alfréda Radoka,"
       (Lorca visto por Alfréd Radok) DN (5 de abril de
       1967).

1774. GRIMM, Peter E. "Was gibt es Neues in Prag,"
       (¿Que hay de nuevo a Praga?) Volkszeitung (5 de
       mayo de 1967).

1775. GRYM, Pavel. "Dum u zlomené touhy," (La casa
       del ansia quebrantada) LDem (8 de marzo de 1967).

1776. HEPNER, V. "Sevřený život," (Vida oprimida)
       Práce (12 de marzo 1967).

1777. MACHONIN, Sergej. "Dvojí Radok," (Dos veces
       Radok) Lnov (8 de abril de 1967).

1778. NICOLOFF, Jacqueline. [Artículo sin título] JdG
       (12 de agosto de 1967).

1779. SUCHOMELOVA, Jaroslava. "Konec sezóny s
       Lorkou," (Terminando la temporada con Lorca)
       Mfro (12 de julio de 1967).

1780. ŠTĚPANEK, Bohuš. "Radokuv precisní Lorca," (El
       perfecto Lorca de Radok) Vp (6 de marzo de 1967).

1781. URBANOVA, Alena. "Dum - vězení," (Casa - pri-
       sión) Kt (30 de marzo de 1967).

1782. [ANONIMO] "Poslední hra Garcíi Lorcy," (El último
       drama de García Lorca) [Volante publicado por el
       Teatro de Moravia del Norte, Šumperk] (12 de
       octubre de 1968).

1783.   A. B.   "Na mimoŕádné úrovni," (A un nivel extraordi-
nario) Vecerník (30 de enero de 1968).

1784.   HIGGINBOTHAM, V.   "Bernarda Alba: A Comic
Character? DramS, VI (1968), no. 3, pp. 258-265.

1785.   PERNICA, Jaroslav.   "Dum doni Bernardy," (La casa
de Bernarda Alba) Nslo (octubre de 1969).

1786.   P. K.   "Televízne glosy," (Glosas al programa de la
televisión) Kž (2 de febrero de 1968).

1787.   BEYRIE, J.   "Résurgences galdosiennes dans La casa
de Bernarda Alba," Caravelle (1969), no. 13,
pp. 97-108.

1788.   YOUNG, R. A.   "García Lorca's La casa de Bernarda
Alba: A Microcosm of Spanish Culture," ML, L
(1969), pp. 66-72.

1789.   BULL, Judith M.   "Santa Bárbara and La casa de
Bernarda Alba," BHS, XLVII (1970), pp. 117-123.

1790.   MARTINEZ, Miguel A.   "Realidad y símbolo en La
casa de Bernarda Alba," REH, IV (1970), no. I,
pp. 55-66.

1791.   ZIOMEK, Henryk.   "El simbolismo del blanco en La
casa de Bernarda Alba," Symposium, XXIV (1970),
no. 1, pp. 81-85.

1792.   ARCE DE VAZQUEZ, M.   "La casa de Bernarda
Alba," SNom, I (1971), no. 2, pp. 5-14.

1793.   SANCHEZ, R. G.   "La última manera dramática de
García Lorca," PSA, a. XVI, t. LX (1971),
no. 178, pp. 83-102.
Vid. tambien no. 1311.

E)   Relaciones literarias/Literary Relations

1794.   BAEZA, R.   "De una generación y su poeta," Sol
(24 de agosto de 1927).

1795.   TORRE, Guillermo de.   "Tres poetas jóvenes de
España," Fierro (10 junio, 15 julio, 15 agosto de
1927).

1796. MORA GUARNIDO, J. "Dos poetas andaluces: Federico García Lorca y Rafael Alberti," Pluma, IV
(1928), pp. 51-57.

1797. TORRES BODET, J. "Poetas nuevos de España
Jorge Guillén," Nosotros, LXIII (1929), pp. 247-
250.
Sobre la poesía de García Lorca y Jorge
Guillén.

1798. WILSON, E.M. "Two modern Spanish Poets,"
Bookman, LXXX (1931), pp. 288-289.

1799. DOMENCHINA, Juan José. "Poetas españoles del
'13 al '31," Sol (12 y 19 marzo de 1933).

1800. FLORIT, Eugenio. "La lírica española e hispanoamericana después del modernismo," CUA, 2o curso
(1933), no. 36, pp. 447-484.

1801. LASSAIGNE, J. "Poètes espagnols," Figaro (21 de
enero de 1933).

1802. GREGERSEN, Halfdan. Ibsen and Spain - A Study in
Comparative Literature. Cambridge, Mass.,
Harvard Univ. Press, 1936, 1936. XIV + 209pp.

1803. PEREZ FERRERO, M. "Dos poetas españoles en
América y uno americano en España," TF, II
(1936), pp. 23-45.
Sobre García Lorca, Alberti y Neruda.

1804. BARELLA IRIARTE, C. y MORTHEIRU SALGADO,
P. "Notas bibliográficas para el estudio de dos
poetas," Atenea, XL (1937), pp. 425-447.
Sobre García Lorca y Santos Chocano.

1805. CERNUDA, Luis. "Líneas sobre los poetas," HdE
(1937), no. 6, pp. 64-66.

1806. MARIA Y CAMPOS, A. "Lope de Vega y García
Lorca en México," en Presencia de teatro (Cronica
1934 - 1936). México: Edit. Botas, 1937, pp. 263-
275.

1807. ALTOLAGUIRRE, Manuel. "Vida y poesía: Cuatro
poetas íntimos," Lyceum, IV (1939), no. 14,
pp. 15-29.

Sobre Emilio Prados, Luis Cernuda, García
Lorca y Vicente Aleixandre.

1808. DRUMOND DE ANDRADE, C. "Poema o poesía
popular europea: J.M. Synge y Federico García
Lorca," CyC, XV (1939), pp. 765-791.

1809. JUNCO, A. "Tercia de ases," UniversalM (30 de
diciembre de 1939).

1810. CAMACHO RAMIREZ, A. "Dos poetas de su pueblo:
García Lorca y Neruda," UniversalC (7 de julio de
1940).

1811. ORTIZ SARALEGUI, Juvenal. "Federico García
Lorca y Rafael Barradas," Romance, I (18 de
diciembre de 1940), no. 19, p. 9 (a-e).

1812. NIETO ARTETA, Luis E. "Universalidad y sexualismo
en el teatro. Casona y García Lorca," RI (diciembre de 1941), no. 36.

1813. POVEDA, J. Ensayos, I. Federico García Lorca y
Vicente Aleixandre. Ciudad Trujillo: Edit. Impr.
Rincón, 1941. 94pp.

1814. ARREOLA CORTES, R. "La influencia lorquiana en
Miguel N. Lira," RHM, VIII (1942), pp. 304-320.

1815. DUDGEON, P.O. "J.M. Synge and Federico García
Lorca," Fantasy (1942), no. 26.

1816. SALINAS, Pedro. "Nueve o diez poetas," HP, VIII
(1945), pp. 71-79.

1817. MORENO VILLA, José. Leyendo a San Juan de la
Cruz, Garcilaso, Fray Luis de León, Bécquer,
Rubén Darío, Juan Ramón Jiménez, Jorge Guillén,
Federico García Lorca, Antonio Machado, Goya,
Picasso. México: El Colegio de México, 1946.
155pp. (Centro de Estudios Literarios de El
Colegio de México, 6)

1818. PEREZ FERRERO, M. Vida de Antonio y Manuel
Machado. Prólogo de Gregorio Marañón. Madrid:
Rialp, 1947. 330pp. + 1 lám. (Col. Carro de
Estrellas, 3)

Reimp: Buenos Aires: Espasa-Calpe, 1952.
226pp. (Col. Austral)

1819. MUÑOZ, Matilde. Historia del teatro dramático en
España. Madrid: Tesoro, 1948, pp. 383-385.
Reimp.: Madrid: Tesoro, 1953. 340pp.
Sobre Galdós y García Lorca.

1820. TORRE, Guillermo, de. Tríptico del sacrificio -
Unamuno, García Lorca, Machado. Buenos Aires:
Losada, 1948, 148pp. (Biblioteca contemporánea,
210)

1821. BERTINI, Giovanni Maria. Teresa d'Avila scrittrice
e García Lorca poeta. Corso di letteratura spagnola. Lezioni raccolte di Milando Ferreri nel corso
tenuto dal Prof. Giuseppe Bertini a Cà Foscari
nell'anno accademico 1948-1949. Milano: La
Goliardica, Ediz. Universitarie, 1950, 186pp.
(Istituto Universitario Cà Foscari, Venezia)

1822. CIRRE, J. F. Forma y espíritu de una lírica española (1920-1935). Noticia sobre la renovación
poética en España de 1920 a 1935. México: O. P.,
180pp.

1823. CIESIELSKA - BOKOWSKA, S. "Le dramaturge et
le public d'après la conception des grands créateurs
(Lope de Vega, Goethe, Schiller, García Lorca),"
Spra (1951), no. 5, pp. 306-310.

1824. SURCHI, Sergio. "I giovani dell'Alberello rappresenta-
no Brecht e Lorca," NCor (31 aprile 1952).
Crónica.

1825. TREZEVANT, Fred. H. El tema de la maternidad en
Unamuno, Valle-Inclán y García Lorca. México,
1952. 133pp.
Tesis inédita del México City College.

1826. WOOD, Frank. "Three Poems on Whitman," CL,
IV (1952), no. 1, pp. 44-53.

1827. ALCALA, Manuel. "García Lorca y la poesía francesa," Insula a. IX (1 de julio de 1954), no. 103.

1828. DIAZ-PLAJA, Guillermo. Federico García Lorca,

su obra e influencia en la poesía española. Buenos
Aires: Espasa-Calpe, 1954, 210pp.
3a. ed. Madrid: Espasa-Calpe, 1961. 213pp.

1829. FERRAND, M. "Raiz española en la poesía de
Nicolás Guillén," EA, VIII (1954), pp. 461-467.
Sobre la influencia de García Lorca y de la
poésia popular.

1830. GONZALEZ MUELA, Joaquín. El lenguaje poético de
la generación Lorca-Guillén. Madrid: Insula,
1954, 192pp. (Col. Insula, 20)
Res.: A. Terry, BHS, XXXIII (1956), pp. 107-
109.

1831. SURDO, A. "Gian Carlo Menotti y Federico García
Lorca," CHA, XX (1954), pp. 124-126.

1832. CANO, José Luis. "La generación poética de 1925.
Noticia histórica," RNC (1955), no. 111, pp. 78-89.

1833. FIEDLER, Leslie A. "Revaluaciones: Walt Whitman," Ciclón, I (1955), no. 4, pp. 46-54.

1834. GULLON, R. "La generación poética de 1925,"
Insula, a. X (1955), no. 117.

1835. KIEW, Dimas. "La generación del 27 o la voz de
Góngora," UniversalC (15 de enero de 1955).

1836. ALONSO, Dámaso. "Una generación poética, 1920-
1936," en Antología. Selección y prólogo de
Vicente Gaos. Madrid: Escelicer, 1956. 2 vols.:
I. Creación; II. Crítica.

1837. CHAPMAN, Hugh H., Jr. "Two Poetic Techniques:
Lorca's Romance de la luna, luna, and Goethe's
Erlkonig," Hispania, XXXIX (1956), no. 4, pp. 450-
455.

1838. DURAN GILI, Manuel. "El surrealismo en el teatro
de Lorca y Alberti," Hispano (septiembre de 1957),
no. 1, pp. 61-66.

1839. LAZARO CARRETER, F. "Juan Ramón, Antonio
Machado y Federico García Lorca," Insula, a. XII
(1957), nos. 128-129, pp. 1, 5 y 21.

1840. BASAVE, A. "Góngora y García Lorca," NDem,
       XXXVIII (1958), no. 2, pp. 30-35.

1841. FERRERES, E. "La generación poética de 1927,"
       PSA, XI (1958), pp. 301-314.

1842. BLY, Robert. "Some Thoughts on Lorca and René
       Char," Fifties (1959), no. 3, pp. 7-9.

1843. GAROSCI, Aldo. Gli intellettuali e la guerra di
       Spagna. Torino: Einuadi, 1959.
            Vid. p. 27, cap. II, Lorca, Alberti, Hernández.

1844. KESTING, Marienne. "Das poetische Theater: Lorca
       und Schehadé," en su Das epische Theater. Zur
       Struktur d. modernen Dramas. Stuttgart: Kohlham-
       mer, 1959, pp. 123-130.

1845. LINDO, Hugo. Cuatro grandes poetas de América.
       Buenos Aires: Librería Perlado, 1959. 1 vol.
            Sobre Unamuno, Mistral, Mariátegui y García
       Lorca.

1846. CANO, José Luis. Poesía española del siglo XX.
       De Unamuno a Blas de Otero. Madrid: Guadarra-
       ma, 1960. 543pp. (Col. Guadarrama de Crítica
       y Ensayo, 28)

1847. MADARIAGA, Salvador de. De Galdós a Lorca.
       Buenos Aires: Edit. Sudamericana, 1960. 223pp.
       21cm. (Col Ensayos)

1848. CHICA-SALAS, Susana. "Synge y García Lorca -
       Aproximación de dos mundos poéticos," RHM,
       XXVII (abril de 1961), no. 2, pp. 128-137.

1849. FULBECK, John F. A Comparative Study of Poetic
       Elements in Selected Plays by John Millington
       Synge and Federico García Lorca. Diss. Los
       Ángeles, 1961.
            DA, XXI, pp. 1564-1565.
            Tesis doctoral inédita de la Univ. de Southern
       California, Los Angeles.

1850. IFACH, María de Gracia. "Federico y Miguel,"
       RNC, XXIV (septiembre-diciembre de 1961), nos.
       148-149, pp. 98-106.
            Sobre Lorca y Hernández.

1851. BARTRA, A. "Los temas de la vida y de la muerte en la poesía de A. Machado, García Lorca y Miguel Hernández," CA (1962), no. 5, pp. 191-212.

1852. CARBONELL, Reyes. Espíritu de llama. Pittsburgh, Pa.: Duquesne University Press, 1962. 168pp. 15cm.
Sobre la poesía de Antonio y Manuel Machado, Arturo Torres Ríoseco, Federico García Lorca.

1853. HONIG, Edwin. "Lorca to Date," TDR, VII (1962), no. 2, pp. 120-126.

1854. PINO BERMUDO, M. del. [Sobre el teatro de D'Annunzio y sus relaciones con Unamuno, Benavente, Valle-Inclán y García Lorca] Diss. Madrid, 1962.
Resumen en RUM, XI (1962).

1855. BLANQUAT, Josette. "Mithra et la Rome andalouse de Federico García Lorca," RLC, XXXVIII (1963), no. 3, pp. 337-349.

1856. MERCADANTE, Luis. D'Annunzio-García Lorca. Coincidencias entre "La figlia di Iorio" y "Bodas de sangre." Buenos Aires: Comisión Literaria de Homenaje a Gabriel D'Annunzio, 1963, 52pp.

1857. ORY, Carlos Edmundo de. "Robert Desnos y Federico García Lorca," IAL, XVII (1963), no. 174, pp. 3-7.

1858. VAZQUEZ ZAMORA, Rafael. "García Lorca y Unamuno en dos teatros madrileños," Insula, a. XVII (1963), no. 192, p. 15.

1859. HESS, Reiner. "García Lorca y Whitman," Arbor, LVIII (1964), pp. 265-282.

1860. HONIG, Edwin. "Reality and Realism in Cervantes and Lorca," NMQ, XXXIV (1964), pp. 31-47.

1861. LEIGHTON, Charles H. "Casona and Lorca: A Brief Comparison," MD, VIII (1964), no. 1, pp. 28-34.

1862. WILL, Frederic. "Palamas, Lorca, and Perspective

for Comparative Literature," CLS, I (1964), pp. 133-142.

✓ 1863. YOUNG, H. The Victorius Expression. (A Study of Four Contemporary Spanish Poets: M. de Unamuno, A. Machado, J.R. Jiménez y Federico García Lorca. Madison: University of Wisconson Press, 1964. 223pp.

1864. BECK-AGULAR, Vera F. de. "Entomological Symbols in the Čapeks and García Lorca," LEW, IX (1965), pp. 96-103.

1865. ALFARO, María. "Tres heroínas nefastas de la literatura española," CA, a. XXIV (1965), no. 140, pp. 246-254.
Sobre Doña Perfecta, La Tía Tula y Bernarda Alba.

1866. JACKSON, Richard L. "La presencia de la greguería en la obra de García Lorca," Hispano (1965), no. 25, pp. 51-55.

1867. PARK, C. "Auf eine neue Klasik zu," WWt, XX (1965), pp. 55-58.
Sobre trece poetas modernos, uno de ellos García Lorca.

1868. ULLMAN, Pierre L. "The Exordium of Torquemada en la hoguera," MLN, LXXX (1965), pp. 258-260.
Sobre Galdós y Lorca.

1869. WARDROPPER, Bruce W. "The Modern Spanish Elegy: Antonio Machado's Lament for Federico García Lorca," Symposium, XIX (1965), pp. 162-170.

1870. DEVOTO, D. "Garcia Lorca y Darío," Asomante, XXIII (1967), no. 2, pp. 22-31.

1871. FOSTER, David W. "Estructura poética en tres poemas de Lorca, Unamuno y Machado," DHR, VI (1967), pp. 1-13.

1872. GERSHATOR, D. The United States and the Poetry of [García] Lorca's Generation: The Impact of American Culture on the "Generación del '27." Diss. New York, 1967.

Tesis doctoral inédita de la New York University.

1873. ROSENDORFSKY, Jaroslan. "Algunas consideraciones
sobre Doña Perfecta, de Pérez Galdós y La casa de
Bernarda Alba, de Federico García Lorca," ERB,
III (1967), pp. 181-210.

1874. TITONE, Virgilio. Machado e García Lorca. Napoli:
Giannini Editore, 1967. 168pp. 22cm. (Geminae
Ortae, 46)

1875. JAEN, D. T. "Walt Whitman: Tema literario," LT,
LX (1968), pp. 77-100.

1876. CARTEY, Wilfred. "Four Shadows of Harlem,"
NegroD, XVIII (1969), no. 10, pp. 22-25; 83-92.
Sobre Lorca, Senghor, Claude McKay, Langston
Hughes.

1877. LOPEZ LANDEIRA, R. "Un puente entre dos poetas,"
RHM, XXXV (1969), pp. 261-267.
Sobre Lorca y Mayakovsky.

1878. ROSSI, Rosa. De Unamuno a Lorca. Catania: N.
Giannotta, 1969. 272pp. 21cm. (Biblioteca
Siciliana di Cultura, 11)

1879. BORDIER, Roger. "Whitman et Lorca," Europe,
CCCCLXXXIII - CCCCLXXXIV (1969), pp. 188-191.

1880. CANO, José Luis. La poesía de la generación del
'27. Madrid Edics. Guadarrama, 1970. 290pp.
19cm.

1881. COBB, Carl W. "Federico García Lorca and Juan
Ramón Jiménez: The Question of Influences," TSL,
XV (1970), pp. 177-188.

1882. FONT, María Teresa. "Tres manifestaciones de
espacialismo poético: Federico García Lorca,
Nicolás Guillén y Jorge Luis Borges," RIA, XXXVI
(1970), no. 73, pp. 601-612.

1883. GARFIAS, Francisco. "Juan Ramón Jiménez y Federico García Lorca," EL (1970), no. 458, pp. 4-8.

1884. JAREÑO, Ernesto. "El caballero de Olmedo, García
Lorca y Albert Camus," PSA, LVIII (1970), no.
144, pp. 219-242.

1885. ALONSO, Dámaso. "Federico García Lorca und
      seine Generation: Die spanische Lyrik vor dem
      Bürgerkrieg (1920-1936)," SchM, LI (1971), pp. 409-
      419.

1886. ORY, Carlos Edmundo de. "Salvador Rueda y García
      Lorca," CHA, LXXXV (1971), no. 255, pp. 417-
      444.

1887. ZULUETA, Emilia de. Cinco poetas españoles.
      Madrid: Edit. Gredos, 1971. 484pp.
      Res.: C.M., PE (1971), no. 226, pp. 5-6.

1888. BYRD, Suzanne W. The Nationalization of the Spanish
      Theater: A Study of the Revitalizing Influences of
      Federico García Lorca and Alejandro Casona. Diss.
      Athens, Georgia, 1972.
      Tesis doctoral inédita de la University of Georgia.

1888a. HARVARD, R.G. "The Symbolic Ambivalence of
      'Green' in García Lorca and Dylan Thomas,"
      MLR, LXVII (1972), no. 4, pp. 810-819.

1889. HIGGINBOTHAM, V. "Lorca and Twentieth-Century
      Spanish Theater: Three Precursors," MD, XV
      (September 1972), no. 2, pp. 164-174.

1890. MARTINEZ-MILLER, Patricia. El teatro surrealista
      de Rafael Alberti y Federico García Lorca: Dos
      expresiones del surrealismo español. Diss. Los
      Angeles, 1972.
      Tesis doctoral inédita de la University of
      Southern California.

1891. GREENE, Kathleen W. Spanish Playwrights and the
      'Theatre of Cruelty: Valle-Inclán, García Lorca
      and Arrabal. Diss. Lexington, Kentucky, 1973.
         Tesis doctoral inédita de la University of Ken-
      tucky.
         Vid. también nos. 1199, 1221, 1224, 1236,
      1239, 1243, 1278, 1329, 1343, 1393-1394, 1403,
      1505, 1525, 1542, 1569, 1602, 1655, 1675, 1749,
      1756, 1787, 1789, 1894, 1912.

V. BIOGRAFIAS / BIOGRAPHIES

A) Monografías/Monographs

1892. GONZALEZ CARBALHO. Vida, obra y muerte de
Federico García Lorca. Santiago de Chile:
Ercilla, 1938. 83pp. (Colección Contemporaneos)
Res.: Benarós, León, Nosotros (mayo de
agosto de 1939), pp. 143-144.

1893. HONIG, Edwin. García Lorca. Norfolk, Conn.:
New Directions, 1944. 232pp. (Makers of Modern
Literature Series)
2a. ed. Norfolk, Conn.: New Directions, 1947.
232pp.
Reimp.: New York: New Directions, 1951. 232pp.
New York: New Directions, 1963. 242pp.
New York: New Directions, 1967. 239pp.

1894. CROW, John A. Federico García Lorca. Los Angeles: Univ. of California Press, 1945. 116pp.
22cm.
Reimp.: Los Angeles: Univ. of California
Press, 1947. 116pp.

1895. CAVALHEIRO, Edgard. García Lorca. São Paolo:
Livraría Martins, 1946. 165pp. 19cm. (Coleçao
Turquesa, 4)

1896. _____. García Lorca. Río de Janeiro: Ed.
Civilizaçao Brasileira, 1956. 241pp. 22cm.

1897. ROBLES, E. García Lorca. Algiers: Editions du
Cactus, 1949. 96pp.

1898. RIO, Angel del. Vida y obras de Federico García
Lorca. Zaragoza: Heraldo de Aragón, 1952.
168pp. (Colección Estudios Literarios, 111)
Res.: Aubrun, Charles, BH, LVII (1955),
pp. 336-337.

1899.   BABIN, María Teresa. García Lorca. Vida y obra.
        New York: Las Américas, 1955. 122pp.

1900.   BAREA, Arturo. Lorca, el poeta y el pueblo.
        Buenos Aires: Edit. Losada, 1957. 137pp. (Bib-
        lioteca contemporánea).

1901.   MORLA LYNCH, Carlos. En España con Federico
        García Lorca (páginas de un diario íntimo, 1928-
        1936). Madrid: Aguilar, 1957. 498pp.
        Reimp.: Madrid: Aguilar, 1958.

1902.   VASQUEZ OCAÑA, Fernando. García Lorca, vida,
        cántico y muerte. México: Grijalbo, 1957.
        387pp. 22cm. (Biografía Gandesa).
        2a. ed. México: Grijalbo, 1962. 394pp. 22cm.
        (Biografía Gandesa)

1903.   MORA GUARNIDO, J. Federico García Lorca y su
        mundo. (Testimonios para una biografía). Buenos
        Aires, Edit. Losada, 1958. 239pp.
        Res.: González Muela, J. RHM, XXVI (1960),
        p. 127; Gullón, R. LT (1959), no. 26, pp. 159-
        161; Laffranque, Marie, BH, LXII (1960), p. 351;
        Bertini, Giovanni M., QIA, IV (1962), no. 28, p.
        250.

1904.   COBELLI, Enzo. García Lorca. Mantova: La
        Gonzaghiana, 1959. 98pp. 21cm.

1905.   ALBE [Pseud. por JOOSTENS, Renaat]. Federico
        García Lorca. Brugge: Desclée de Brouwer,
        1960. 59pp. (Col. Ontmoetingen, 19)

1906.   BELAMICH, André. Lorca. Paris: Gallimard,
        1962. 266pp. 19cm. (La Bibliothèque Idéale)

1907.   _____. Lorca - A obra e o homem. Trad. de
        João Gaspar Simões. Lisboa: Edit. Arcadia,
        1969. 248pp.

1908.   CANO, José Luis. Federico García Lorca. Barce-
        lona: Edics. Destino, 1962. 151pp.

1909.   LIZANO, Jesús. Federico García Lorca. Ilustra-
        ciones: Camcho-Mataix. Barcelona: Plaza &
        Janés, 1963. 78pp. (Enciclopedia Popular Ilustra-
        da. Serie M. vol. 37)

1910. LORENZ, Gunther W. Federico García Lorca in
      Selbstzeugnisen und Bildkokumenten. Vom Autor
      gekurzte Fassung d. Originalausg. im Stahlberg-
      Verl. Karlsruhe. Zeugnisse und Bibliographie.
      Helmut Riege, Reinbeck. Hamburg: Rowohlt,
      1963. 179pp. (Rowohlts Monographien, 82)

1911. ALBERTI, R. Federico García Lorca. Milano:
      C.E.I., 1966. 80pp. (Col. Giano. I Tascabili
      Doppi. I Protagonisti della Storia Universale, 3)

1912. ORY, Carlos Edmundo de. Federico García Lorca.
      Trad. del l'espagnol par Jacques Deretz. Paris:
      Editions Universitaires, 1967. 128pp. (Coll.
      Classique du XXe Siècle, 91)
          Res.: Chávarri, Raul, CHA, LXXXII (1970),
      pp. 724-725.

1913. AUCLAIR, M. Enfance et mort de García Lorca.
      Paris: Editions du Seuil, 1968. 477pp. 21cm.
          Tr. Vida y muerte de García Lorca. México:
      Edics. ERA, S.A., 1972.

1914. COBB, Carl W. Federico García Lorca. New York:
      Twayne Publishers Inc., 1967. 160pp.
          Res.: Crispin, John, Hispania, LI (1968),
      pp. 924-925.

1915. RINCON, Carlos. Federico García Lorca. (Aus dem
      spanischen übertragung von Christel Dobenecker und
      Gisela Leber. Die Lorca - Zitate sind in übertra-
      gungen von Enrique Beck widergegeben) Leipzig:
      Verlag Phillip Reclam, 1968. 293pp. (Universal-
      Bibliothek. Reclams, Bd. 80)

1916. UMBRAL, F. Lorca, poeta maldito. Madrid: Bib-
      lioteca Nueva, 1968. 272pp.
          Reimp.: Barcelona: Círculo de Lectores,
      1970. 225pp. 20cm.

1917. FUSERO, Clemente. García Lorca. Milano-Vares,
      Dall'Oglio, 1969. 488pp. 22cm. (Cultura Con-
      temporanea)

1918. VICENT, M. García Lorca. Madrid: EPESA,
      1969. 195pp. 18cm. (Grandes Escritores
      Contemporáneos, 10)
          Vid. también no. 22, 965.

B) Interpretación y crítica/Interpretation and Criticism

1919. MASOLIVER, Juan Ramón. "A lentorn de Federico
        García Lorca," Ginesta (1929), no. 2-3.

1920. LUNA, J.R. "La vida de García Lorca, poeta,"
        CriBA (10 de marzo de 1934).

1921. JARNES, Benjamín. "Letras española: García
        Lorca y su obra," Nación (9 de mayo y 21 de
        agosto de 1938).

1922. DRUMOND DE ANDRADE, C. "Poema o vida de
        García Lorca," GH (1938), no. 113.

1923. ESTOL, Horacio Alberto. "Federico García Lorca,"
        Columna, II (1938), no. 12, p. 19.

1924. TORRE, Guillermo de. "Federico García Lorca.
        Síntesis de su vida y de su obra," en Obras
        completas, t. I. Buenos Aires: Edit. Losada,
        1938, pp. 9-21.
        Idem en EP, XXI (1938), no. 431.

1925. VIZCARRONDO, Carmelina. "Aire por el aire," AL,
        VIII (1938), no. 132, p. 15.

1926. CONTIN AYBAR, Pedro René. Federico García
        Lorca, poeta popular. Ciudad Trujillo: R.D.,
        "La opinión," 1939. 59pp. 18cm.
        Conferencia sobre la vida y la obra.

1927. GABRIEL, José. Ditirambo a García Lorca. Buenos
        Aires: Impr. F.A. Colombo, 1939. 8pp.

1928. RICHTER, F. "Federico García Lorca," Tarde (22
        de junio de 1939).

1929. ROA, R. "Federico García Lorca, gitano legítimo,"
        ARAEA, I (1939), no. 4, pp. 27-31.

1930. WILLIAMS, William C. "Federico García Lorca,"
        KR, I (1939), pp. 148-155.

1931. BAQUERIZO MORENO, A. "Federico García Lorca,"
        en Ensayos, apuntes y discursos. Guayaquil: Impr.

y talleres municipales, 1940, pp. 63-67. (Biblioteca Guayaquil, Selección de Autores Ecuatoria-
nos, vol 5)

1932. RIO, Angel del. "Federico García Lorca (1899-
1936)," RHM, VI (1940), nos. 3-4, pp. 193-260.

1933. VILLAREJO, José S. "García Lorca, su vida y su
obra," RAPA, XIX (1940), no. 19.

1934. EICHELBAUM, Samuel. "Un primer libro revelador.
García Lorca persona y creación," ALib (6 de
noviembre de 1941).
Sobre el libro de Alfredo de la Guardia.

1935. EMIE, Louis. "Federico García Lorca," CdS (1941),
pp. 3-16.

1936. GUARDIA, Alfredo de la. Federico García Lorca,
persona y creación. Buenos Aires: Edit. Sur,
1941. 330pp.
2a. ed. Buenos Aires: Edit. Schapire, 1944.
400pp.
3a. ed. Buenos Aires, 1952. 370pp.

1937. NAMORADO, Joaquín. Vida e obras de Federico
García Lorca. Coimbra: Edit. Saber, 1943.
1 vol.

1938. BAREA, Arturo. Lorca: The Poet and his People.
Trad. by I. Barea. London: Faber and Faber,
1944. 103pp. 23cm.
2a. ed. New York: Harcourt, 1949. XV +
176pp. 21cm.
3a. ed. New York: Grove Press, 1958. XV +
176pp. 21cm.

1939. _____. "Federico García Lorca: El poeta y el
pueblo," Número, III (1951), nos. 15-17, pp. 229-
245.

1940. MORENO VILLA, J. Vida en claro. Autobiografía.
México: El Colegio de México, 1944. 278pp.

1941. BRICKELL, H. "Un poeta español en Nueva York,"
Asomante, II (1946), no. 1.

1942. ESCOBAR LOPEZ, Elbar. "Breve ensayo crítico de
      la vida y la obra de Federico García Lorca,"
      CroU (31 de octubre de 1947), pp. 5-6.

1943. DIAZ-PLAJA, Guillermo. Federico García Lorca.
      Estudio crítico. Buenos Aires: Kraft, 1948.
      284pp. + 2 hojas + 9 láminas.
      Reimp.: Buenos Aires: Espasa-Calpe, 1954.
      210pp. (Colección Austral)

1944. KIEVE, R. ["Federico García Lorca"] Merkur
      (1951), pp. 923-936.

1945. TREND, J. B. Federico García Lorca. Oxford:
      Dolphin Book Co., 1951. 24pp.

1946. GUILLEN, Jorge. "Federico García Lorca en perso-
      na," Prólogo a la edición de las Obras completas,
      1954. LXXV pp. Vid. no. 14.

1947. _____. Federico en persona: Semblanza en
      epistolario. Buenos Aires: Edit. Emecé, 1959.
      144pp.

1948. _____. Federico in persona. Carteggio. Milano:
      All' Insegna del Pesce d'Oro, 1960. 205pp.

1949. _____. "Federico en personne," MF, CCCXLIX
      (1963), no. 250, pp. 62-85.

1949a. _____. Mein Freund Federico García Lorca. Ein
      Briefwechsel. Die Texte von Guillén sin übersetzt
      von Hildegard Baumgart. Lorcas Briefe an Guillén
      von Enrique Beck. Wiesbaden: Limes Verlag,
      1965. 156pp. 20cm. (Limes Nova, 10)

1950. STARKIE, Walter F. "Federico García Lorca," en
      Sara's Tents. London-New York: Dutton and Co.,
      1954. 339pp.
      Conferencia pronunciada en el British Institute
      de Madrid.

1951. BABIN, María Teresa. "Hombre y mundo," NDem,
      XXXV (julio de 1955).

1952. PETERS, Leo. "Federico García Lorca," LPost, X
      (1955), no. 84.

1953.   POLS, André M. "García Lorca," DPer, V (1955),
        no. 5.

1954.   ROA KOURI, Raúl. "Entraña de Federico," VU, V
        (1955), no. 216.

1955.   WESTERLINCK, Albert. "García Lorca," DWB
        (1955), no. 8.

1956.   SCHONBERG, Jean Louis. Federico García Lorca:
        L'homme, l'oeuvre. Paris: Plon, 1956. IX +
        360pp.

1957.   _____. Federico García Lorca: El hombre y la
        obra. Prefacio de Jean Cassou. Trad. del
        francés por Aurelio Garzón del Camino. México:
        Compañía General de Ediciones, 1959. 362pp.
        20cm. (Colección Ideas, Letras y Vida)
        Bibliografía: pp. 355-359.

1958.   SIK, C. L. "Federico García Lorca," Alföld (1956),
        no. 5, pp. 77-81.

1959.   LAFFRANQUE, Marie. "Essai de cronologie de
        Federico García Lorca," BH, LIX (1957), no. 4,
        pp. 418-430.

1960.   NEMETH, L. "García Lorca színpada," Nagyvilág
        (1957), pp. 899-918.
             Ref. y ampliado en su libro Sajkódy esték.
        Budapest, 1961, pp. 238-283.

1961.   LAFFRANQUE, Marie. "Federico García Lorca, el
        poeta y su pueblo," Cenit (agosto-septiembre de
        1960).

1962.   ONIS, Federico de. "Federico García Lorca," Alcor,
        XI (12 de marzo-abril 1961), p. 2.

1963.   PACHECO, José Emilio. "Simpatías y diferencias,"
        RNC, XVI (1961), no. 1, p. 32.

1964.   LAFFRANQUE, Marie. "Pour l'étude de Federico
        García Lorca. Bases chronologiques," BH, LXV
        (1963), pp. 333-337.

1965.   SCHONBERG, Jean-Louis. A la recherche de Lorca.

Neuchâtel: La Baconnière, 1966.   381pp.   21cm.
8 láminas. (Coll. Langages)

1966. LAFFRANQUE, Marie. "Lorca études, souvenirs et
documents," BH, LXIX (1967), pp. 196-198.

1967. BIANCHI, A. "Federico García Lorca," Silarus
(marzo-aprile 1969).

1968. CERTO, Rolando. "Federico García Lorca," Cenobio,
XVIII (1969), pp. 161-169.

1969. UMBRAL, Francisco. "Análisis y síntesis de Lorca,"
RO (1971), no. 95, pp. 221-229.

C)   Semblanzas y recuerdos/Biographical Sketches and
Memoirs

1970. DALI, Salvador. "El poeta en la platja d'Empuries
vist per..." [Dibujo] LA, a. II (31 de junio de
1927), no. 15, p. 45.

1971. ALTOLAGUIRRE, Manuel. "El poeta García Lorca,"
Sei (18 de octubre de 1937).

1972. BLANCO-AMOR, E. "Un recuerdo de Federico
García Lorca," Ensayos, II (1937), no. 16.

1973. GONZALEZ CARBALHO. "Federico García Lorca,
poeta y soldado de la libertad," RI (marzo de
1937).

1974. MANOLL, Michel. "Vida y muerte de Federico
García Lorca," Fabula, I (1937), pp. 139-140.
Versión de Marcos Fingeret.

1974a. MORENO VILLA, José. "Recuerdo a Federico
García Lorca," CCC (1937), no. 1, p. 149.

1975. BALLAGAS, Emilio. "Federico García Lorca," AL,
VIII (1938), no. 127, p. 16.

1976. [FEDERICO García Lorca] RFEV, II (1938), no. 9,
pp. 33-34.

1977. VITUREIRA, C. S. "Semblanza de Federico García
Lorca," A.I.A.P.E., II (1938), no. 22, pp. 15-16.

1978. HENRIQUEZ, Enrique. "García Lorca," en Nocturnos
y otros poemas. Ciudad Trujillo, Rep. Dominicana,
1939, pp. 143-144.

1979. BRICKELL, H. "Federico García Lorca: A Biograph-
ical Note," en The Poet in New York and Other
Poems, trans. by R. Humphries. New York,
1940, pp. 206-209. Vid. no. 483.

1980. "FEDERICO García Lorca," en Twentieth Century
Authors. Edited by Stanley J. Kunitz and Howard
Haycraft. New York: The H. W. Wilson, Co.,
1942, pp. 513-515.
Reimp.: New York: H. W. Wilson, 1955.
1123pp.

1981. GALLEGO MORELL, Antonio. "Cuando Federico
leyó a Machado," EL (15 de noviembre de 1944).

1982. D'AMICO, Silvio. "Incontro con Federico García
Lorca," Dramma (15 maggio 1946), nos. 12-13.
Idem en Prensa (11 de enero de 1948).

1983. LANGUASCO, Nando. "Bio-bibliografía su Federico
García Lorca," Dramma (1-15 maggio 1946),
nos. 12-13.

1984. VITTORINI, Elio. "F. García Lorca, vita di un
morto," Lettura (Sup.) (13 giugno 1946).

1985. GARCIA LORCA, Francisco. "Federico García
Lorca," en Columbia Dictionary of Modern Literature. New York: Columbia University Press,
1947, p. 303.

1986. BERMUDEZ, María Elvira. "Semblanza de Federico
García Lorca," Nacional (6 de febrero de 1949).

1987. KRAUSS, W. "Ein spanisches Vermächtnis," SuF, I
(1949).

1988. ONIS, Federico de. "Federico García Lorca," en
Fiskin, A. M. I., Ed. Writers of Our Years.
Denver: University of Denver Press, 1950. 117pp.

1989. OLIVIERO, Luigi. "Fortuna agitata di García
Lorca," FL (4 febbraio 1951).

1990. POZO ALVAREZ, Gómez. "Breve memoria de
       España," CuaG, VI (1955), no. 11.
       Sobre García Lorca, León Felipe, etc.

1991. TORRE, Guillermo de. "Memoria de Federico
       García Lorca," Ibéria (diciembre de 1955).

1992. FERRARINO, Aldo; JANNACONE, Pasquale; STURZO,
       Luigi. Dizionario Enciclopedico Italiano. Roma:
       Encicopledia Treccani, 1956, vol. V, lett.: Forg-
       Ido, pp. 216-217.

1993. NEWMARK, Maxim. Dictionary of Spanish Literature.
       New York: Philosophical Library, 1956. 352pp.

1994. PRAMPOLINI, Giacomo. Le Letterature nel mondo.
       Torino: Unione Tipografica Editrice Torinese,
       1956, p. 437.

1995. DRAWS-TYCHSEN, Hellmut. "Erinnerungen an Fe-
       derico García Lorca," WuW, XII (1957), pp. 9-10.

1996. TIEMPO, César. "Conversaciones con García Lorca
       en Buenos Aires," NacionalC (11 de julio de 1957),
       pp. 8-9.

1997. DABINI, Attilio. "García Lorca, Federico," en
       Enciclopedia dello spettacolo. Roma-Firenze:
       G.C. Sansoni, 1958, vol. V, Fan-Guard., pp. 927-
       934.

1998. MAGILL, Frank N. "García Lorca, Federico," en
       Cyclopedia of World Authors. New York: Harper,
       1958, pp. 402-403.

1999. RAMOS-GIL, C. "García Lorca, Federico," en
       Enciclopedia Hebrea. Jerusalén, 1958, letra
       guimel.

2000. CANO, José Luis. "Recuerdos de Federico García
       Lorca," Temas, XVIII (junio de 1959), no. 104,
       p. 10.

2001. _____. "Federico en persona," NacionalC (13 de
       diciembre de 1959).

2002. GEBSER, J. "Erinnerungen an Federico García
       Lorca," DRdsch, LXXXV (1959), pp. 510-512.

2003. BLANCO AGUINAGA, Carlos. "Emilio Prados: Vida
y obra," RHM, XXVI (1960), nos. 3-4, pp. 8-9.

2004. "GARCIA LORCA, Federico," en Dizionario della
letteratura contemporánea. Milano: Mondadori,
1960, vol. II, E-K.

2005. MORENO BAEZ, E. "García Lorca, Federico," en
Dizionario letterario Bompiani degli autori. Milano: Bompiani Editore, 1963, G-N, p. 25.

2006. SAINZ DE ROBLES, Federico Carlos. "García
Lorca, Federico," en Diccionario de la literatura.
Madrid: Aguilar, 1964, t. II: Escritores espa-
ñoles e hispanoamericanos, pp. 442-444.

2007. ARCO, Manuel del. Antes del '36. Barcelona: Edit.
AHR, 1966. 262pp. Ilustraciones.
Contiene caricaturas precedidas de una breve
semblanza explícita de García Lorca, p. 25.

2008. REJANO, Juan. "García Lorca: Raíces de su
personalidad," Nivel, XLVI (1966), p. 3.
Cont. de Nivel XLV.

2009. BENET, William Rose, ed. "García Lorca, Federico," en The Reader's Encyclopedia. New York:
T.Y. Crowell Co., 1948, pp. 380-381.

2010. D.H.G. "García Lorca, Federico (1898-1936)," en
Twentieth Century Writings, edited by Kenneth
Richardson. London-New York-Sydney-Toronto:
Newnes Books, 1969, pp. 236-238.

D) Fuente Vaqueros

2011. BUFANO, Alfredo R. "Fuente Vaqueros, el pueblo
de García Lorca," Prensa (7 de diciembre de
1947).

2012. COUFFON, Claude. "A Fuente Vaqueros, sur les pas
de García Lorca," FLit (26 de diciembre de 1953).

2013. _____. "García Lorca en Fuente Vaqueros,"
NDem, XXXIV (1954), no. 2, pp. 36-46.
Idem en Bandarra (1955).

2014.   LAFFRANQUE, Marie. "Un document biographique.
        L'extrait de naissance de Federico García Lorca,"
        BH, LIX (1957), no. 2, pp. 206-209.

E)   Amistad/Friendship

2015.   GASH, Sebastián. "Salvador Dalí y les lletres,"
        LA (15 de junio de 1927).

2016.   MORA GUARNIDO, J. "Pesadilla del destino, o
        García Lorca, juguete de la amistad," Ensayos,
        II (1937), no. 16.

2017.   NOVAS CALVO, L. "Del Lorca que yo vi," Grafos,
        VII (1940), no. 86.

2018.   GARCIA LORCA, Francisco. "Evocación fraternal:
        El mundo de Federico García Lorca," RdA (junio
        de 1947), pp. 401-404.

2019.   OLIVIERO, Luigi. "Amici e nemici del poeta andalu-
        so," FL (4 febbraio 1951).

2020.   PLA Y BELTRAN. "García Lorca y yo," Crucial,
        III (1952), no. 33.

2021.   SANTOS TORROELLA, Rafael. Salvador Dalí.
        Madrid: Afrodisio Aguado, 1952. 62pp. 19cm.
        (Colección de la Cariátide, 11)

2022.   DALI, Ana María. Salvador Dalí visto por su
        hermana.
              Vid. nos. 325-326.

2023.   OSTOS GABELLA, M. "De mis memorias de la
        infancia de García Lorca," Alne, I (diciembre de
        1954), no. 5.

2024.   CAMP, Jean. "Federico mon ami," ASJT (1954),
        no. 98, p. 13.

2025.   CANO, José Luis. "Mi primer recuerdo de García
        Lorca," NacionalC (20 de octubre de 1955).

2026.   CELAYA, Gabriel. "Last Encounter with Lorca,"
        MR, V (1964), pp. 635-639.
              Trad. por José Yglesias.

2027. OROZCO, M. Falla, biografía ilustrada. Barcelona:
       Edit. Destino, 1969. 212pp.
           Vid. también nos. 701, 1946-1949a, 2043.

F) Viajes/Travels

2028. DIAZ-PLAJA, Guillermo. "Notas para una geografía
       lorquiana," RO, XXXIII (1931), pp. 352-357.
           Idem en El arte de quedarse solo y otros ensa-
       yos. Barcelona: Edit. Juventud, 1936, pp. 103-110.

2029. ECHAVARRI, L. "La visita de un poeta español y su
       duende," Sol (10 de diciembre de 1933).

2030. "FEDERICO García Lorca en Buenos Aires," RAPE
       (noviembre de 1933).

2031. FERREIRO, A.M. "García Lorca en Montevideo,"
       en Federico García Lorca. Poema del cante jondo.
       Madrid: Edit. Ulises, 1937, pp. 135-147.
           Idem en Poema del cante jondo. Santiago de
       Chile: Edit. Veloz, 1937, pp. 135-147.

2032. CARDOZA Y ARAGON, L. "Federico en Nueva York."
           Vid. no. 1203.

2033. ALBERTI, Rafael. "Federico en Sevilla."
           Vid. no. 690.

2034. BRICKELL, H. "El poeta Federico García Lorca en
       Nueva York," Ipna (septiembre-diciembre de 1947),
       pp. 3-12.
           Trad. de Paolo Defendini, "Spanish Poet in New
       York," VQR, XXI (1945), no. 3, pp. 386-398.

2035. PRIETO, Indalecio. "Turismo en España," Mañana,
       XXXVII (28 de octubre de 1950), no. 374, pp. 36-
       37.
           Sobre la ruta de García Lorca.

2036. RIO, Angel del. "Lorca: Poet in New York," en
       New World Writing, 8th Mentor Selection. New
       York, 1955, pp. 168-186.

2037. MARTINEZ BARBEITO, C. "García Lorca, poeta

gallego. Un viaje a Galicia del cantor de Andalu-
cia," RAPE, XXVI (1955), no. 278, pp. 11-15.

2038. GULLON, R. "Lorca en Nueva York," LT, XVIII
(1957), pp. 161-170.

2039. SCHWARTZ, K.A. "García Lorca and Vermont,"
Hispania, XLII (1959), no. 1, pp. 50-55.

2040. CANO, José Luis. "García Lorca y la residencia
de estudiantes," RNC, XXIV (septiembre-diciembre
de 1961), nos. 148-149, pp. 116-121.
En Madrid.

2041. GONZALEZ GUZMAN, P. "Federico en Almería.
Nuevos datos para la biografía de García Lorca,"
PSA, XXXV (1964), pp. 203-220.

2042. MARINELLO, Juan. García Lorca en Cuba. La
Habana: Edics. Especiales, 1965. 1 vol.
Res. UdH, XXIX (1965), pp. 165-166. (Bueno).

2043. GIBSON, I. "Martín Domínguez Berrueta, Burgos
y Federico García Lorca," Insula (1970), no. 278,
pp. 3 y 13.

2044. PREDMORE, Richard L. "Nueva York y la conciencia
social de Federico García Lorca," RHM, XXXVI
(1970-1971), nos. 1-2, pp. 32-40.

G) Granada

2045. FERNANDEZ ALMAGRO, M. "Granada y sus hijos
ilustres," DG (21 de enero de 1925).

2046. SECO DE LUCENA, L. Mis memorias de Granada
(1857-1933). Granada: Luis F. Piñar, 1941.
XX + 400pp.

2047. BRENAN, Gerald. "El rostro de España: En Granada buscando la tumba de García Lorca," Sur
(diciembre de 1951), no. 206, pp. 99-118.

2048. SANDER, Carlos. "Caminos del hombre. La casa
de García Lorca en Granada," NaciónS (31 de
mayo de 1953).

2049. MEDINA, José Ramón. "Federico el de Granada,"
RNC, XXIV (septiembre-diciembre de 1961), nos.
148-149, pp. 122-132.

2050. COUFFON, Claude. A Grenada, sur les pas de
García Lorca. Paris: Seghers, 1962. 160pp.
22cm.

2051. _____. En Granada, tras las huellas de García
Lorca. La Habana: Edics. Revolución, 1964.
109pp. 21cm.
Traducida del francés por Lelia Hernández.
Contiene: Prefacio. - Conversaciones en Fuente
Vaqueros. - Notas (pp. 35-44). - La revista Gallo
y el teatro breve (1928). - El crimen fue en Granada. - La huerta San Vicente. - Un poema hallado
de Federico García Lorca.

2052. _____. Granada y García Lorca. Trad. de
Bernardo Kordon. Buenos Aires: Edit. Losada,
1967. 128pp. 18cm. (Biblioteca clásica contemporánea)

2053. MACRI, Oreste. "Lorca e Granada," Nazione (8
agosto 1962).
Vid. también nos. 2054-2124.

H) Muerte/Death

2054. VALLEJO, Carlos María. "García Lorca," Hipe-
rión [s.a.]. no. 66, p. 24.

2055. [FEDERICO GARCIA LORCA] NYT (September 12,
1936).

2056. [FEDERICO GARCIA LORCA] Times (September 12,
1936).

2057. [FEDERICO GARCIA LORCA] Times (September 14,
1936).

2058. [FEDERICO GARCIA LORCA] Times (October 5,
1936).

2059. [FEDERICO GARCIA LORCA] NYT (October 3, 1936).

2060. "FEDERICO García Lorca: Obituary," The Nation, XLIII (1936), p. 564.

2061. [FEDERICO GARCIA LORCA] Voz (8 de octubre de 1936).

2062. ESPINOSA ALTAMIRANO, H. [García Lorca] Eurindia (diciembre de 1936).

2063. ESTRADA, Genaro. "Federico García Lorca," Universidad, II (1936), no. 10, p. 15.

2064. MARINELLO, Juan. "García Lorca. Gracia y muerte," Orto XXV (1936), no. 11.
      Idem en Rep. A. (21 de noviembre de 1936); en su Momento español. Valencia: Edit. Españolas, 1937. (Nueva Colección Héroe)

2065. RICHARD, E. "Federico García Lorca, l'auteur du Romancero Gitano a-t-il été fusille?," NL (26 de septiembre de 1936).

2066. BERRIEN, William. "Spain Loses a Great Poet," BO, XI (1937), pp. 159-161.

2067. CORDOBA ITURBURO. "Federico García Lorca, símbolo," A.I.A.P.E., I (1937), no. 3.

2068. DELANO, L. E. Cuatro meses de guerra civil en España. Santiago de Chile, 1937, cap. VII, pp. 55-60.

2069. ESTRELLA GUTIERREZ, F. "Federico García Lorca," Norte, I (1937), no. 1.
      Idem en RAPE (1937), no. 110.

2070. [FEDERICO GARCIA LORCA] Verdades (enero de 1937).

2071. [FEDERICO GARCIA LORCA] Vertical, I (1937), no. 3, p. 12.

2072. GIL JAMARILLO, Lino. "¡Ay, Federico García!," RI, I (1937), no. 5, p. 29.

2073. HUMPHRIES, R. "Life and Death of García Lorca," The Nation, CXLV (September 18, 1937), pp. 293-294.

2074. _____. "La vida y la muerte de García Lorca,"
Pan, III (1937), no. 133, pp. 24-25.

2075. LAZARO, A. "Federico García Lorca," en La
verdad del pueblo español. San Juan, Puerto Rico:
Edit. Elerta, 1939, pp. 103-108.
Idem en RGC (noviembre de 1936).

2076. MAYA, R. "García Lorca," RI, I (1937), no. 5,
pp. 26-28.

2077. MENENDEZ, F. "Tardía cruz para García Lorca,"
Rep. A (10 de julio de 1937).

2078. MEZA FUENTES, R. "Tránsito de Federico García
Lorca," Mercurio (24 de enero de 1937).

2079. MILLAS, Jorge. "Viento de luto. A Federico
García Lorca," Zambrano (31 de enero de 1937).

2080. MIRO, Rodrigo. "Lamento por Federico García
Lorca," UdP (1937), no. 9, pp. 42-43.

2081. RIO, Angel de [Sobre Federico García Lorca]
PreNY (13-16 de octubre de 1937).
Conferencias

2082. SAMPER, Darío. "Federico García Lorca sobre el
cielo de Granada," RI, I (1937), no. 5, pp. 30-31.
Idem en UdP (1937), no. 9, pp. 71-72.

2083. ARAGONES, Galiana. [Federico García Lorca] ERep
(6·de agosto de 1938).

2084. BACHILLER ALCAÑICES, El. "Destrucción de la
mentira," EcosM, II (1938), no. 11, pp. 47-48.

2085. BUENO, Gonzalo. "Las noticias de la guerra,"
Claridad, XVII (1938), no. 325, 1 p. sin numerar.

2086. LOPEZ LOPEZ, J. "Adiós, Federico," AL, VIII
(1938), no. 130, p. 17.

2087. MEZA FUENTES, R. "Un gran poeta español:
Federico García Lorca," Atenea, II (1938), pp.
214-223.

2088. NERUDA, Pablo. "Federico García Lorca," AL,
       VIII (1938), no. 133, pp. 5-23.

2089. SPINETI DINI, Antonio. "Gloria en la muerte de
       García Lorca," IndoA, I (1938), no. 1, p. 22.

2090. CHIRRE DANOS, Ricardo. "Federico García Lorca,
       poeta de Granada," Sustancia (septiembre de 1939),
       pp. 212-234.

2091. MADEIROS, Lima. "O poeta que morreu," GH, IV
       (1939), no. 134, p. 5.
       Del Jornal da Manha.

2092. RUBIA BARCIA, J. "Como murió Federico García
       Lorca," NEsp (1939), no. 2, pp. 67-72.
       Idem en ELib (marzo de 1940)

2093. BERGAMIN, J. "Death at Dawn. Night of Blood and
       Tears." Transl. by H. Brickell, en The Poet in
       New York and Other Poems, transl by R. Humph-
       ries. New York, 1940, pp. 9-15.

2094. _____. "Federico García Lorca," en Poeta en
       Nueva York. México: Edit. Séneca, 1940, pp. 15-
       27.
       Vid. no. 121.

2095. PASTORI, Luis. "Trovas enlutadas en el tránsito de
       García Lorca," UniversalC (31 de marzo de 1940).

2096. OTERO SECO, Antonio. "Así asesinaron a Federico
       García Lorca," Bohemia, XLII (27 de agosto de
       1950), no. 35, pp. 29, 114-115.

2097. ROA, Raul. "Federico García Lorca, el poeta
       asesinado," Bohemia (1 de enero de 1950), pp. 48-
       49.

2098. BRENAN, Gerald. "La verité sur la mort de Federi-
       co García Lorca," NL (31 de mayo de 1951).

2099. COUFFON, Claude. "Ce que fut la mort de Federico
       García Lorca," FLit (18 de agosto de 1951).

2100. MACHADO, Antonio. "E a Granata vi fu un crimine,"
       FL (4 febbraio 1951)
       Trad. por Luigi Oliviero.

2101. BODINI, Vittorio. "Nascita e morte di un poeta,"
GMezz (18 de septiembre de 1952).

2102. COUFFON, Claude. El crimen fue en Granada.
Quito: Impr. de la Universidad, 1953. 42pp.
22cm. (Ediciones Madrugada)

2103. ANDERSON IMBERT, Enrique. "La muerte de
García Lorca," Sur (septiembre - octubre de
1954), no. 230, pp. 78-97.

2104. DALI, Salvador. "La morte di García Lorca,"
Popolo (1954), 2o. semestre.

2105. _____. "Les morts et moi," Parisienne (mayo de
1954), no. 17.

2106. MARCOS, Volga. Poemario patético. Preludio
inmortal a Federico García Lorca. Paris: So-
ciété Parisienne d'Impressions, 1955. 47pp.
Res.: Alardín, Carmen, Estaciones, II (primavera de 1957), no. 5, p. 99.

2107. BRENAN, Gerald. "Granada," en su The Face of
Spain. New York: Grove Press, 1956, pp. 131-
160.
Sobre la muerte de García Lorca.

2108. CORRAL, Maurrel José. "Los veinte años de la
muerte de Federico García Lorca," QIA (1956),
nos. 19-20, p. 247.

2109. COUFFON, Claude. "La morte di Lorca," ContempR
(2 luglio 1956), p. 3.

2110. _____. "La morte di Lorca, ContempR (21 luglio
1956).

2111. DALI, Salvatore (=SALVADOR). "I morti e io,"
Borghese (novembre 1956), no. 44, p. 700.

2112. SCHONBERG, Jean-Louis. "Enfin, la vérité sur la
mort de Lorca," FLit (29 de septiembre de 1956),
pp. 1, 5-6.

2113. SOUCHERE, E. de la. "Il y a vingt ans mourait
Lorca," FO (2 de agosto de 1956).

2114. TORRE, Guillermo de. "Así que pasen veinte años
Federico García Lorca," Biblioteca, IX (2o.
trimestre 1957), no. 2, pp. 8-19.

2115. RIO, Angel del. "A los sesenta años del nacimiento
de un poeta que no llegó a cumplirlos," PSA, XI
(1958), nos. 32-33, pp. 172-188.

2116. ROUSSEAUX, A. "Federico García Lorca entre
l'enfance et la mort," [1955] en R., Litt du XXe
siècle. Paris (1958), vol. 6, pp. 203-212.

2117. BARDI, Ubaldo. "Andalusia: A veintidue anni dalla
morte di Federico García Lorca," Fenarete
(gennaio-febbraio 1959), no. 1. Idem en GdP (19
giugno 1959).

2118. TOTI, Gianni. "Cosi fu assassinato García Lorca,"
Nuove, a. XV (17 dicembre 1960), pp. 22-29.

2119. CANO, José Luis. "Ultimos meses de Federico García
Lorca," Asomante, XVIII (1962), no. 1, pp. 88-93.

2120. CANGIOTTI, Gualtiero. "Perché è stato ucciso Federico García Lorca?," LMod, XII (1962), pp. 407-415.

2121. LIDA, Raimundo. "Así que pasan treinta años:
Lorca (1936-1966)," Mnu, IV (1966), pp. 81-83.

2122. ARNAIZ, Henry Mengotti. "Dix ans de la vie brève
de Federico García Lorca," FLit (9 mars 1967),
pp. 10-11.

2123. GIBSON, I. La represión nacionalista en Granada
en 1936 y la muerte de Federico García Lorca.
Paris: Ruedo Ibérico, 1971. XII + 168pp. 24cm.
(España Contemporánea)
    Bibliografía: pp. 157-161.
    Tr. The Death of Lorca. Chicago: J. Philip
O'Hara, Inc., 1973. 217pp.

2124. MEDINA, Tico. "Introducción a la muerte de Federico García Lorca," DABC (20 de agosto de
1972), pp. 17-21.

Vid. También APENDICE, no. 2245.

VI. ELEGIAS / ELEGIES

2125. FERNANDEZ, Tristán. "Federico García Lorca,"
Nosotros, II (1936), pp. 110-111.
Idem en Rep. A (7 de noviembre de 1936).

2126. MACHADO, Antonio. "A Federico García Lorca,"
LiberalM (23 de octubre de 1936).
Idem en Rep. A (28 de noviembre de 1936); en
NDem (diciembre de 1936); en Antología selecta de
Federico García Lorca. Buenos Aires: Edit.
Teatro del Pueblo, 1937; en Homenaje al poeta
Federico García Lorca. Valencia-Barcelona: Edit.
Españolas, 1937, pp. 21-22; en RI, I (1937), no.
5, p. 41; en UdP (1937), no. 9, pp. 73-74; en
Antología. Selección y Prólogo de María Zambrano.
Santiago de Chile: Edit. Panorama, 1937, pp. 15-
16; en Poeta en Nueva York. México: Edit. Sé-
neca, 1940, pp. 9-13; en ...and Spain Sings.
Fifty Loyalist Ballads Adapted by American Poets.
Ed. by M. J. Bernadete and R. Humphries. New
York, 1937, pp. 62-63.

2127. NERUDA, Pablo. "Oda a Federico García Lorca,"
SECH, I (diciembre de 1936), no. 3, pp. 6-8.
Idem en Poema del cante jondo. Madrid: Edit.
Ulises, 1937, pp. 129-134; en Poema del cante jondo.
Santiago de Chile: Edit. Veloz, 1937; en Antología
selecta de Federico García Lorca. Buenos Aires:
Edit. Teatro del Pueblo, 1937; en Antología. Se-
lección y Prólogo de María Zambrano. Santiago
de Chile: Edit. Panorama, 1937, pp. 75-78; en
Hommage à Federico García Lorca. Bruxelles:
Impr. Van Doorslaer, 1938, pp. 17-21.

2128. NOVAS CALVO, L. "Soneto a Federico García
Lorca," Rep. A (7 de noviembre de 1936).

2129. NUÑEZ, Serafina. "A Federico García Lorca en el
cielo de Granada," IslaH (5 de diciembre de 1936).

2130. PEREDA VALDES, I. "A Federico García Lorca,"
      Rep. A (7 de noviembre de 1936).
      Idem en NDem, XXI (1940), no. 5, p. 19.

2131. RIO, Consuelo del. "En la muerte de Federico
      García Lorca," Universidad, II (1936), no. 11,
      "El grano en la espiga," p. 10.

2132. VALLE, Juvencio. [García Lorca, Ensayo] SECH,
      I (diciembre de 1936), no. 3, pp. 1-5.

2133. ALBERTI, Rafael. "Soneto 1927," en Antología.
      Selección y Prólogo de Maria Zambrano. Santiago
      de Chile: Edit. Panorama, 1937, p. 15.

2134. AMADO BLANCO, Luis. Poema desesperado. (A
      la muerte de Federico García Lorca.) Dibujo de
      Amelia Paláez. San Cristóbal de La Habana:
      Edit. Ucacia, 1937. 26pp. sin numerar.
      Idem en UdP (1937), no. 9, pp. 75-80; en
      Romance. La Habana: Edit. Grafos, 1937, V.
      Contiene un fragmento del Poema desesperado.

2135. CALAMARO, Eduardo S. "El cántaro roto: En
      memoria de Federico García Lorca," Columna,
      I (1937), no. 7, pp. 9-10.

2136. CARRANZA, Eduardo. "Soneto a Federico García
      Lorca," RI, I (1937), no. 5, p. 40.

2137. CERNUDA, Luis. "Elegía a un poeta muerto,"
      HdE (1937), no. 6, pp. 33-36.
      Versión incompleta.

2138. CID, M. "Recordando a Federico García Lorca,"
      Claridad, XV (1937), no. 310, 1 p. sin numerar.

2139. DIEZ DE MEDINA, Lucio. Ofrenda a Federico
      García Lorca. La Paz: Edit. Arnó, 1937. 34pp.

2140. GIL-ALBERT, J. "Dos sonetos a Federico García
      Lorca," HdE (1937), no. 12, p. 67.

2141. LASSO, I. "Evocación de García Lorca," NaciónS
      (1937).

2142. MACHADO, Antonio. "Carta a David Vigodsky,"
      HdE (1937), no. 4, pp. 5-10.

2143.   MOLINARI, Ricardo E.   Casida de la bailarina.
        Buenos Aires: Edit. F.A. Colombo, 1937.
        Poema dedicado a Federico García Lorca.

2144.   NERUDA, Pablo.   "Recuerdo de Federico García
        Lorca," HdE (1937), no. 3, pp. 65-78.

2145.   _____.   "Pablo Neruda hace el elogio de García
        Lorca," Ercilla (2 de abril de 1937).
            Idem en Estudios, III (1938), no. 10, pp. 27-
        30-31.

2146.   PRADOS, Emilio.   "Estancia en la muerte.   Con
        Federico García Lorca," HdE (1937), no. 7,
        pp. 49-54.

2147.   _____.   "Llegada.   A Federico García Lorca,"
        Verdades (enero de 1937), p. 34.

2148.   RAVA, Horacio G.   "Elegía," Vertical, I (1937),
        no. 3, p. 13.

2149.   REYES, Alfonso.   "Cantata en la tumba de Federico
        García Lorca," Ercilla, III (1937), no. 123.
            Idem en Rep. A (18 de diciembre de 1937); en
        LMéx (1937), no. 20, p. 3; en Homenaje de escri-
        tores y artistas a García Lorca.   Buenos Aires-
        Montevideo, 1937.

2150.   CERNUDA, Luis.   "Federico García Lorca (Re-
        cuerdo)," HdE (1938), no. 18, pp. 13-20.
            Idem en UniversalC (20 de octubre de 1939).

2151.   FRUGONI, Emilio.   "A Federico García Lorca," AL,
        VIII (1938), no. 134, p. 6.

2152.   FUNAROFF, S.   "To Federico García Lorca,"
        Poetry, LII (1938), no. 4, p. 185.
            Poesía.

2153.   GARFIAS, Pedro.   "A Federico García Lorca,"
        HdE (1938), no. 14, p. 35.

2154.   MADARIAGA, Salvador de.   Elegía en la muerte de
        Federico García Lorca.   New York, Oxford Uni-
        versity Press, 9pp.
            Idem en Sur, VIII (1938), no. 43, pp. 47-53.

2155. MERCADO RAMIREZ, G. "Canto por la muerte de Federico García Lorca," MentorM, I (1938), no. 2, p. 4.
Idem en Guadalajara. México: Talls. Gráfs. Román, 1938. 12pp.

2156. ALBERTI, Rafael. "Pamiati García Lorca," (A la memoria de García Lorca) Trad. al ruso en Literaturnyi kritik, 1939.

2157. BARKER, G. "Funeral Eulogy on García Lorca," LaL, XXIII (1939), pp. 61-65.

2158. "FEDERICO García Lorca: In memoriam," EP, I (febrero de 1940), p. 6.
Idem en Rep. A (16 de abril de 1940).

2159. RANGEL, Eduardo Alí. "Ya se murió el cancionero. A la memoria de Federico García Lorca," Heraldo (22 de enero de 1940).

2160. REJANO, Juan. "Para un aniversario. García Lorca y España," Romance, I (1940), no. 15, p. 20.

2161. FERNANDEZ MORENO, C. "Versos de penumbra: A Federico García Lorca," ALib (13 de marzo de 1941).

2162. GONZALEZ BAYON, J. "Federico García Lorca," Conducta (junio-agosto de 1941).

2163. ROMEO CASTILLO, Abel. "Federico García Lorca," LeE (agosto de 1946), pp. 3-4.

2164. LAWRENCE, E.T. "La elegía y Federico García Lorca," Nacional (28 de diciembre de 1947).

2165. ANDRADE, Eugenio de. "Oda a Federico García Lorca," en Encontro. Antología de Autores Modernos. Organizaçao de Carlos F. Borroso, Correia Alves [e] Júlio Gesta. Matosinhos, 1954. 196pp.

2166. CAMP, Jean. "Tombeau de Federico García Lorca," ASJT (1954), no. 98.
Poema a la memoria de F. García Lorca.

2167. DELPIERRES, Jean. Chant funèbre por Federico

García Lorca. Illustrations d'Eugenio Foz. Paris:
Nelle, 1954. 18pp.

2168. DOTOR, Angel. "Exaltación de un gran poeta hispa-
nico," CronicaA (17 de febrero de 1955).

2169. IGLESIA ALVARIÑO, A. "Nenia por García Lorca,"
PSA, II (1958), no. 32-33.

2170. KRUCKENBERG, María del Carmen. "Cantiga
derradeira a Federico García Lorca," PSA, II
(1958), no. 32-33.

2171. MANUEL, María. "Carta a Federico García Lorca,"
PSA, II (1958), no. 32-33.

2172. TEIXIDOR, Joan. "Memoria de Federico García
Lorca," PSA, II (1958), no. 32-33.

2173. VILLAGOMEZ, María. "Federico García Lorca,"
PSA, II (1958), no. 32-33.

2174. BARBERO, Edmundo. "Saudade de Federico García
Lorca," CUL, XXII (1961), pp. 62-66.

VII. HOMENAJES / TESTIMONIALS

2175. HOMENAJE a Feliciano Rolán, Sol (31 de enero de 1935).

2176. HOMENAJE a Pepe Caballero y García Lorca, Provincia [p. de "Letras"] (mayo de 1935).
Contiene trabajos de: Adriano del Valle, Rafael Manzano, J. Pérez Palacios y Carlos María de Vallejo.
Publicado con motivo de la publicación de Llanto por la muerte de Ignacio Sánchez Mejías.

2177. HOMENAJE a Luis Cernuda. Convocatoria y firmantes, Sol (19 de agosto de 1936).
Vid. también nos. 187, 203, 205, 209, 218, 1456

1. Homenajes póstumos/Posthumous Testimonials

2178. HOMENAJE al poeta Federico García Lorca. Valencia-Barcelona: Edics. Españolas, 1937. 200pp. Ilustraciones. 19cm.
Contiene: Selección de sus obras (poemas, prosas, teatro, música, dibujos) por Emilio Prados; "El poeta Federico García Lorca," por Angel del Río, pp. 171-198; "Soneto 1927" y "Elegía," por Rafael Alberti, pp. 7, 51-52; "Federico," por Vicente Aleixandre; Damaso Alonso; "Elegía a nuestro poeta," por Manuel Altolaguirre, pp. 53-54; "A Federico García Lorca," por Antonio Aparicio, pp. 67-69; José Bergamín; "A Federico García Lorca," por Pedro Garfías, pp. 39-40; "A Federico García Lorca," por Juan Gil-Albert, p. 41; "Elegía," por Miguel Hernández, pp. 59-63; "A Federico García Lorca," por Antonio Machado, pp. 21-22; José Moreno Villa; "Oda a Federico García Lorca," por Pablo Neruda, pp. 17-21; "Estancia en la muerte. Con Federico García Lorca," por Emilio Prados, pp. 31-37; "Copla sencilla," por Lorenzo Varela, pp. 65-66.

Res.: Garfias, Pedro, HdE (1938), no. 15,
pp. 90-94.
[Anónimo] "Homenaje al poeta Federico García
Lorca," RdE (1938), no. 101, p. 13.
Jarnés, Benjamín, "Letras españolas," Nación
(21 de agosto de 1938).

2179. HOMENAJE a Federico García Lorca, RI, I (1937),
no. 5, pp. 20-55.
Contiene artículos y poemas de autores españoles e hispanoamericanos.

2180. ANTOLOGIA selecta de Federico García Lorca.
Homenaje en el primer aniversario de su muerte.
Buenos Aires.
Vid. no. 18.

2181. HOMENAJE a Federico García Lorca, UdP (1937),
no. 9, 80pp. 23cm.
Contiene: Bibliografía sobre F.G.L. - Interpretación y crítica de las obras de F.G.L. - Programa del homenaje organizado por la Universidad
Nacional de Panama. - La voz del poeta (poesías
de F.G.L.). - Poesías dedicadas a F.G.L. -
Epilogo

2182. MADRE España. Santiago de Chile: Edit. Panorama,
1937. 40pp. Homenaje de los poetas chilenos a
F.G.L.
Contiene poesías de Vicente Huidobro, Carlos
Préndez Saldías, Pablo de Rokha, Gerardo Seguel,
Pablo Neruda, Julio Barrenechea, Blanca Luz
Brum y otros.

2183. HOMENAJE a Federico García Lorca. Peña de
escritores y artistas. La Paz, Bolivia: Edit.
Arnó, 1937. 41pp.
Contiene: "Ofrenda a Federico García Lorca,"
por Lucio Díez de Medina [fragmento], pp. 21-29;
"Símbolos: A la memoria de Federico García
Lorca," por Gregorio Reynolds, pp. 35-41; artícu-
los y poemas de Félix Eguino Zaballa, Gonzalo
Parker, Alfonso Tellería A. y M.M. Feduchy.

2184. HOMENAJE lírico a Federico García Lorca, poeta
fusilado... Prólogo de Juvenal Ortiz. Portada

de Julio E. Suárez. Montevideo: Edcs. del Pueblo, 1937. 64pp. 19cm.

2185. HOMENAJE de escritores y artistas a García Lorca... Mony Hermelo recital poético, organizado por N.A. Frontini. Buenos Aires, Montevideo, 1937. 56pp. 29cm.
Contiene: "Cantata en la tumba de Federico García Lorca," por Alfonso Reyes. - Poemas y prosas de Carlos Mastronardi, Conrado Nalé Roxló, González Carbalho, César Tiempo, Amado Villar, Pondal Ríos, Ricardo E. Molinari, Raul González Tuñón, Nicolás Olivari, Eduardo Blanco Amor, Pablo Suero, Jesualdo, Santiago Ganduglia y José Portogalo.

2186. MIMBRES de pena. Homenaje a Federico García Lorca. Prólogo de V. Lillo Catalán. Buenos Aires: C. Kurfinke, 1937 [colofón: 1938] 40pp.
Publicado en la RABA, LXXII (1938), nos. 165-166.

2187. HOMMAGE à Federico García Lorca. Bruxelles: Imprimerie Van Doorslaer, 1938. 29pp.
Contiene: "En memoriam problable," por Luis Cardoza y Aragón, pp. 9-13; "Oda a Federico García Lorca," por Pablo Neruda; "Oda à Federico García Lorca," por Edmond Vandercammen, pp. 25-26.

2188. NAMORADO, Joaquín. [Homenagem a Federico García Lorca] SolN, III (1939), nos. 36-39.

2189. HOMENAJE al poeta Federico García Lorca. Montevideo: Impr. Stella, 1939. 17pp.
Contiene prosas de Pablo Neruda y Emilio Oribe.

2190. BUNING, J.W.F. Werumeus. Homenaje a García Lorca. Poeta, gitano y pecador, Gids (1940), no. 1, pp. 2-8.
Ocho poemas en holandés.

2191. HOMENAJE a García Lorca. [Un frontis, un retrato del poeta y 6 láminas, grabadas al agua fuerte por José Guinovart] Barcelona: Edit. Cobalto, 1951.

9pp.   port.   47cm.   (Minotauro, 1)
Edición de 25 ejemplares

2191a. REVUELTAS, Silvestre. Homenaje a Federico
García Lorca. Homage to Federico García Lorca
for Chamber Orchestra. New York: Southern
Music Publ., Co., [c. 1958] 39pp.

2192. POESIO, Paolo Emilio. "Omaggio a García Lorca
al teatro romano di Fiesole." Firenze (19 agosto
1959).
        Crónica.

2193. GARCIA, Soledad. Homenaje a Federico García
Lorca (En el XXX aniversario de su muerte)
México: Edit. B. Costa Amic, 1965. 61pp.
Vid. también nos. 1670, 2149.

VIII. MISCELANEA / MISCELLANY

2194. SANCHEZ TRINCADO, J. L. "Hablando con García Lorca," HL (1936), no. 1.

2195. TORRE, Guillermo de. "Advertencia del recopilador," en Obras completas, t. VI. Buenos Aires: Edit. Losada, 1938, pp. 11-13.

2196. GRAU, Jacinto. "Federico García Lorca," ALib (15 de agosto de 1940).

2197. RIO, Angel del, ROSENBAUM, Sidonia C., ONIS, Federico de. Federico García Lorca (1898-1936): Vida y obra, Bibliografía, Antología, Obras inéditas, Música popular. New York: Hispanic Institute in the United States, 1941. 149pp. ilustr.

2198. BLASCO GARZON, M. "Federico García Lorca," ALib (5 de febrero de 1942).

2199. DIAZ HIERRO, Diego. La fiesta de las rosas. Huelva, 1942. 1 vol. Se alude a García Lorca.

2200. SAGORSKI, B., ed. Federico García Lorca. Moscow: The State Literary Press, 1943. 1 vol.

2201. CORDOVA, Ramiro de. "Federico García Lorca, un caso de clarividencia," Elite (1944), pp. 21-22.

2202. [ANONIMO] "If Five Years Pass," Commonweal, XLII (April 20; May 4, 1945), pp. 17, 71.

2203. DMITREVSKI, V. "Añoranza de García Lorca," LI, IV (1945), no. 1, pp. 77-80.

2204. GONZALEZ RUANO, César. Antología de poetas españoles contemporáneos en lengua catalana. Barcelona: Gustavo Gili, 1946. III + 874pp. 22cm.

2205. HUGHES, Langston, trad. Braw, ThA, XXX (January 1946), p. 51.

2206. [ANONIMO] "Death at Daybreak," Time, L (December 22, 1947), pp. 86-87.

2207. BECCO, Horacio J. y SVANASCINI, Osvaldo. Poetas libres de la España peregrina en América. Palabras de Rafael Alberti. Buenos Aires: Ollantay, 1947. 220pp. 21cm. (Colección "Raiz de Sueño, 1)

2208. OTIS, M. "Lorca's Audience," ThA, XXXV (May 1951), pp. 52-68.

2209. [ANONIMO] "Love of Don Perlimplín and Belissa in the Garden," SRev, XXXVI (November 21, 1953), p. 50.

2210. RIDRUEJO, Dionisio. Introducción a Leopoldo Panero: Canto Personal. Madrid, 1953. 1 vol.

2211. MARINELLO, Juan. "Conversación sobre Federico García Lorca," Rep. A, XLIX (1955), pp. 74-76.

2212. PATTERSON, J. "Spanish Poet in an American Metropolis," Commonweal, LXIII (October 21, 1955), pp. 67-68.

2213. [ANONIMO] "Del prólogo 'Federico en Persona' (Trozos suprimidos por la censura en las Obras completas, editadas en Madrid en 1954," CCLC (septiembre - octubre de 1956), no. 20, p. 35.

2214. CARRIER, Warren. "Some Versions of Lorca," Poetry, LXXXVII (February 1956), pp. 303-307.

2215. BLACKBURN, P., trad. Canción de las siete doncellas; Cortaron tres árboles, The Nation, CLXXXV (November 16, 1957), pp. 355, 363.

2216. DI GIOVANNI, N.T., trad. Nocturne of the Dead Adolescent, The Nation, CLXXXV (November 16, 1957), p. 358.

2217. GARCIA LORCA, Federico. Estampilla y juguete, PSA (noviembre-diciembre de 1958), nos. 32-33.

2218. FEDERICO García Lorca, 19 augustus 1936 - 19
       augustus 1961. Brussel, 1961. 1 vol.

2219. FERNANDEZ ALMAGRO, M. "Conocimiento de una
       lírica. Poesía Flamenca," VE (13 de diciembre
       de 1961), p. 9.

2220. _____. "Un andaluz universal. El García Lorca
       de José Luis Cano," VE (31 de octubre de 1962),
       p. 11.

2221. MELONE, H. "Very Little to See. Travels in
       Search of García Lorca," Reporter, XXVII (Novem-
       ber 8, 1962), pp. 42-48.

2222. CABEZAS, Juan A. "García Lorca y Carmen Amaya,"
       Medicamenta, XL (7 de diciembre de 1963), no. 49,
       p. 2.

2223. GUEREÑA, J.L. "Con García Lorca," CHA, LXI
       (1965), pp. 371-372.

2224. LECHNER, J. El compromiso en la poesía española
       del siglo XX. Parte primera: De la Generación
       de 1898 a 1939. Leiden: Universitaire Pers
       Leiden, 1968. 2 vols. (I.: VI + 292pp. 1 index,
       1 pl.; II.: Antología, 263pp. (Serie de Publica-
       ciones Románicas de la Universidad de Leiden,
       XV, XVI).
              Res.: Zimmermann, M.C., BH, LXXIV (1972),
       no. 3-4, pp. 526-529.

2224a. GONZALEZ DEL VALLE, Luis. "Bodas de sangre y
       sus elementos trágicos," Archivum, XXI (1971),
       pp. 95-120.

2224b. MIRALLES, Enrique. "Concentración dramática en
       el teatro de Lorca," Archivum, XXI (1971), pp. 77-
       94.

2225. LAFFRANQUE, Marie. "A propos de Jacques
       Comincioli: Federico García Lorca. Textes
       inédits et documents critiques. Lausanne: Ed.
       Rencontre, 1970. 344pp.," BH, LXXIV (1972),
       no. 3-4, pp. 548-559.

2226. GALLEGO MORELL, Antonio. Diez ensayos sobre

literatura espanola. Madrid, 1972. 237pp.
Desde las tertulias románticas en España hasta
la poesía española de posguerra, pasando por Gani-
vet, el Cristo de Unamuno, García Lorca, Gerardo
Diego.

2226a. PEREZ GUTIERREZ, Leticia. "La influencia musical
en la poesía de Federico García Lorca," Humanitas
(1972).

2227. VARIOS. Los estudiantes de ciencias a García
Lorca. Granada, 1969.

2227a. MARTINEZ NADAL, R. Sol y sombra. Ed. trilingue,
Enitharmon Press, Sun and Shadow. London, 1972.

2228. MORRIS, C.B. "Lorca's Yerma: Wife without an
Anchor," Neophilologus, LVI (1972), no. 3, pp.
285-297.

2229. BUERO VALLEJO, Antonio. Tres maestros antes el
público (Valle-Inclán, Velázquez, Lorca). Madrid,
1973. 171pp.

2230. FEAL-DEIBE, Carlos. Eros y Lorca. Barcelona,
1973. 267pp.

2231. PEROMSIK, Stanley E. The Idea of Tragedy in
García Lorca's Theater. Diss. Urbana, Illinois,
1973. 214pp.
Tesis doctoral inédita de la Universidad de
Illinois.

2231a. GARCIA LORCA, Federico. Obras completas.
Madrid: Aguilar, 1973. 2 vols.

2231b. GIBSON, Ian. La morte di Federico García Lorca e
la repressione nazionalista di Granada del 1936.
Milano: Feltrinelli, 1973. 116p.

Vid. También APENDICE, no. 2232.

APENDICE / ADDENDUM

2232. BO, Carlo. "Lorca en Italia," Asomante, I (1962), p. 295.

2233. BARRET, B. C. La obra de Federico García Lorca. Diss. Ireland National University, 1965.

2234. PARR, James. "La escena final de Yerma," DHR, X (1971), no. 1, pp. 23-29.

2235. RIESS, H. L. The Poetry and Poetic Theory of Federico García Lorca.... Diss. Westfield State College, Mass., 1971.

2236. GONZALEZ DEL VALLE, Luis. "Justicia poética en Bodas de sangre," RNot, XIV (1972), no. 2, pp. 236-241.

2237. RAMOND, Michèle. "Contrepoint pour le Suite des Mirroirs de Federico García Lorca," en Mélanges de la Casa Velázquez, VIII (1972).

2238. ALLEN, Rupert C. "A Commentary on Lorca's El paseo de Buster Keaton," Hispano, XVI (1973), no. 3, pp. 23-35.

2239. EL ESCRITOR y la crítica. Federico García Lorca. Ed. de Ildefonso MLN, Manuel Gil. Madrid: Taurus, 1973.

2240. FRAZIER, Brenda D. La mujer en el teatro de Federico García Lorca. Madrid: Ediciones Plaza Mayor, 1973. 232pp.

2241. GARCIA LORCA, Federico. "From viñetas flamencas. Portrait of Silverio Franconetti," Works, IV (1973), no. 1, p. 8.

2242. LARA POZUELO, A. El adjetivo en la lírica de Federico García Lorca. Barcelona, 1973. 227pp.

2243. MARTIN, Eutimio. "La actitud de Lorca ante el tema de los toros a través de cuatro cartas a José María de Cossío," Insula, XXVIII (Sept. 1973), no. 322, p. 3.

2244. MARTINEZ NADAL, E. "Un nuevo inédito de Lorca," Insula, XXVIII (Sept. 1973), no. 322, pp. 1 y 16.

2245. MUÑIZ-ROMERO, Carlos. "A vueltas con la muerte en clave," RyF (febrero de 1973), no. 901, pp. 139-145.

2246. NAVARRO TOMAS, Tomás. Los poetas en sus versos: desde Jorge Manrique a García Lorca. Barcelona, 1973.

2247. TIMM, John T. H. "Some Observations on García Lorca's Bodas de sangre," REH, VII (1973), no. 2, pp. 255-288.

264

INDICE ONOMASTICO / INDEX OF NAMES

Berrien, William 2066
Bertini, Giovanni Maria 25, 1821
Beyrie, J. 1787
Bianchi, A. 1967
Bianchi, Sarah 1332
Bianco, José 654, 1696
Bietti, O. 958
Blackburn, P. 2215
Blaeser, R. 9
Blanco Aguinaga, Carlos 2003
Blanco Amor, Eduardo 293, 965, 1197, 1693, 1697, 1715, 1972, 2185
Blanco Fombona, R. 905
Blanquat, Josette 1174, 1855
Blasco Garzón, M. 2198
Bluefarb, Sam 1769
Bly, Robert 1842
Bo, Carlo 545, 549, 556b, 558, 567, 723, 970, 1151 2232
Bobková, Hana 1772
Bodini, Vittorio 559-560, 566a, 569, 573a, 739, 838, 1017, 1148, 2101
Bogan, Louise 946
Bolivar, José Elías 929
Boneschi, Francesco 851
Bordier, Roger 1327, 1879
Borges, Jorge Luis 1882
Borredon, Jean 287
Borroso, Carlos F. 2165
Boscán, L. 1044
Boscán de Lombardi, L. 1220
Bosch, R. 841, 1035
Boselli, C. 699, 716, 770
Bousoño, Carlos 1400
Bowles, Paul 294, 300
Bowra, Sir Cecil M. 729, 1145
Brecht, B. 1824
Brenan, Gerald 740, 2047, 2098, 2107
Brickell, H. 470, 1941,

1979, 2034, 2093
Brilliant, Alan 505
Brion, Marcel 871
Brown, J. M. 1554
Bueno, Gonzalo 2085
Buero Vallejo, Antonio 1373, 1400, 2229
Bufano, Alfredo R. 2011
Bull, Judith M. 1789
Bundálek, Karel 1512, 1741
Buning, J. W. F. Werumeus 459, 463, 2190
Burton, Jolianne 894, 1442
Busette, Cedric U. 1425, 1436
Byrd, Suzanne W. 1888

Caballero, José 99
Caballero, Pepe 2176
Cabezas, Juan A. 2222
Cabral de Melo, João 586
Cahn, Alfredo 794
Calamaro, Eduardo S. 2135
Caltofen, R. 783
Camacho Ramírez, A. 1810
Camino, Juan del 656
Camino, Luis Felipe 1121
Camp, Jean 408, 427, 429, 437-438, 447, 773, 2024, 2166
Campbell, Roy 476, 529, 995
Campuzano, J. R. 693
Camus, Albert 1884
Cangiotti, Gualtiero 1028, 2120
Cano, José Luis 761, 816, 1401, 1832, 1846, 1880, 1908, 2000-2001, 2025, 2040, 2119
Cano Ballesta, J. 1044a, 1078, 1437
Cannabrava, Euryalo 839
Cannon, C. 1236, 1677-1678
Čapek, Karel 1864

Caravaggi, G. 1235
Carbonell, Reyes 1852
Carbonell Basset, D. 1415
Cardoza y Aragón, Luis
632, 707, 947, 1203,
2032, 2187
Carlesi, Dino 1467
Carranza, Eduardo 2136
Carrier, Warren 473a, 987,
1409, 2214
Carrillo, José 731
Carrillo Urdanivia, Graciela
1285, 1657
Cartney, Wilfred 1876
Carubba, Giuseppe 1060
Casona, Alejandro 218,
1812, 1861, 1888
Cassou, Jean 362, 1286
Castañeda Aragón, G. 1128
Castelltort, Ramón, 1018
Castillo, Abel Romeo 713
Castro, Juan José 291
Castro, Oscar 975
Castro Leal, Antonio 270
Castrovide, R. 633
Cavalheiro, Edgard 1895-
1896
Cejchan, Vladimír 1735
Celaya, Gabriel 637, 1400,
2026
Cerda, Esteban 290
Cernuda, Luis 209, 1019,
1129, 1805, 1807, 2137,
2150, 2177
Černy, Jindřich 1759-1769,
1773
Certo, Rolando 1968
Cervantes, Miguel de 1860
Chabas, Juan 1114, 1266-
1267
Chabat, Carlos H. 634
Chacón y Calvo, José María
908
Chamberlin, Vernon A. 1183
Champión, Emilio 635
Chandler, Richard 819
Chapman, Hugh H. Jr.
1837

Char, René 1842
Charlot, Argel 392
Chica Salas, Francisca 1712
Chica Salas, Susana 1848
Chirone, Dimma 570, 572
Chirre Donos, R. 681, 2090
Cid, M. 2138
Ciesielska-Borkowska, S.
1402, 1823
Ciprová, Inka 1626
Ciria y Escalante, José de
43
Cirlot, Juan Eduardo 972
Cirre, José Francisco 988,
996, 1106, 1822
Čivrný, Lumír 356, 359-
363, 365, 367, 371, 884
Clark, Barret H. 1305
Clergue, Lucien 1416
Cobb, Carl W. 1179, 1881,
1914
Cohen, Pincus 741
Cole, Toby 1245
Colecchia, Francesca Maria
1337, 1671, 1708
Collantes de Terán, A. 1113
Colombo, Achille 812
Combarros, M. 860
Comincioli, Jacques 10, 38,
197, 202-206, 230, 234,
239-240, 817-818, 885,
1246, 2225
Condon, Carmelo 144b
Contín Aybar, Pedro René
1926
Cooper, Julian 500
Corbelli, Enzo 1904
Córdoba Iturburo 2067
Córdova, Ramiro de 2101
Corral, Maurrel José 2108
Correa, Gustavo 730, 976,
1001, 1020-1021, 1026,
1211, 1227, 1668, 1679
Cossío, F. de 611
Cossío, José María de 912,
1239
Couffon, Claude 266-267,
277, 377, 405, 411, 417-

Durán, Manuel 830-831
Durán Gili, Manuel 1838

Echavarri, L. 2029
Echeverría, Miram B. 1540
Eguino Zaballa, Féliz 2183
Eich, Cristoph 1023
Eichelbaum, Samuel 1291,
1711, 1717, 1934
Eliade, Mircea 774
Eliaz, Raphael 456-458
Eluard, Paul 389
Emie, Louis 1935
Endries, Zdenek 1596
Entrambasaguas, Joaquín de
123
Escobar López, Elbar 1942
Esparza, A. 960
Espina, Antonio 1377, 1666,
1964
Espinosa, Agustín 1495
Espinosa Altamirano, H.
2062
Esslyn, Martín 1395
Estol, Horacio Alberto 1923
Estrada, Genaro 2063
Estrella Gutiérrez, F. 2069
Etchepare, Alberto 1300

Falces, A. 820
Falconieri, J.V. 1688
Falla, Manuel de 1074,
2027
Falqui, Enrico 550
Falqui, Giuseppe Carlo 775
Feal-Deibe, Carlos 1193,
1199, 1524-1525 2230
Feduchy, M.M. 2183
Ferebauer, Rodovan 1727
Ferguson, A.S. 471, 482
Fergusson, Francis 1359,
1518-1520
Fern, Dale Edward 296
Fernández, Tristaán 2125
Fernández Almagro, Melchor
48, 174, 612, 898, 982-

983, 1115, 1445, 1454,
1490, 1497, 1517, 1548,
1640, 2045, 2219-2220
Fernández Galiano, M. 872,
1061
Fernández Montesinos, J.
903
Fernández Moreno, C. 2161
Fernández Santos, Angel
1689
Ferrand, M. 1829
Ferrant, Angel 178, 328
Ferrarino, Alco 1992
Ferré, G. 658
Ferreiro, A.M. 77, 2031
Ferreres, E. 1841
Fevralski, A. 590, 1572
Fiala, Miloš 1502, 1604
Ficowski, Jerzy 576
Fiedler, Leslie A. 1833
Fikar, Ladislav 1659, 1719
Fisher, A.W. 1054
Fitts, Dudley 481, 483
Flecniakoska, Jean Louis
997
Fleischmann, Ivo 1159
Fletcher, John Gould 948,
1575
Flíček, Jiří 1618
Florit, Eugenio 28, 1173,
1800
Flys, Jaroslaw M. 1008,
1208
Font, María Teresa 1882
Fontseré, Carlos 396
Forradellas Figueras, J.
1075
Forster, Jeremy C. 1049-
1050, 1072, 1181
Fortini, Franco 555, 718,
1142
Fortner, Wolfgang 282, 284-
285, 338a
Foster, David W. 1108,
1871
Franconieri, F. 1214
Frank, Nino 1675
Franks, Gene H. 1428

González Carballo 638
González Climent, A. 844
González del Valle, Luis 2224a 2236
González-Gerth, Miguel 886
González Guzmán, Pascual 1009c, 1522, 2041
González Mena, J. 1274
González Muela, Joaquín 1155, 1830
González Ruano, César 2204
González Tuñón, Raul 2185
Gorman, John A. 866
Goya, Francisco 1817
Graham-Luján, James 508-516, 525-527, 533-535, 538, 541-542
Granell, Eugenio F. 811
Grant, Helen F. 1523
Grass, Roland 1104
Grau, Jacinto 2196
Greene, Kathleen W. 1891
Greenfield, Sumner M. 1480, 1740
Gregersen, Halfdan 1802
Grimm, Peter E. 1774
Grym, Pavel 1160, 1471, 1506, 1775
Gsovsky, Tatjana 286
Guardia, Alfredo de la 1444, 1716, 1936
Guereña, Jacinto Luis 798a, 867
Guerrero, Juan 178, 328
Guerrero Ruiz, Juan 1, 41
Guerrero Zamora, Juan 264, 1313, 1447
Guibert, Armand 378-380, 717, 843, 881
Guibert, F. 1653
Guibourg, A. 1527
Guibourg, E. 1492
Guillén, Jorge 7, 14, 30, 48, 180, 218, 246, 362, 832, 1029, 1052, 1797, 1817, 1830, 1946-1949a
Guillén, Nicolás 362, 932, 1829, 1882

Guinovart, José 2191
Guirao, Ramón 1201
Gullberg, Hjalmar R. 604-606, 1315
Gullón, Ricardo 1005-1006, 1243, 1834, 2038

Habart, Michel 1347
Hala, Arnold 12a
Hale, L. 1501
Hallé, William 500
Haller, Moroslav 366
Halliburton, C. L. 887, 1627
Hammando, P. 1555
Haro, E. 1641
Hartnoll, Phyllis 1360
Harvard, R. G. 1888a.
Haskell, Arnold L. 297
Hatzfeld, H. A. 754
Haycraft, Howard 1980
Hécker, Paulo, Filho 875
Hedvábný, Zdeněk 1681
Heer, Friedrich 362
Heiney, Donald 763
Helman, Edith F. 268, 1499
Henríquez, Enrique 1978
Henry, Albert 384
Hepner, V. 1776
Hernández, J. A. 949
Hernández, Miguel 182, 1850-1851, 2178
Hernández Catá, A. 659
Hespelt, E. H. 628, 746
Hess, Reiner 1859
Hessing, Dennis 473
Hierro, José 876, 1063
Higginbotham, Virginia 888, 1064, 1221, 1417, 1784, 1889
Hilleström, Gustav 1316
Holman, Libby 300
Holmes, J. 470
Honig, Edwin 489, 492, 506, 530, 833, 957, 961, 1205, 1321, 1853, 1860
Honzl, Jindřich 1578
Hořejši, Jindřich 364
Hornstein, Lillian 785

Horst, K.A. 786
Hottinger, Arnold 1037
Hovhaness, Alan 301
Hoyo, Arturo del 7, 14, 34,
  185, 1344
Hoyos Ruiz, A. de 1378-
  1379
Hrbas, Jiří 1581, 1660
Huber, E. 868
Hughes, Langston 144b,
  478, 494, 543, 1876,
  2205
Huidobro, Vicente 2182
Hulme, P. 892
Humphries, R. 467-469,
  477, 480-481, 483, 488,
  495, 499, 2073-2074,
  2093, 2126

Ibañez, Roberto 660
Ibsen, Henrik 1802
Iduarte, Andrés 1703
Ifach, María de Gracia
  1850
Iglesia Alvariño, A. 2169
Iglesias Barba, M.D. 1768
Iglesias Ramírez, M. 1010
Ilie, Paul 877
Infiesta, Roberto 993
Isaacs, Edith J.R. 537,
  1556
Ivanisevic, Drago 607

Jack, Peter M. 945
Jackson, Richard L. 1866
Jacobbi, Ruggero 568
Jaén, D.T. 1875
Janés I Olivé, J. 22
Jannacone, Pasquale 1992
Janský, Em 1582, 1720
Jareño, Ernesto 1884
Jarnés Benjamín 1652,
  1921, 2178
Jastrum, Mieczysław 577
Jedlicka, Jaromir 1619
Jiménez, Juan Ramón 30,

  34a, 503, 909, 923, 950,
  967, 1817, 1839, 1863,
  1881, 1883
Johannsen, Iljitsch 372-373
Jolas, Eugene 483, 951
Joola-Ruau, André 410
Joseph, Fredrick Allen 1443
Juan de la Cruz, San 1817
Junco, A. 682, 1809

Kabeláč, Vojtěch 1754
Kagarlitski, A. 597
Kallmayer, W. 1439
Kalzen, J. 602
Kantor, Vladimir 1584,
  1728
Kaplan, Jerome 502
Kaurin, Solveig 575
Keaton, Buster 266-267,
  277, 418, 422, 518-519
Kelín, Fedor 590-591, 596-
  599, 704
Kellerman, Wilhelm 1011
Kemp, Robert 1667
Kesting, Marienne 1844
Kieve, R. 1944
Kiewe, Dimas 1835
Killmayer, Wilhelm 337a
Klappenbach, H.R. 18, 1130
Knight, R.G. 1538
Knowlton, John F. 1194
Koenenkampf, Guillermo 694
Kohn, Pavel 1508
Kolus, B.M. 1473
Kossodo, Juan 397, 401
Kostetskii, Ihor H. 592
Kosutíc, Vladeta R. 609
Kovacci, Ofelia 822
Krauss, W. 1025a, 1987
Kreymborg, A. 1576
Krige, Uys 463a
Krinen, J. 1424
Krolow, K. 1088a
Kruckenberg, María del
  Carmen 2170
Kulin, Katalin 882
Kunitz, Stanley J. 1980

Novas Calvo, L. 1648, 2017, 2128
Novo, Salvador 307, 629
Novotnak, M.N. 1757
Núñez, Serafina 2129
Nunez Arca, P. 965

Obregón, A. 1498, 1643
O'Brien, Robert 487, 1397
Ocampo, Victoria 1700
O'Connell, Richard L. 508-516, 525, 533-535, 538, 541-542
Oleriny, Vladimír 608
Olivari, Nicolás 2185
Oliveira, C. Lobo de 1407
Oliver, William I. 519-520, 522-523, 528, 531, 539-540, 845, 1384, 1408
Olivera, A. 1122
Oliviero, Luigi 556a, 1989, 2019
Olmos García, F. 1393
Onís, Federico de 174, 336, 623, 921, 965, 1962, 1988, 2197
Ontañon, E. de 1139
Orcajo Acuña, Federico 1275
O'Reilly, Sheilah 297
Oribe, Emilio 664, 2189
Orozco, M. 2027
Ors, Eugenio D' 630
Ortega y Gasset, José 823
Ortiz, Juvenal 2184
Ortiz de Montellano, B. 1117
Ortiz Saralegui, Juvenal 1811
Ortiz de Villa, C.G. 1460
Ory, Carlos Edmundo de 1857, 1886, 1912
Ostertag, Honsjörg 766
Ostos Gabella, M. 2023
Otero Seco, A. 260, 1251, 2096
Otis, M. 2208

Pacheco, C. 1550
Pacheco, José Emilio 1963
Paláez, Amelia 2134
Palley, J. 1621
Palm, Erwin Walter 1256
Pandolfi, Vito 684, 714, 1304, 1309, 1334
Pane, Remigio U. 6
Panvlovsky, Miroslav 1311
Papini, Giovanni 747
Papparatti, Giovanni 753
Paris, Jean 403
Park, C. 1867
Parker, Gonzalo 2183
Parker, Jack Horace 1364
Parr, James 2234
Parrot, Louis 381a, 389, 717, 843
Pásek, Mílan 1732
Pastori, Luis 2095
Patterson, J. 2212
Pattison, W.T. 1355
Paxinou, Katina 136
Pazourek, Vladimír 1744
Peacock, Ronald 1365
Pedro, Valentín 1649
Peers, E. Allison 481, 709
Pego, A. 1558
Pellen, René 1433
Pelorson, G. 1126
Peña Barrenechea, R. 662
Peñalosa, Joaquín Antonio 1232
Pereda Valdés, I. 677, 2130
Pérez, Emma 1134
Pérez de Calleja, A. 846
Pérez de la Ossa, H. 1650
Pérez Ferrero, M. 92, 1124, 1135, 1223, 1803, 1818
Pérez Galdós, Benito 1819, 1847, 1873
Pérez Gómez, A. 1231
Pérez Gutiérrez, Leticia 2226a
Pérez Marchand, Monelisa Lina 985, 1314
Pérez Minik, Domingo 276, 1335
Pérez Palacios, J. 2176

Río, E. del 847
Ríos, Pondal 2185
Ríos Ruiz, Manuel 1094
Rivas Cherif, C. 789, 1230, 1264
Rivas Crespo, Josefa 1162
Rivas Sainz, Arturo 688-689, 953
Rivera, Modesto 631
Rizzo, Gino L. 1013
Roa, R. 665, 929, 2097
Roa Kouri, Raul 1954
Robert, G. 1057, 1107
Robles, E. 1897
Rodrigo, Antonina 1481, 1484-1485
Rodríguez Canovas, J. 922
Rodríguez Chincharro, C. 1537
Rojo, A.J. 1015
Rokha, Pablo de 2182
Rolán, Feliciano 160, 2175
Rolland-Simon 390, 392-393
Romeo Castillo, Abel 2163
Romero Murube, Joaquín 181, 1152
Rosales, Luis 132, 324, 1125
Rosell, A. 1655
Rosenbaum, Sidonia C. 1, 3, 2197
Rosendorfský, Jaroslan 1873
Rosenlithe, Anita 1440
Rossi, Giuseppe Carlo 1242
Rossi, Matti 375
Rossi, Rosa 1878
Roubiček, Zdeněk 1477
Rousseaux, André 1676, 2116
Roux, Lucette Elyane 271
Rozlapa, Anita 1079
Rubia Barcia, J. 1771, 2092
Rueda, Salvador 1886
Ruiz de la Serna, E. 1085
Ruiz Vilaplana 1568
Rukeyser, Muriel 695
Rumazo Rodríguez, J. 915

Rusínský, Milan 1629
Ryce, Carolyn 5

Saenz, Vicente 666
Saenz de la Calzada, D. 1289
Saez, Carlos Luis 18, 641
Saez, R. 1213
Sagorski, B. 2200
Sahagún, Carlos 30
Sainz de la Maza 147
Sainz de Robles, Federico Carlos 2006
Salas, Alvaro 1399
Salazar, A. 897, 1710
Salazar y Chapela, E. 92, 470
Salgado, Julio 338f
Salinas, Pedro 30, 48, 362, 492a, 696, 800, 862, 895a, 954, 1224, 1229, 1294, 1563, 1816
Salvador, Nélida 822
Samachson, Dorothy 1347
Samachson, Joseph 1347
Samatan, M.E. 848
Samper, Darío 2082
Sánchez, Miguel 171
Sánchez, R.G. 1793
Sánchez, Roberto 1441, 1709
Sánchez, Roberto Garza 1319
Sánchez Barbudo, A. 667
Sánchez Díaz, C. 1685
Sánchez Merino, M.R. 1025
Sánchez Trincado, J.L. 257, 2194
Sánder, Carlos 2048
Santana, Emilio 1521
Santareno, Bernardo 855
Santiago de Meras, Carmen 338g
Santos Chocano, J. 1804
Santos Torroella, R. 768, 2021
Santaullano, José 959
Sastre, Alfonso 1400
Scarpa, Roque Esteban 1002,

280

281